湛庐 CHEERS

与最聪明的人共同进化

HERE COMES EVERYBODY

通俗经济学鼻祖

THE FOUNDER OF POPULAR ECONOMICS

罗伯特·弗兰克
Robert H. Frank

Robert H. Frank

从都铎家族弃子到常春藤名校教授

1945年，罗伯特·弗兰克出生在美国佛罗里达州的科勒尔盖布尔斯。他的生父是一名飞行员，生母来自科德角的一个显赫家族，外祖父的祖父是被称为"冰王"的弗雷德里克·都铎（Frederic Tudor）——19世纪新英格兰最富有的人之一，其本人的大幅油画肖像就挂在哈佛大学的贝克图书馆里。然而，因为生父早在家乡与别人订婚，无法与他的生母结婚，弗兰克一出生就被送给两位按摩师收养。他小时候的生活并不富裕，他曾经为了赚钱在酒吧擦过皮鞋，在黎明前送过报纸。虽然弗兰克的生活看似不如他的表兄妹幸福——他们很小就知道自己长大后会获得一笔数目不菲的信托基金，但这段经历令他明白，如果想要某件特别的东西，就要凭借一己之力去赚取，能否克服一切困难争取自己想要的东西，对一个人的成长来说非常重要。

1971年，读经济学博士研究生的第四年，弗兰克到新奥尔良美国经济协会的年度会议上寻找工作。那几天他恰巧生病了，挺着40度的高烧参加面试却依然得到了三所高校的青睐，最终他选择了常春藤名校康奈尔大学。

THE FOUNDER OF POPULAR ECONOMICS

全世界最受欢迎的经济学教材作者

参加工作的前三年，弗兰克的生活并不顺利，他离了婚，要一个人照顾两个未成年儿子，基本没有精力和心思投入学术研究。但第四年成为一个重要的转折点，他与成功的政策经济学家内德·格拉姆利克（Ned Gramlich）成了朋友。内德发现，弗兰克关于劳动力市场的一些想法很耐人寻味，于是鼓励他写一篇论文。弗兰克写完后将这篇论文投给了经济学领域最负盛名、择稿最严格的《计量经济学》（Econometrica）杂志，不到两个月就收到了用稿信。随后，他对这一主题进行延伸扩展，又完成三篇论文并投给了杂志社，很快就收到《美国经济评论》（American Economic Review）、《政治经济学杂志》（Journal of Political Economy）以及《经济学与统计学评论》（Review of Economics and Statistics）的用稿信——这些刊物的论文投稿选用率都是不到10%的。

随后，弗兰克发表了大量学术论文，撰写了多本经济学著作，其中与美联储主席本·伯南克（Ben Bernanke）合著的《宏观经济学原理》和《微观经济学原理》成为"全世界最受欢迎的经济学教材"之一。

让经济学变得妙趣横生的博物经济学家

除了在研究领域的骄人成果外,弗兰克在教育领域也成就非凡,被誉为"全美最有趣的经济学课堂主讲教授"。他开设的微观经济学入门课程每年都会吸引6 000多名学生,他们通过这门课程体会到了学习经济学的乐趣。

通过与学生问答的方式,弗兰克收集了大量生活中的经济学问题。经过二十多年的收集和整理,他完成了《牛奶可乐经济学》一书。不同于传统经济学著作中充斥着艰涩的数学公式,这本书通过一个个妙趣横生的生活事例,将经济学化繁复为精妙。该书在中国一经出版,就成为经济学类第一畅销书。随后,他又出版了《牛奶可乐经济学2》《牛奶可乐经济学3》等作品。

《华盛顿邮报》这样评价他:弗兰克不是一位学术型经济学家,他主张经济学应该是一门根植于经验和观察的社会科学,而不是以数学为核心的硬科学。他所著的《牛奶可乐经济学》把经济学从数学中解放了出来,并为其在人们的日常生活中生根发芽提供了无限的能量。

弗兰克系列作品

作者演讲洽谈,请联系
BD@cheerspublishing.com

更多相关资讯,请关注

湛庐文化微信订阅号

Microeconomics and Behavior

牛奶可乐经济学 2

[美] 罗伯特·弗兰克（Robert H. Frank）◎著

闫佳 ◎ 译

北京联合出版公司
Beijing United Publishing Co.,Ltd.

THE RETURN OF THE ECONOMIC NATURALIST

推荐序

欢迎进入经济学的游乐园

何 帆

北京大学汇丰商学院经济学教授

中国人民大学重阳金融研究院高级研究员

我猜想你是为了学习经济学才买了这本《牛奶可乐经济学》。经济学是社会科学中的明珠,经济学的影响已经渗透到了很多其他的学科,有些不服气的人称之为"经济学帝国主义"。著名经济学家凯恩斯曾经说过,"危险的东西不是既得利益,而是思想",因为统治者自以为不受任何学理的影响,其实不过是过去的某个经济学家的俘虏。

既然经济学这么重要,那么,我们该怎样学习经济学呢?

很多学生是在课堂上学习经济学的。这叫"黑板上的经济学"。你从黑板上学来的经济学,充满了图表、公式、专业术语。学完经济学,没有学懂的学生们会觉得经济学枯燥无味、不知所云;自以为学懂的学生们会以为整个世界都是为经济学而创造的，而他掌握了全部的真理。

这样的经济学，学了还不如不学。

《牛奶可乐经济学》的作者、康奈尔大学的罗伯特·弗兰克教授却不是这样教授经济学的。他的经济学课总是堂堂爆满，教室里常常发出一阵阵大笑。弗兰克是怎样让学生爱上经济学的呢？

他主张，经济学应该是基于经验和观察的学科，而不是以数学为核心的科学。他给学生布置了一项作业：利用经济学原理，探讨你亲身观察到的事件或行为模式中的有趣问题。具体的要求是：文章的字数不能太长，不要超过500字。不许用公式、图表和专业术语。假设你就是在给一个从来没有学过经济学的朋友讲故事，而且要让他听懂。

《牛奶可乐经济学》里充满了这些睿智、有趣的小故事。比如，为什么这本书译为《牛奶可乐经济学》呢，就是因为书中讲到了一个故事：为什么牛奶装在方盒子里卖，而可乐却装在圆瓶子里卖？

第一种解释是，你买了可乐，就会撬开瓶盖，对着瓶口，一饮而尽，这样爽得很。而且圆形的瓶子更称手。但你买了牛奶，却不会直接就着盒子喝，你会把它倒进杯子里喝。这个解释未必能让大家信服，要是牛奶也做成圆瓶子，说不定我们也会改变消费习惯，直接就着牛奶瓶子喝。

第二种解释是，要考虑成本收益分析。方形的容器能够节约货架成本。大部分可乐是放在开放式货架上的，因为可乐的保质期更长。冰柜里可能放几瓶可乐，那是为了吸引想要马上就喝的心急的顾客。开放式货架便宜，也不需要太多的运营成本，所以即使圆形的瓶子浪费了一些空间也无所谓。牛奶需要放在冰柜里，不然很快就会变质，冰柜的储存空间相当宝贵，方形盒子提高了装牛奶的效益。

经济学里最重要的原理就是成本收益分析。你看，用这么一个小小的例子，一定能让你理解并记住成本收益分析的重要性。

为什么弗兰克的这种教学方法比"黑板上的经济学"更可取呢？因为讲故事更符合我们人类的认知模式。人类在漫长的进化过程中变成了一种非常擅长讲故事的物种。在原始部落里，天黑之后，大家围着篝火，听部落里的老人讲各种神奇的故事。相比之下，人类很难处理公式和图表，也不擅长逻辑推理，但人天生就是讲故事、听故事的高手。

你可以观察一下儿童的学习，他们一定会把要学的东西、要记的东西编成故事。没有故事，就没有意义，孩子们就很难理解并记住。不要说是孩子，就是成年人、领导者，在判断和决策的时候，依靠得更多的都是故事，而不是理论。一个好的故事，胜过1 000个好的理论。

在讲故事的过程中，人们能够更自然地代入，设身处地地去思考在特定的情景下该如何选择。好的故事会提供深浅不一的寓意，听故事的人能像剥笋一样，一层层剥开，一层层体会。

在《牛奶可乐经济学》里，还有许许多多这样的故事。比如：为什么酒吧里不值钱的水要收费，要一碟花生米却免费？为什么女模特的收入高于男模特？为什么鲸鱼濒于灭绝，鸡却不会？为什么几乎全新的二手车比新车便宜得多？为什么住在农村的人比住在城里的人早结婚？为什么经济学里有那么多数学公式？为什么律师总是西装革履，而教授却往往衣着邋遢？

你可能会觉得这都是刚进校门的大学新生们找到的一些无聊的小题目。弗兰克把提供答案的作者名字也公布了出来，细心观察，你会发现，像阿克洛夫、谢林这样的诺贝尔经济学奖得主的名字也在里面。

熟悉经济学的朋友可能会对以下这些问题更有印象：

- 按照经济学的逻辑，穷国的资本稀缺，物以稀为贵，所以穷国的资本回报率应该比富国更高，富国的资本应该流入穷国才对，但为什么穷国的钱反而流向了富国？
- 按照经济学的逻辑，劳动力丰富的国家应该集中出口劳动力密集型产品，而资本密集的国家应该集中出口资本密集型产品。美国是一个资本密集的国家，但为什么美国出口的劳动力密集型产品所占的比重很高？

- 你得到 10 块钱和失去 10 块钱,对你来说应该是对等的,毕竟,10 块钱永远是 10 块钱,但为什么人们更不愿意失去 10 块钱呢?比如,为什么很多股民会把赚钱的股票卖掉,而把赔钱的股票死死地捂在手里?

- 按照常识,人多力量大,那么消费者作为一个群体的力量应该最大,但为什么我们会看到买家没有卖家精,买家和卖家说理,经常是卖家占了上风呢?

提出这些问题的经济学家分别是卢卡斯、列昂惕夫、卡尼曼和奥尔森。前三位都是诺贝尔经济学奖得主,后一位如果不是英年早逝,得奖的可能性也很大。

就像爱因斯坦所说的,提出问题比回答问题更重要。学习经济学最好的办法,不是从教科书里学习被别人咀嚼了很多遍的现成的定义、公理和公式,而是开启大脑的搜索模式,不断地发现新奇的问题,然后尝试给出一个能够说服自我,最好也能让别人信服的解释。《牛奶可乐经济学》里提出的问题都很有趣,但提供的答案并非都是标准答案,有的答案并不完美,亲爱的读者朋友,你不妨试试,看自己能不能挑出里面的瑕疵?

著名经济学家萨缪尔森在其流传甚广的《经济学》教科书里说:"要领悟经济分析的优美结构,仅仅需要有逻辑感,和能够对于经济学这样的思维体系竟会对整个世界上亿万人具有生死攸关的意义感到惊奇。"他说得很好,但不全面,学习经济学,还要有孩童般的好奇心。

欢迎进入经济学的游乐园。

MICROECONOMICS
and
BEHAVIOR
中文版序

圣诞树与小凳子

　　大多数通俗读物的作者都打心眼儿里渴望自己的书变成畅销书，但现实告诉我们，此事的发生概率很小。每年出版的图书数以万计，只有很小一部分能卖上几万册。所以，听说我的《牛奶可乐经济学》居然在中国这个全世界人口最多的国家成了畅销书，震惊之情实在难以言表。去年我收到不少中国读者热情洋溢的来信，知道这本书有了一批善汲新知的受众。我委实不知道这本书竟然成了中国的畅销书，真是吃了一惊！

　　我以为，《牛奶可乐经济学》成功的原因在于，通过解答日常生活里的有趣小问题，帮助读者对基本的经济学原理有了深刻的理解。一旦掌握了这些最重要的基本原理，人们就会克制不住地想要利用它去揭示这个世界的所有真相。当然，这也是我在《牛奶可乐经济学2》中仍在坚持达到的目标。

　　就拿我最近的一次经历来说吧。我的常任教职是在康奈尔大学，它位于纽约州的一座小城伊萨卡，在纽约市西北约 360 公里。可 2008—2009 学年，我和妻子住在纽约市，因为我在纽约大学做客座教授。尽管这两座城市有许多截然不同的地方，生活的不少方面却大同小异。比如，跟美国的所有地方一样，这两座城市的不少人都喜欢按照传统方式，在圣诞假期买一棵树装饰起来放在家里。一般而言，家庭圣诞树得用一张四脚小凳固定住根部才能放得稳稳的。可伊萨卡和纽约卖的圣诞树有个有趣的差异。

在伊萨卡，树几乎总是单独卖的，小凳子得另外买。我和不少邻居都买的是结实耐用的凳子，能方便地调整树的位置；而在纽约，树一般是和附加的简陋小凳子一起卖的。为什么会有这样的差异呢？大多数人每年展示圣诞树的时间不超过一个月，如果你买一张昂贵的可调式脚凳，就意味着剩下的 11 个多月你得另外找地方搁它。纽约的房价在全美数一数二的贵，人们大多住在小公寓里，额外的储物空间少得可怜，甚至干脆没有。可在伊萨卡，大多数家庭住的是独栋楼房，即便是公寓，面积也大得多。不少人家都有地下室、阁楼、车库，或者其他用来搁置杂物的地方。所以，纽约出售的圣诞树附带廉价的固定脚凳，或许是因为纽约人没地方搁置一张暂不使用的结实凳子。反之，大多数伊萨卡人有许多额外空间，对他们来说，买一张结实耐用的可调式脚凳每年重复使用，这样的做法更经济实惠。

这个例子阐明了所有基本经济学原理中最重要的一条——成本效益原则。该原则指出，唯有当某事带来的收益不小于成本时，你才应当做它。听上去似乎非常简单，可大多数人对它并没有太透彻的理解，也不能正确地运用自如——除非他们亲身加以实践。幸好实践并不麻烦，由此得到的回报又很突出：一旦你真正理解了成本效益原则，就会逐渐认识到周遭世界各种各样有趣的新模式。

这也是我撰写本书的目的——以简单、有趣的内容，兼顾严谨与易读，将经济学介绍给所有感兴趣的读者；在教会读者技术工具的同时，培养他们对经济学的直觉；只有二者兼顾，才能真正地掌握"经济学家独特的思维方式"，

中文版序　圣诞树与小凳子

由此，读者才能爱上经济学。

在 2008 年经济危机爆发的大环境下，公众对经济学的兴趣日益浓厚——这毫不令人意外。有人说，经济学就是一种思考方式，帮助你最充分地利用各种可行机遇。倘若全世界的经济活动萎靡不振，所有人的机遇也会随之减少，这样一来，尽量明智地开发手边的机遇，就变得更为重要了。简而言之，人们现在对经济学更感兴趣，是因为了解经济学的收益比从前更大了。

即便你已经明白在经济学上花点时间对自己有好处，也仍需要决定怎么来做这件事。以历史的眼光看，大多数想要学习经济学的人采取的办法是去大学选修一门经济课，但经验告诉我们，这些经济课程一般没办法卓有成效地教人们掌握经济学的思维方式。恰恰相反，它们还会用成百上千个独立概念把学生吓趴下。许多概念都是用数学公式表达的，学生们理解不了也记不住，更无从在实际环境中加以应用。

另一个更为有效的方式是看若干基本经济学原理反复使用，帮助解答来自熟悉环境中的各种有趣问题。这就是你在《牛奶可乐经济学》和《牛奶可乐经济学 2》里读到的方式。而后者保留了前者吸引忠诚读者的精华，并且在诸多细节上做了改进，阅读体验更佳。拿起你手中的这本书吧，你会发现学习经济学真的非常有趣。一旦掌握了这些最重要的基本原理，你会惊讶地察觉，原来我们的日常生活中有那么多有趣的新模式！

Robert N. Frank

扫码下载"湛庐阅读"App，
进一步了解弗兰克教授和他的研究。

MICROECONOMICS and BEHAVIOR
引言

最通俗实用的经济学课堂

  我撰写本书的目的是想以简单、动人的内容，向读者发起智力挑战。市场上有些经济学书籍打着"易读"的名义，牺牲了内容的严谨性。尽管这种书有时候颇能讨得读者欢心，但不能为他们在进一步深造时打下良好的基础。还有些经济学书籍侧重严谨性，却牺牲了易读性。严谨往往意味着长篇累牍的数学公式，这样的课程把不少大学生都累垮了。即便有少数学生最终学会了解决抽象的数学式经济问题，可在日常的小问题面前频频束手无策。我一贯相信，经济学书籍可以严谨与易读兼得。从这本书的销售范围之广来看，相信有不少读者同意我的说法。

  我深深相信，传授直觉与传授技术工具，两者是互补关系，而非替代关系。只学会技术工具的学生，很难培养起对经济学的真正热情，更不可能掌握所谓的"经济学家独特的思维方式"。

相反，培养起经济直觉的学生，能够对学习到的技术工具进行更深入地思考，找出使用这些工具的有趣方式。更重要的是，他们大多最终会爱上经济学。

本书不厌其烦地探讨了核心分析工具。与此同时，又把这些工具结合到各种生动的实例当中，阐明经济学思考方式的魔力和多种用途。

博物经济学

在35年的教学生涯中，我发现，要培养学生的经济直觉，最有效的方式莫过于训练他们养成"博物致知"的习惯。学习生物学的有效方法，是要让人们观察并震惊于许多平常所忽视的生命细节。同样的道理，学习微观经济学，就是要让学生们以全新的视角看待日常生活中的平凡琐事。我希望通过贯穿本书的许多从日常经历中提取的实例，培养读者的直觉，教会读者把现实场景的每一个特性，都看成是对成本效益原则间接或直接的反映。

举例来说，我把自己教授课程的讲义放到大学内部的服务器上，经济学院的副院长兴高采烈，管理学院的副院长却忧心忡忡。这叫我百思不得其解。开课后一星期，我收到管理学院副院长的一封急信，告诉我应该在管理学院的复印中心将讲义复印成册，再发给学生。经济学院的副院长却没有这么要求。

于是，我请管理学院副院长解释一下他要求我这么做的原因。他说，学生们在管理学院的计算机实验室下载并打印我的讲义，打印的成本是一页5美分，可在管理学院的复印中心，复印一页的成本只要1.25美分。而对于管理学院来说，学生们在计算机实验室和复印中心的打印、复印费用皆由院方承担。所以，讲义的成本当然越低越好。

为什么经济学院的副院长不担心这个问题呢？那是因为在经济学院，院方只承担讲义的复印费用。经济学院的学生们在计算机实验室下载并打印讲义，成本会直接计入学校的账户，而不会计入学院的账户。故此，对于经济学院来说，这相当于不为学生的讲义付钱。

在这本书中，有许多类似的对现实生活的思考。在我的经济学课上，最重要的作业是请学生们写两篇 500 字以内的简短论文，汇报他们尝试进行博物经济学思考的成果。这些短文的写作要点在于：**运用微观经济学原理，用普通人都能理解的话语，解释一个日常观察到的现象**。学生们提出了诸如此类的问题：为什么航空公司提供的飞机餐那么难吃？为什么含蓄是一种迷人的品质？为什么游乐园收取固定门票，而不按游乐项目的受欢迎程度单项收费？为什么烟草公司广告太泛滥？为什么专业投资顾问的投资信息不可靠？

这项作业的妙处不仅在于让大多数同学乐在其中，还在于让他们终生都爱上了观察微观经济现象。

优选的主题

撰写本书的一个指导原则，是根据主题的重要性和掌握的难易程度，按比例分配其所占篇幅。因为基本的理性选择模型是微观经济学的基石，所以，我在这方面着了更多笔墨。对于需求理论以及生产理论中平均与边际概念的区别，我也多留了一些弹性空间讲解其应用。

为了解哪些主题最难于掌握，我还利用了行为经济学研究，找出人们在哪些方面会系统化违背理性选择模型的预测。比如，根据理性选择模型，理性的人会忽视沉没成本，而实际上，不少人深受其影响。简单地说，要是有人收到一份贵重的礼物，比如一双穿起来挤脚的昂贵鞋子，恐怕不大会穿它；但要是这双鞋是自己掏腰包买的，大概会多穿几次。

在有关消费者行为的部分，我请读者们注意自己会在哪些场合做出非理性的选择。有人会想，我们煞费苦心地掌握理性选择模型细节的同时，却在探讨非理性选择的例子，这样会不会把自己弄糊涂呢？这个问题问得有道理，但从我的经验来看，情况恰好相反。这类例子恰好强调了传统理论中蕴含的规范信息。接触过这些例子的读者，总能对微观经济学的基础理论原则有更深入的看法。实际上，能够看穿不少消费者做出的错误判断，往往会让人暗暗感到骄傲。若有读者希望更详细地了解认知局限如何影响消费者行为，本书有整整一章的内容阐述这一主题。二十年前，不少经济学专业的人士尚对行为经济学持很深的怀疑态度，但随着加州大学伯克利分校经济学家马修·拉宾（Matthew Rabin）获 2001 年克拉克奖[①]，丹尼尔·卡尼曼（Daniel Kahneman）获 2002 年诺贝尔经济学奖，行为方法现已成为微观经济学的主流研究方法。

利己主义的宽泛概念

我的另一个目标是在个人选择模型的参数里融入一个更宽泛的概念。大多数微观经济学的书籍会在一开篇就说，理性选择模型认为人的品性是固定不变的。人们有可能是利他的、施虐的或者受虐的，也可能只关心自己的物质利益。除此以外，大多数书籍对狭隘自利之外的动机避而不谈。原因很容易看出来，因为经济研究凭借这一对人类动机的描述，获得了最大的好处。比如，它能告诉我们：为什么油价上涨以后，福特停产了旗下的超重型"远行者"SUV？为什么配备了独立电表的公寓，取暖器的温度一般定得较低？

---

① 克拉克奖（John Bates Clark Award），美国经济学会颁给全美 40 岁以下最出色经济学家的双年奖。——译者注

然而，读者们会敏锐地发现，经济学的假设和我们所知的许多人类行为并不相符。人们参加选举的投票活动，向公共电视台和私人慈善机构匿名捐赠，向患有白血病的陌生人献骨髓。他们宁肯承受极大的麻烦和损失，也要看到正义的伸张，哪怕此举无助于平复最初的伤害。他们冒着生命危险，从失火的房屋里救人；他们跳入冰冷的河流，捞起奄奄一息的溺水者；士兵纵身扑在引爆的手榴弹上，牺牲自己而挽救战友的性命。从大多数经济学教科书里强调的利己理论来看待这类行为，就好像用圆形塞子插方瓶口儿——格格不入。事实上，不少读者都极为反感我们的利己模型，他们认为这太过狭隘与卑鄙。

本书的观点是，在许多环境下，利己动机的重要性不容置疑。它利用初级博弈理论，找出在哪些环境下，持有无私动机的人比纯粹的机会主义者更具有竞争优势。例如，公认的合作者往往能解决囚徒困境和其他承诺问题，纯粹的自私者却办不到。

我们的人类本性理论模型之所以重要，并不仅仅是因为它们塑造了我们对他人行事方式的心理期待。经济学是最认同人类行为利己模型的社会科学。这一模型是否潜移默化了我们对他人，甚至对自身行为的期待？康奈尔大学的心理学家汤姆·吉洛维奇（Tom Gilovich）、丹尼斯·里根（Dennis Regan）和我就这一问题做了调查。大量迹象表明，碰到两难处境时，经济学家比其他人更容易采取投机做法。例如，学院派经济学家中，说自己从不向私人慈善机构捐钱的人数，比我们所调查的其他任何学科的专家都多；在跟陌生人玩一次性的囚徒游戏时，经济学院的学生背叛的可能性比其他学院的学生高两倍。

这一差异并不仅仅说明，以经济为主修科目的学生天生就比较爱投机。因为我们还发现，学生学习经济学的时间越长，背叛率就越高。问卷调查同样指出，选修第一门微观经济学课程的大一学生，在学期结束后比开学时更倾向于认为他人会从事投机行为。

故此，我们有理由担心，只强调狭隘的利己动机，经济学家或许会伤害学生们的合作天性。

本书的其他特点

本书中的实际应用案例，很多都是从日常生活中提取而来，为的是方便读者体会和深入理解。

本书所附插图是《纽约客》杂志的著名插画家米克·史蒂文斯（Mick Stevens）用黑色墨水绘成的。黑白就是它们最棒的样子。

读过我先前作品的读者会发现，我仍在不懈努力，使行文更加洗练。过去几年我为《纽约时报》写专栏，该专栏有着严格的字数限制。这一经历对我大有裨益。不过，更短不见得总是更好。

为什么要费这许多功夫呢？因为我深深相信，在微观经济学这门学科中，我们能带给读者的最大帮助，就是培养他们用经济学眼光看待周围世界的能力。学习经济学和学说一门外语一样，语法是有帮助，但要想达到高水平，唯一的办法是多说多练。据我观察，博物经济学最能调动起大家谈论经济学的积极性。插图似乎有助于读者牢记案例，牢记案例则方便大家多讲经济学故事。不少读者跟我说，我在书中讲述的博物经济学案例，成了全家人餐桌上的热门话题。一旦读者发现自己也能提出并解答有趣的经济学问题，他们就上瘾了。养成了这样的爱好，他们掌握的经济学原理不仅不会在合上本书后就忘得一干二净，反而会越记越牢。

MICROECONOMICS and BEHAVIOR
目录

推荐序　**欢迎进入经济学的游乐园** / I
何帆
北京大学汇丰商学院经济学教授
中国人民大学重阳金融研究院高级研究员

中文版序　**圣诞树与小凳子** / V

引　言　**最通俗实用的经济学课堂** / IX

第一部分
欢迎来到妙趣横生的经济学世界

01　像经济学家一样思考 / 003

你应该先参加工作，还是先去上大学？

为什么航空公司提供的飞机餐那么难吃？

【**经济学核心概念**】决策中的成本效益原则 ● 常见的决策陷阱 ● 边际收益和边际成本曲线 ● 博物经济学

02　供给与需求 / 027

为什么航空公司的机票发售采取先到先得的政策？

为什么苹果在旺季价格下降，海边别墅却在旺季价格上升？

【**经济学核心概念**】自由市场与低收入人群 ● 供给与需求 ● 均衡价格与均衡数量

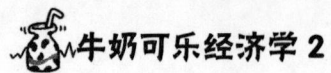

第二部分
当消费者行为学碰上经济学

03 理性选择理论和需求理论的应用 / 037

为什么收取会员费的网球俱乐部还要收取场地费？

为什么游乐园收取固定门票，而不是按游乐项目的受欢迎度采取单项收费？

【经济学核心概念】理性选择模型 ● 需求曲线 ● 消费者剩余 ● 二部定价 ● 需求的价格弹性

04 信息经济学 / 057

为什么含蓄是一种迷人的品质？

为什么小城市的人在职业装上的花销比大城市的人少？

【经济学核心概念】潜在对手间的信息沟通 ● 难于造假原则 ● 充分披露原则 ● 炫耀性消费

05 偏好探源：利他及其他非利己行为的重要性 / 073

为什么人们有利他的行为？

为什么人们要去给总统选举投票？

【经济学核心概念】利他选择 ● 承诺机制 ● 囚徒困境 ● 公平原则

06 认知局限和消费者行为 / 101

为什么在棒球界，年度新秀选手的次年表现一般都不好？

为什么房产经纪经常会带客户看两栋基本一样的房子，其中之一价格便宜、条件又好？

【经济学核心概念】非对称价值函数 • 沉没成本和机会成本 • 幸福感预测偏差 • 判断标准和偏见

第三部分
当组织行为学遇上经济学

07 产品 / 131

为什么一个花盆里出产的粮食总量，养不活全世界的人口？

为什么建筑工人现场制作墙体，而在屋顶上使用预制结构？

【经济学核心概念】投入－产出以及生产函数 • 短期产品 • 长期生产 • 规模收益

08 成本 / 151

为什么尼泊尔用人工生产沙砾，而美国用机器制造？

为什么工会强烈支持最低工资法？

【经济学核心概念】短期成本 • 生产分配 • 长期成本 • 选择最优投入组合

09 完全竞争 / 165

为什么彩色照片比黑白照片成本低?

为什么到20世纪70年代中期,18轮大货车突然开始采用机翼型设计?

【经济学核心概念】利润最大化 ● 完全竞争 ● 看不见的手 ● 完全竞争的实际应用

10 垄断 / 181

为什么有些医生和律师会对低收入顾客收取折扣价?

为什么电影院给学生提供折扣电影票,但对爆米花却不打折?

【经济学核心概念】垄断的定义 ● 垄断的五种来源 ● 完全价格歧视 ● 二级价格歧视

11 不完全竞争 / 199

为什么公司有时会做一笔明知永远也用不着的投资?

为什么如今大多数城市的杂货店比20世纪30年代时少得多?为什么纽约市居民区的杂货店比洛杉矶市的多?

【经济学核心概念】博弈论 ● 纳什均衡概念 ● 霍特林模型 ● 消费者偏好与广告

12 劳动力要素 / 221

为什么雨天难打车？

为什么闲暇不是吉芬品？

【经济学核心概念】短期劳动力需求 • 长期劳动力需求 • 劳动力的市场需求曲线 • 劳动力的供给

13 资本要素 / 239

为什么垄断企业的股票，并不比完全竞争企业的股票好？

为什么专业投资顾问的投资信息不可靠？

【经济学核心概念】金融资本与实物资本 • 高效市场假设 • 股票与债券市场 • 投资信息

第一部分

欢迎来到妙趣横生的经济学世界

01
像经济学家一样思考

微观经济学大多牵涉到研究人类在稀缺条件下如何选择的问题。不少人却说,这个主题过时了,因为物质匮乏早已成过去。

此种观点对"稀缺"二字的看法不免有失狭隘,毕竟总有些重要资源供应短缺。希腊船王奥纳西斯(Aristotle Onassis)死时拥有几十亿身家,游艇上的高脚凳全都装饰着精美的象牙,他的钱几辈子也用不完。然而,他所面临的稀缺问题,比我们大多数人都有过之而无不及。奥纳西斯患有重症肌无力,这种神经疾病会让人日复一日地愈发虚弱。对他来说,重要的稀缺资源不是金钱,而是时间、活力,以及从事日常活动所需的身体技能。

时间对每个人都是稀缺资源,不仅限于重病患者。比如,盘算要去看哪部电影的时候,限制我们的不是电影票价,而是时间。每个月仅有几个空闲的晚上,看了这部电影就意味着没法看那部,或没法跟朋友一起聚餐。

重要的稀缺资源亦不仅限于时间和金钱。假设有个朋友邀你去吃自助餐,想想你会面临什么样的经济选择吧。你必须决定怎样装满你的盘子。即便你并不富裕,钱也不是问题,因为你想吃多少都可以;时间也不是障碍,因为你整个下午都有空，而且很高兴跟朋友一起打发这段光阴。这里的重要稀缺资源是你胃的容量。各种你喜欢的食物摆在面前，你必须决定吃哪样，吃多少。多吃一块华夫饼，必然意味着少吃一份炒鸡蛋。这其中虽然没有金钱交易，但并不意味着你的选择无关经济。

我们做的每一个选择都牵涉到重要的稀缺因素。有时候，钱是最迫切的稀缺资源，可也不总是如此。**应对稀缺是人类面对的处境的本质**。其实，若非存在稀缺的问题，生活会失掉不少紧张意味。对一个掌握着无限物质资源的永生者来说，什么决定都无关紧要。

本章我们将检验微观经济学理论的部分基本原理，看看经济学家如何将之应用到大量事关稀缺的选择问题当中。后面的章节很多都以此理论为基础。现在，我们只有一个目标：培养独特的直觉，"像经济学家一样思考"。

让我们先来看几个日常生活中常见的问题。

成本效益决策法

经济学家研究的不少选择都可以用一个问题来概括：

我应该做某事吗？

比如，对要去看电影的人，这里的"某事"指的是："今天晚上我该去看《卡萨布兰卡》吗？"对要去吃自助餐的人，这里的"某事"或许是："我该再吃一块华夫饼吗？"经济学家回答这类问题时，会比较该活动的成本与收益。我们用的判断规则非常简单。假设 $C(x)$ 代表做某事的成本，$B(x)$ 代表做某事的收益，则：

若 $B(x) > C(x)$，做；反之，不做。

为应用这一规则，我们必须定义并衡量成本和收益。货币价值是一种常用的标准，哪怕该活动和金钱并无直接关系。我们把 $B(x)$ 定义成为了做某事你愿意出的最大价钱。大多数时候，$B(x)$ 是一个假设的数额，也就是说，如果非做这件事不可，你愿意出多少钱，虽说并不见得会有现金转手。反过来，$C(x)$ 就是为了做某事，你放弃的所有资源的价值。这里，$C(x)$ 也不一定牵涉到现金转手。

对大多数决定来说，总会有一部分收益和成本无法直接用货币形式表现出来。欲知我们如何处理这类问题，请看下面的生活实例。

 你应该把音响的音量调小吗

你坐在一把舒服的椅子里听着音乐，这时发现即将播放的下面两首歌是你不喜欢的。要是你的音响能预设程序，你可以让它跳过这两首歌，可它没这个功能。于是，你必须决定：是站起来去把音量调小，还是坐着等这两首歌放完。

调小音量的收益是不必让你不喜欢的歌骚扰你的耳朵，成本则是从椅子上站起身来的麻烦。倘若你正坐得十分舒服，音乐也不那么让你无法忍受，尽可以随它去。可要是你坐下的时间还不太长，又或者音乐太烦人，你恐怕宁肯麻烦点也要站起来去调小音量。

即便是这样简单的决定，我们也可以把相关的成本和收益换成货币表示。先考虑从椅子里站起来的成本。假设有人给你1美分，让你从椅子里站起来，除了这1美分之外，你没有任何这么做的理由。你会接受这个提议吗？大多数人不会。可要是有人给你 1 000 美元，你肯定会毫不犹豫地站起来。所以，你的心理保留价格，也就是你愿意从椅子上站起来的最低价格——介于 1 美分到 1 000 美元之间。

要想找出临界值，不妨在心里默默投一次标，一美分一美分地往上加价，看到多少钱的时候你愿意站起来。临界点的高低，显然取决于环境。你有钱时的临界值往往比你穷的时候要高，因为同样一笔钱，在有钱人眼里不如在穷人眼里那么重要；精力旺盛时候的临界值往往比疲惫不堪的时候低，诸如此类。为便于讨论继续进行，假设你站起身来的保留价格[①]是 1 美元。你可以再通过类似的心理投标过程，判断你最多愿意出多少钱让别人去帮你把音量调小。这一价格可以衡量调小音量的收益，假设是 0.75 美元。

根据我们的正式判断规则，$x=$ "调小音量"，$B(x)=0.75<C(x)=1$。也就是说，你该继续坐在椅子里。尽管下面两首歌不怎么好听，但坐着听完比站起来调小音量划算。如果成本和收益的数值倒过来，那就意味着你应该站起身去调小音量。而要是 $B(x)$ 和 $C(x)$ 刚好相等，那两者对你来说都无所谓。

经济理论的角色

连调小音量都要计算成本和收益，这种想法听起来很荒谬。经济学家最常听到的批评，就是说他们对人如何行为做出了不现实的假设。一想到居然会有人坐在椅子里，寻思自己该出多少钱才无须从椅子里站起来，外行人肯定会奇怪这么做究竟有什么意义。

---

① 所谓做某事的保留价格，指的是做或者不做这件事都毫无差异。

面对此种批评，回应有二。第一，经济学家并不是假设人们真的会做这样的计算。相反，不少经济学家都会说，假设人们按照这类计算采取行动，能帮助我们做出有用的预测。诺贝尔奖得主米尔顿·弗里德曼（Milton Friedman）就曾有力地阐述过这一观点，他以专业台球选手的技术来举例。假设选手们精心考虑过牛顿物理学的所有相关定律，必可准确地预测到他们选择的撞击点和球路。显然，只有很少的职业台球选手接受过正规的物理学训练，而他们大多数人不大可能对"入射角等于反射角"一类的定律倒背如流，甚至也不清楚什么叫"弹性碰撞"，什么叫"角动量"。即便如此，除非严格地按照物理学定律打球，

职业台球冠军科里·德乌尔（Corey Deuel）或许并不知道牛顿物理学的所有定律，但他击球的表现说明，他对此有着深刻理解。

否则他们根本成不了专业的台球选手。我们对台球选手行为理论进行了不现实的假设：他们掌握了物理学定律。弗里德曼劝我们不要从理论的中心假设来判断它是否准确，而要从它对行为的预测是否可靠来判断。而从这方面来说，行为理论的表现相当好。

和台球选手一样，我们必须培养应对日常环境的技能。包括弗里德曼在内的不少经济学家相信，依靠人们的行动受理性决策支配这样的假设，能对人们的行为提出有益的洞见。通过不断尝试，我们最终把理性决策的法则化于无形，就好像台球选手把物理学定律化于无形一样。

面对"经济学家做出不现实假设"控诉的第二种回应是，承认行为往往有别于经济模型的预测。诚如经济学家理查德·泰勒（Richard Thaler）所说，大多数时候，我们的举动更像是新手，而非专业台球选手：球总是进不了洞，也不知道该把母球打到哪个位置才能方便下一击。相当多的证据都支持这种观点。

即便经济模型在叙述上站不住脚，仍能提供有用的决策指引。也就是说，就算它们不见得总能预测我们会怎样行动，但通过它们，我们可以得到一些有益的看法，了解如何更有效地实现自己的目标。就算台球新手还没有把相关的物理定律融会贯通，仍然可以利用这些定律，实现技术的进步。在日常消费和商业决策中，经济模型大多扮演着类似的角色。光凭这一点，就已经是学习经济学的一个上好理由了。

常见的决策陷阱

要是有外行人说，经济学家的大部分工作都可以归结为对以下原理的应用——当且仅当收益大于成本时，我们才应该进行某一活动，恐怕有些经济学家会觉得尴尬吧。这听起来可不像是件能叫人整天忙活的事情！然而，事情并不像表面上看起来的那么简单。学习经济学的人很快就会发现，衡量成本和收益不仅是一门科学，更是一门艺术。有些成本似乎根本不可见，还有些成本乍看起来很重要，仔细分析起来却又毫无关联。

经济学能教会我们如何辨识真正关键的成本和收益，本书的一个重要目标是教会读者更明智地做出决定。让我们从一些常见的决策陷阱入手吧。相关的经济学原理很简单，而且也是基本的常识，只是有不少人都视而不见。

▎陷阱 1：忽视隐性成本 ▎

陷阱 1 是人们常常忽视隐性成本。倘若做了甲事就不能做乙事，那么你做乙事的价值，就属于做甲事的机会成本[①]。不少人做出糟糕的决定，都是因为他们忽视了放弃机会所蕴含的价值。基于这种认识，不妨把"我应该做甲事吗"一类的问题统统翻译成"我应该做甲事还是乙事呢"。在后一

[①] 机会成本指的是为了做某事而牺牲的所有价值。

问题中,乙事指的是价值最高的备选事项。以下例子能帮助我们深入理解这一要点。

 你今天应该去滑雪还是在家洗盘子?

看待这一决定,存在意义相当的两种方式。其一是,去滑雪的好处之一就是不必洗盘子。要让你愿意去洗盘子,至少得有30美元的日薪,所以,不用洗盘子至少值30美元。根据经验所知,滑雪对你而言价值60美元。再加上这30美元的间接收益,$B(x)=90$。滑雪的费用是一天40美元。但去滑雪,就不能去帮教授当助理研究员,这份工作对你来说也挺有吸引力。助理研究员的报酬是每天45美元。$C(x)$就是40美元的直接成本,加上45美元的间接机会成本,即85美元。$B(x)>C(x)$,也即意味着你该去滑雪。

换种想法,我们可以把洗盘子所得的薪水,看作对其令人不快之处的补偿。这样一来,我们可以从助理研究员45美元的收入里减去30美元,即不工作的机会成本只有15美元。此时,$C(x)=40+15=55<B(x)=60$,结论仍然是:你应该去滑雪。

上述两种处理洗盘子的令人不快的价值的方式,在本质上没有分别。关键是,你只能二选一。不要把它连算两次!

上例说明,成本和收益是可以互换的。无须付出某一成本,也就意味着得到了收益。同样道理，没有得到收益，也就等于招来了成本。这个道理听起来极其明显，但经常被人忽视。这里再举一个例子。

几年前，一位留学生拿到了研究生学位，很快要回国了。他的祖国的贸易条例允许人们回国时可以带回一辆崭新的汽车，无须缴纳正常情况下50%的关税。留学生的岳父请他带一辆价值20 000美元的雪佛兰回来，并寄给了他一张等额支票。这叫留学生很为难，因为他早就计划要带一辆雪佛兰回国卖掉。因为如前所述，新车的进口税是50%，这样一辆车在经销商那里得卖30 000美元。留学生估计，他私下里随便都能卖到28 000美元，净得8 000美元的收益。故此，把车以20 000美元的价格卖给岳父，机会成本将是8 000美元！无法获得这么一大笔收益，实在是很大的损失。最终，该留学生还是选择了承担损失，因为他更重视维系家庭的和睦关系。诚如成本效益原则显示，最佳决定并不总能让你的口袋里收获最多的金钱。

 你应该先参加工作，还是先去上大学？

大学的成本并不仅限于学杂费、住宿费、伙食费、书籍费、补给费等，还包括求学期间放弃收入的机会成本。收入会随经验的增加而上涨。你拥有的经验越多，为上大学所放弃的收入就越多。因此，上完高中直接上大学，机会成本最低。

从收益方面来看，接受大学教育的一大好处就是将来的收入会更高。你毕业越早，收获这一益处的年限就越长。另一个好处是上大学比就业愉快得

01 像经济学家一样思考

多。一般而言,人们接受的教育越多,从事的工作越令人愉快。直接上大学能让你躲过最讨厌的工作。因此,对大多数人来说,先上大学再工作的做法合情合理。再说,20 岁上大学总比 50 岁上大学有道理吧。

也有人反对说,高中刚毕业的孩子太不成熟,无法获得上大学带来的好处,因此,上大学之前先工作一两年比较好。

是否先上大学的例子,对弗里德曼有关如何评价一个理论的看法做了完美的阐释。高中生在决定什么时候上大学时,可不会复杂地计算什么机会成本。相反,很多人读完高中后直接就上大学,仅仅是因为大部分同学都这么做。这是件理所当然的事情。

但这回避了问题的实质:为什么上完高中直接上大学是理所当然的事情呢?惯例总不会是无中生有的。许多社会就这个问题做了上百年的实验。如果真的存在一种比现有安排更好的做法,肯定早就有其他社会在实践了。我们的现行惯例存活至今,是因为它确实有效。人们兴许不会斤斤计较放弃收入的机会成本,但做起事来往往假装自己会。这并不是说,所有的惯例习俗必然都具有效率。比如,由于环境的改变,原来有效率的惯例,现在已经落伍了。有时候,这种惯例也会随之改变。然而,不少习俗和惯例一经确立,改变起来是很缓慢的。

尽管机会成本的概念如此简单,但却是微观经济学里最重要的一个概念。正确运用这一概念的重点,是要找出为从事特定活动而牺牲的最有价值的其他事情。

▎陷阱 2:对沉没成本耿耿于怀▎

机会成本看起来似乎往往与要做出的决策不相关,但实际上确实属于决策要考虑到的成本。反过来说，有时候一笔支出看似与要做出的决策相关，结果却没它什么事儿。沉没成本正是如此，它指的是做决定时不该考虑的成本。**和机会成本不同，沉没成本是应该被忽视的**。对沉没成本耿耿于怀是另一种决策陷阱。以下例子清晰地阐述了忽视沉没成本的原则。

 你应该再吃一块比萨饼吗？

一家比萨饼店推出了"能吃多少吃多少"的午餐服务，售价只要5美元。你在门口付费，之后侍者拿来各种比萨饼，你想吃多少块都可以。你会怎样做呢？

我的一位同事做了一次类似的实验：一群受试者正式开吃之前，侍者随机选择给一半就餐者每个人发一张价值5美元的优惠券。另一半就餐者则没有优惠券。就餐结束后，他仔细地数出每位就餐者吃了多少块比萨饼。你能猜出这两组就餐者所吃比萨饼的数量有什么不同吗？

两组就餐者碰到的问题都一样："我应该再吃一块比萨饼吗？"这里，"某事"指的是多吃一块比萨饼。对两个实验组来说，$C(x)$都为零：不管就餐者有没有获得优惠券，都可以在不额外掏钱的前提下，吃任意多块的比萨饼。由于优惠组是随机选出的，没有理由认为这部分就餐者比其余就餐者更喜欢吃比萨饼。对每个人来说，决策规则都一样：吃到吃不下为止（也就是当事人不会因为再多吃一块比萨饼而感到愉快）。故此，两组人的$B(x)$也应该是相同的，他们都该一直吃下去，直至$B(x)$跌至零点。

基于这一推理，两组人平均所吃比萨饼的数量应当相等。5美元的准入费属于沉没成本，应当不对当事人所吃比萨饼的数量造成影响。然而，没有获得优惠券的小组，吃的比萨饼要多得多。

01 像经济学家一样思考

尽管我们的成本效益原则未能预测这一实验的结果,但它对理性决策者所蕴含的信息仍然站得住脚。从逻辑上来看,两个小组的行为应该相同。毕竟,两者之间的唯一区别是,获得优惠券小组的成员,其终身收入比另一个小组的成员多5美元。这么一个微小的区别,应该对比萨饼消费量没有影响。没获得优惠券的小组,其成员似乎是想要确认"自己的钱花得值"。大概正是出于这一心理,他们才吃得更多吧。针对"让你的钱花得物有所值",另一种解释是,不少就餐者刚好可以在短期内把这5美元花掉。故此,优惠券小组的成员有可能吃得比较克制,以便饭后还有胃口吃甜点。为了检验这一说法,实验者可以提前给没有获得优惠券的受试者发放5美元现金当礼物,再来对比两组就餐者消费的比萨饼数量。

"让你的钱花得物有所值",这种心理动机有错吗?完全没有!关键是,你只能在接受交易之前这么想。出于这一动机,在两家类似餐厅里选择价格便宜的一家是完全合情合理的。可是,一旦就餐的价格确定了,你就该放弃"让钱花得物有所值"的想法了。至此,你多吃一块比萨饼所获得的满意度,应当只取决于你有多饿、你有多喜欢吃比萨饼,而跟你出了多少钱无关。然而,很多时候,人们似乎并不依此行事。原因恐怕在于,我们并不是适应性超强的生物。适用于一种场合的心理动机,换了场合不见得就放得下。

‖ 陷阱3:按比例而不是总额来衡量成本和收益 ‖

倘若小男孩问妈妈:"我们快到游乐园了吗?"妈妈知道距目的地还有15公里,她应该回答"快到了"还是"还早"呢?因为不知道整个行程有多远,我们无法判断。如果总行程是300公里,她显然应该回答"快到了"。可要是总行程只有 20 公里，那她则会说"还早"。

对许多日常判断来说，背景线索很重要。从占总行程的百分比来看待剩余距离，很自然，也很有益处。很多人还发现，在对比成本和收益时，按比例来看也很自然。但从以下这个简单的例子来看，这种思维倾向往往会带来麻烦。

你应该为了节省 10 美元而开车去沃尔玛购买价格为 20 美元的闹钟吗？

你打算买个新闹钟。在附近的校园电器店买是 20 美元，而有朋友告诉你，同款闹钟在沃尔玛只卖 10 美元。假设到沃尔玛要开 15 分钟的车，你会去那儿买吗？（请无须考虑保修问题，在哪儿买都由厂家保修。）

你应该为了节省 10 美元而开车去更远的地方购买价格为 1 000 美元的电视机吗？

你打算买一台新的电视机。在附近的校园电器店买是 1 010 美元，而有朋友告诉你，同款电视在沃尔玛买只要 1 000 美元。假设到沃尔玛要开 15 分钟的车，你会去那儿买吗？（请无须考虑保修问题，在哪儿买都由厂家保修。）

对于这两个问题，并不存在绝对正确或错误的答案，你只需考虑开车去沃尔玛的收益是否大于成本即可。大多数人都觉得，买闹钟肯定得去沃尔玛，因为能省一半的钱；但为了买电视机省 10 美元专程去一趟沃尔玛太不划算了，毕竟，10 美元只占 1 000 美元的 1% 呀。

然而，百分比的高低和如何决定并不相关。开车去沃尔玛的成本是多少？有些人只要能省 5 美元就愿意跑一趟，有些人却觉得少于 50 美元不干。不管怎么说，两例中去沃尔玛的成本是相同的。如果你愿意以 8 美元的价格开车去沃尔玛，那么，不管是买闹钟还是买电视，你都应该去沃尔玛。但如果你对开车去沃尔玛的保留价格是 12 美元，那两样东西你都该在附近的校园电器店买。

在使用成本效益原则进行分析时，你应当用绝对数值来表示成本和收益。这类决定不适合使用相对的百分比数值。

‖ 陷阱 4：不理解"平均"和"边际"之间的区别 ‖

到目前为止，我们考虑了是否从事特定活动的决策问题。然而，很多时候，我们要决定的，并不是做不做某件事，而是在多大程度上做这件事。在此种更为复杂的情况下，我们可以应用成本效益原则对问题进行重新阐述。原来的问题是"我们应该做某事吗？"现在则可以改为"我应该更为积极地从事现在做的这件事吗？"

为回答这一问题，我们必须比较此活动新增单位数量的收益和成本。一项活动新增单位数量的成本，叫作此活动的边际成本[①]，新增单位数量的收益，叫作此活动的边际收益[②]。

成本效益原则告诉我们，只要边际收益大于边际成本，我们就该提高进行此事的程度。可诚如下例所示，人们经常错误地应用这一规则。

[①] 边际成本：增加一单位产量所引起的总成本的增加。
[②] 边际收益：增加一单位产量所引起的总收益的增加。

Q 汤姆应该新增一艘捕鱼船出海吗?

汤姆经营着一家小型捕鱼厂,目前有三艘渔船出海。他的每日经营成本是 300 美元,包括渔船的租金和船员的工资,即每艘船的平均成本[①]为 100 美元。他卖鱼所得的每日收益是 600 美元,即每艘船的平均收益[②]为 200 美元。汤姆判断,既然每艘船出海的平均成本低于其平均收益,他应该再增加一艘船出海。这个决定合理吗?

要解答这个问题,我们必须比较新增一艘渔船的边际成本和边际收益。可惜上述信息只告诉了我们一艘渔船的平均成本和平均收益:分别为三艘渔船总成本和总收益的 1/3。知道每艘渔船的平均收益和平均成本,并不足以判断新增一艘渔船在经济上是否划算。这是因为,现有三艘渔船的平均收益,既可能与新增渔船的边际收益相等,也可能高于或低于后者。平均成本和边际成本的情况也一样。

为进一步说明,我们假设渔船和船员的边际成本固定为每船每天 100 美元。那么,唯有当新增渔船至少能为汤姆带来 100 美元的日收益时,他才应该新增第四艘渔船。光凭每艘渔船现有日均收益是 200 美元这一信息,无法判断新增的第四艘渔船的边际收益会是多少。

表 1-1　总成本如何随出海渔船的数量而变化　　(单位:美元)

渔船数	每日总收益	每日平均收益
0	0	0
1	300	300
2	480	240
3	600	200
4	640	160

---

① 平均成本:从事某一活动 n 个单位的平均成本等于进行此活动的总成本除以 n。
② 平均收益:从事某一活动 n 个单位的平均收益等于进行此活动的总收益除以 n。

假设出海的渔船数和每日总收益之间存在如表 1-1 所示的关系。如上所述，在每天有三艘渔船出海的前提下，每艘船的平均收益为 200 美元。倘若汤姆新增了第四艘船，则每艘船的日均收益会跌至 160 美元，仍然高于如前假设的 100 美元的边际成本。然而请注意，在第二栏中，四艘渔船的每日总收益仅比三艘渔船高 40 美元。也就是说，第四艘渔船带来的边际收益是 40 美元。显然，这个数低于其边际成本 100 美元，因此，新增第四艘渔船是不划算的。

以下例子则阐述了如何在此种情况下正确运用成本效益原则。

 汤姆应该让多少艘渔船出海？

假设一艘渔船加船员的边际成本仍为每天 100 美元，捕鱼带来的每日总收益如表 1-1 所示。那么，汤姆应该让多少艘渔船出海最划算？

只要渔船的边际收益大于边际成本，汤姆就应该继续新增渔船。由于渔船的边际成本固定为每天 100 美元，那么，只要其边际收益不低于 100 美元，汤姆就应当继续新增渔船。

将边际收益的定义应用于表 1-1 第二栏的总收益数据，得出表 1-2 第三栏的边际收益值。因为边际收益属于总收益中变动的部分，我们把每艘船的边际收益值放在相应的总收益列之间。比如，从一艘船增加到两艘船，边际收益是 180 美元，恰好是两艘船总收益（480 美元）与一艘船总收益（300 美元）的差额。

表 1-2　边际收益如何随出海渔船的数量而变化　（单位：美元）

渔船数	每日总收益	每日边际收益
0	0	
1	300	300
2	480	180
3	600	120
4	640	40

对比每艘船 100 美元的边际成本和表 1-2 第三栏里的边际收益数值，我们可以看出，头三艘船都符合成本效益原则，第四艘船却不然。故此，汤姆只应该派三艘渔船出海。

成本效益原则告诉我们，**在选择以多大程度进行某事时，边际成本和边际收益——待议事项增量的测算尺度——是相关因素**。然而，不少人在做这类决定时，比较的是平均成本和平均收益。诚如上例所示，哪怕现行活动量的平均收益远远高于其平均成本，也不足以证明增加活动量在经济上站得住脚。

边际收益和边际成本曲线的运用

前文的例子讨论的是如何决定某一活动的单位发生量——一艘船、两艘船、三艘船，等等。然而，还有许多活动是连续进行的，比如，一个人想买汽油，数量不限。对于这类包含连续变量的活动，我们可以用曲线图的方式来比较其边际收益和边际成本。

01 像经济学家一样思考

Q 苏珊每个月和霍尔煲多久的电话粥最划算？

苏珊参加了电话费套餐活动，可以按每分钟 4 美分的价格给男朋友霍尔打长途电话。零碎时间也按相同费率收取费用，即 30 秒钟的通话费为 2 美分。根据苏珊的付费意愿，她与霍尔每多通话一分钟的边际收益，就会如图 1-1 中的边际收益曲线 MB 所示。那么，苏珊每个月和霍尔煲多久的电话粥最划算？

边际收益曲线曲线呈向下走势，表明随着总通话分钟数的积累，每多通话一分钟的边际收益在下降。图中的边际成本曲线 MC 代表每分钟通话的边际成本，假设它固定为 4 美分。最优通话分钟数正是两条曲线交叉时的数量，即每月 400 分钟。如果苏珊与霍尔的通话分钟数少于此数，则多通话 1 分钟的边际收益超过边际成本，所以她该再聊得久点。但如果他们的通话分钟数超过了每月 400 分钟，少说些话所节省的成本会大于她愿意牺牲的收益，也就是说他们该少聊几句。

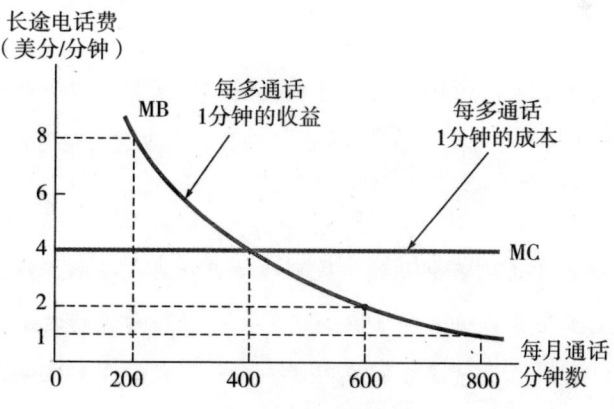

图 1-1　最优通话分钟数

注：最优通话分钟数指的是边际收益恰好等于边际成本时的通话分钟数。

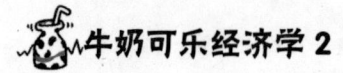

看不见的手

经济学分析中最重要的一个观点是,个人对自身利益的追求,很多时候不仅符合更宽泛的社会目标,甚至为社会目标所必需。一心利己的消费者完全不曾意识到自己行动的后果,但在亚当·斯密的"看不见的手"的驱使下,他们创造了最大限度的社会利益。斯密在《国富论》里写过这样一段广为人知的话:

> 我们的晚餐并非来自屠夫、酿酒者或面包师傅的仁慈之心,而是他们的自利之心。我们不说唤起他们利他心的话,而说唤起他们利己心的话。我们不说自己有需要,而说对他们有利。

斯密观察到,卖家之间的竞争会激发他们生产出更好的产品,寻找更便宜的生产方式。第一个摸索出这一方式的人,能比竞争对手获得更多的利润——只不过是暂时性的。其他人仿效新产品和新方法,不可避免地会带来降价的压力。简而言之,斯密认为,尽管卖家只是为了追求个人利益,最终却造福了所有消费者。

然而,斯密从来不曾相信只有自利动机才最重要,这一点往往为现代经济学家所忽视。比如,在《道德情操论》一书中,他感人地提到我们对他人的同情之心:

> 不管以为人有多么自私,他本性中显然存在一些原则,使他关注他人的命运,以他人的幸福为己任,尽管除却目睹之愉悦,他别无所得。这种本性就是怜悯或同情,就是当我们看到或逼真地想象到他人不幸遭遇时所产生的感情。我们常为他人的悲哀而感伤,这是显而易见的事实,不需要用什么实例来证明。这种情感同人性中所有其他的原始感情一样,绝不只是品行高尚的人才具备,虽然他

们在这方面的感受可能最敏锐。最大的恶棍,极其严重地违犯法律的人,也不会全然丧失同情心。

而且,斯密很清楚,无限制地追求私利会走上邪路。倘若重要的成本或利益落在了决策者以外的人身上,看不见的手的机制也就失效了。

外部成本[①]和收益,很多时候促使政府制定出限制个人决断力的法律。例如,大多数社会现在都立法禁止在城市范围内焚烧树叶。这类法律或许可以视作一种纠偏方式,让个人从整个社会的角度更深入地思考成本和收益问题。有了树叶禁烧令,想要焚烧树叶的人会在罚款和清运成本之间做出权衡。大多数人会得出结论:还是清运树叶更便宜。

父母是否愿意自家孩子跟"经济人"结婚

不少经济学家和行为学家仍对职责和其他无私动机的重要性持怀疑态度。他们觉得,由于自利行为能带来更大的物质收益,自利动机较之其他动机有着极大的优势,所以乍看起来,我们可以放心地忽视无私动机。

基于这一看法,自利模型中的典型决策者往往被贴上了"经济人"的标签。普通人会在某种情操的推动下去投票选举,或一文不取地归还他人丢失的钱包,可经济人完全不具备此类情操。相反,他唯一关心的就是个人的物质成本和收益。他从不主动向慈善机构捐款,而只在能获得利益的时候信守承诺,倘若国家的污染法执行不严格,他甚至会拆掉汽车上的催化转换器来省油!

自利动机有其很重要的一面。比如,警方在调查凶案的时候,头一个

---

① 活动的外部成本,指的是并未直接参与此活动者所承担的成本。

问题就是："受害者之死，能给谁带来最大利益呢？"经济学家研究政府某项条例的时候，会想弄清这项条例提高了什么人的收益。参议员提议新的支出方案时，政治学者会努力挖掘他的哪些支持者会成为该方案的最大受益人。

我们的主要目标是理解特定环境下自利动机激发的行为种类。在此过程中，请务必谨记自利模型无意充当行为指导规范。我们在后面的章节中会看到，经济人与社会存在的需求极不相符。我们每个人恐怕都认识一两个多多少少有点像经济人的家伙，大多数时候，我们最先想到的就是赶紧避而远之。

讽刺的是，做一个彻底自私自利的人，必然会遭到一定程度的社会孤立，这不仅对人的灵魂不好，也对人的腰包无利。要想获得成功，哪怕是从单纯的物质角度来看，人们也必须结成信任的关系和联盟。但哪个明智的人愿意信任一个经济人呢？在后面的章节中，我们将用具体的例子说明无私动机怎样给当事人带来物质奖励。不过，现在我们只需要记住，自利模型仅仅代表了人类行为的一部分——尽管是重要的一部分。

博物经济学家

学习生物学能让人们观察到并震惊于许多平常所忽视的生命细节。对博物学家来说，在寂静的森林里散步也是一次冒险经历。同样的道理，学习微观经济学，能让人变成"博物经济学家"，以敏锐的全新眼光观察到日常生活中的丰富细节。人造世界里的每一个特点都不再是一团混沌，而是暗中计算成本效益所得的结果。以下是一些博物经济学的例子。

01 像经济学家一样思考

 为什么航空公司提供的飞机餐那么难吃?

人人都抱怨过飞机航班上的东西难吃。确实,要是有哪家餐馆敢卖那样的食物,肯定没几天就倒闭了。我们似乎理所当然地觉得航班上的食物该和餐馆里的一样好吃。但这样想有道理吗? 成本效益原则认为,当且仅当收益大于成本时,航班才应当改进饭菜的质量。食物更好吃的收益或许可以根据乘客的付费意愿来衡量,即更高的飞机票价。倘若美味的饭菜要增加10美元的机票钱,恐怕大多数人都愿意埋单。问题在于,要在一万多米高空的狭小机舱中为所有乘客及时准备这样一顿饭,成本恐怕很高。当然,麻烦归麻烦,办还是办得到的。比如,航空公司可以拆掉飞机上20张座椅,安置一套设备精良的现代厨房,聘用额外的人手,在菜品上花更多钱,等等。可是这样做的话,每名乘客额外承担的成本恐怕就是100美元了。尽管我们所有人都对飞机餐抱怨连连,可很少有人愿意承担这笔额外负担。所以,飞机餐注定要继续难吃下去。

我们不少人都认同这样一句话:"凡值得做的事就该做好。"毕竟,这能带来一种日渐缺失的职业自豪感。然而,诚如上例所示,光按字面含义解释这句话,毫无意义。把事情做好需要时间、精力和费用,可惜这些都是稀缺资源。把稀缺资源用到一项活动上,其他活动就用不上了。提高一件事的质量,必然意味着降低其他事情的质量,这是机会成本概念的又一应用。每一个明智的决定都必须对此加以权衡。

我们在生活中见到的每一件事，都是这类折衷的产物。对莎拉波娃来说，参加网球锦标赛使她丧失了成为钢琴家的机会。显而易见，这并不意味着她不应该花些时间练钢琴。只不过是说，她无须在钢琴方面给自己设定一个太高的标准。

 为什么手动挡汽车有 5 个挡位，自动挡汽车却只有 4 个？

一辆车的前进挡位越多，节油性越好。额外挡位的作用就好像 20 世纪 40 年代老款汽车的"超速挡"一样，让汽车以较低的发动机转速保持高速行驶，从而节省汽油。现在生产的大多数手动挡汽车一般都有 5 个前进挡，但自动挡汽车却只有 3 或 4 个挡位。既然节省汽油无疑是件好事，为什么要限制自动挡汽车的挡位呢？

原因在于，省油并不是唯一目的。我们还希望汽车的价格不要太贵。自动挡比手动挡复杂得多，因此，多增加一个前进挡的成本也比后者要高得多。反之，挡位增加带来的好处，对自动挡汽车和手动挡汽车都一样。如果汽车制造商遵循"当且仅当收益超过成本时才额外增加挡位"的原则，自动挡汽车的挡位比手动挡汽车少也就不足为怪了。

上例的推理过程也有助于解释，为什么如今许多手动挡汽车有 5 个前进挡，而 50 年前的大多数汽车只有 3 个前进挡（不少自动挡汽车甚至只有两个挡位）。增加挡位的好处仍然是提高燃油经济性。这一好处的价值，以金钱的形式表现的话，直接和油价挂钩。油价与其他商品的相对价格比50年前要高，这就解释了为什么现在汽车的挡位比从前多。

实证性问题与道德性问题

太平洋西北部的伐木公司最近开始砍伐为数不多的原始红杉林，以便向建筑承包商供应建筑用木材。不少红杉树已经生长了2 000多年，是我们绝不愿丧失的宝贵自然财富。可对伐木公司而言，把红杉当成木材卖掉，比把它们供奉成历史纪念碑要划算。

该不该保留残存的原始红杉林，归根结底是一个道德性问题，是一个牵涉价值观的问题。道德性问题问的是应不应该的问题，可经济分析本身无法回答此类问题。在一个对自然与古物心存敬畏的社会，红杉的命运或许会迥异于一个持有其他价值观的社会，哪怕两个社会的成员在所有相关经济事实和理论上都持完全相同的观点。

经济分析更长于回答实证性问题，即特定政策或制度安排会带来什么样后果的问题。如果我们禁止砍伐原始红杉林，木材的价格会发生怎样的变化？可以开发哪些替代性建材？价格是多少？伐木和建筑行业的就业情况会受到怎样的影响？这些全是实证性问题，它们的答案明显会影响我们对潜在道德性问题的思考。

微观经济学和宏观经济学

本章的重点是个人决策者所面临的问题。在后面的章节中，我们还将考虑个人所组成的群体的经济模型。比如，市场上所有买家或卖家形成的群体。

研究个别选择和个别市场上的群体行为，都属于微观经济学的范畴。反之，宏观经济学以更宽泛的市场集合为研究对象。比如，它试图对国家失业率、整体价格水平和国民生产总值进行解释。

经济学家预测和解释个别市场情况比预测经济整体状况拿手得多。当卓越的经济学家在媒体或电视上互不赞同彼此的看法时，讨论的问题往往来自宏观经济学。尽管经济学家在宏观经济问题上尚存争议，但宏观经济分析的重要性仍不容置疑。毕竟，经济不景气和通货膨胀会严重影响数百万人的生计。

如今，经济学家越发相信，宏观经济进展的关键是要更谨慎地分析构成整体经济局面的单个市场。所以，近年来宏观与微观的分野日渐模糊。各类经济学家（不管是微观还是宏观）的基础训练，越发偏重于微观经济分析。

02
供给与需求

1979年,我在政府机关工作,住在华盛顿特区。我的公寓窗外是一家加油站,规模挺大,有16个加油泵,除此之外,和当代城市的自助加油站没什么区别。

那年4月,中东石油供应出现大中断,汽油价格飙升。为避免油价进一步上涨,政府执行了一套复杂的燃油分配和限价方案。结果,许多城区加油站分配到的汽油,比司机想按管制价格购买的少得多。于是,我家窗外的加油站里的汽车长龙排到了几个街区之外。

排队时因为位置问题吵架是很常见的,不少司机吵得动起了拳脚,甚至有一个插队的人被枪打死了。一直到夏天旅游季过完,等着加油的队伍才渐渐变短,紧张的气氛也才有所缓和。

政府施行的限价和分配制度,是试图完成一项我们平常交托给市场的任务。这些政府干涉方案一般都会带来混乱和冲突。当然,自由市场本身也会得出我们不乐意见到的结果。但通常,它能够以一种平稳、有效的方式分配可用供给。

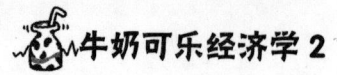

自由市场与低收入人群

市场供需平衡富有效率,并不意味着它一定会带来人们想要的结果。例如,即便所有的市场都处于完美均衡状态,仍会有不少人缺乏足够的收入,无法购买最基本的生活必需品。说市场供需平衡有效率,并不是要否定"穷人日子难过"的说法。效率仅仅意味着,考虑到穷人的低收入状况,自由交换能让他们在现有经济条件下实现最佳结果。这一观点,与向低收入人群提供公共救助的理念并不矛盾。

诚如前面提到的油价的例子,正是因为关心穷人的福祉,大多数社会才试图动手干涉市场。棘手的是,这些干涉往往会造成出人意料的恶性结果,很多措施都是弊大于利。下面我们将看到,更深入地了解市场机制的运作,能避免现行做法造成的不少严重后果。

 为什么航空公司的机票发售采取先到先得的政策?

在解决乘客对热门航班座位的过度需求时,航空公司为什么要采取先到先得政策,而不是拍卖制度呢?这么做的效率和分配原理是什么呢?

商业航班接受的机票预约,往往比航班上的座位要多。因为不少预约的人最终没来登机,这种做法一般不会带来什么麻烦。可也有少数时候会出现这样的情况:一架飞机只有150个座位,但来了160名乘客。20世纪70年代以前,航空公司采取让乘客先到先得的方式,解决座位预订过多的问题。一些有着迫切需要的乘客,可能因为这样那样的原因没有按时到达机场,上述方法对他们的利益考虑不足。明确意识到这一问题之后,民用航空委员会提出了一套简单的制度:如果来登机的人超员,航空公司应当找出愿意主动放弃座位的乘客,以现金或免费机票等替代方式作为补偿。航空公司应不断提高出价，找出足够多愿意主动放弃座位的乘客。

这种解决办法的好处在于，它允许乘客自行判断此次行程是否紧迫。有要务在身的人自然会拒绝主动放弃座位。其他人在几百美元或免费夏威夷之旅的诱惑下，则会愿意多等几个小时。较之先到先得的办法，这个提议似乎对所有旅客都有好处。

但消费者团体立刻对这个提议大加反对，指责它对低收入乘客不公正。该团体认为，这个提议必然会造成这样的结果：等待下一个航班的总是低收入乘客。

穷人必然更容易认为，现金补偿是乘客愿意等待下一班飞机的上佳理由。人们会说，有了现金补偿，值得多等几个小时。诚然，倘若穷人获得更高收入，不必因为穷困而放弃飞机上的座位，这个世界的确会更加美好。但消费者团体并不打算让穷人获得更高收入。相反，它希望航空业继续用先到先得的办法解决航班乘客超员的问题，不管按时登上飞机对当事乘客具有多大的重要性。

我们实在很难看出，不让低收入人士以主动换乘下一班飞机的方式获取额外现金收入，真的符合他们的利益。最终，为满足各收入阶层乘客的利益，民用航空委员会采纳了航班让位赔偿的提议。

许多人批评市场体制按消费者愿意付多少钱的方式分配商品和服务是不公平的。他们指出，这一标准没有考虑到低收入人群的利益。但如上例所示，各种分配方案都存在这样或那样的矛盾之处。不妨来看看虚构的龙虾市场。假设，12 美元/公斤的均衡价格①使得不少穷人无法享受到美味的龙虾大餐，为

---

① 指消费者对一定量商品所愿意支付的价格与生产者为提供一定量商品所愿意接受的价格相一致时的价格。——译者注

此我们采取了一种定期向穷人免费发放龙虾的制度。凡同情穷苦民众的人想必都觉得,这样一套制度代表着显而易见的进步吧。

答案是,以同样的成本来看,我们能做得比这更好。当一个穷人,甚至是一个富人,因为价格太高而放弃购买龙虾时,他其实宁愿把钱花到其他东西上。要是我们分给他龙虾,他会怎么做呢?在理想的世界里,只要有人愿意给他12美元/公斤的均衡价格,他就会把龙虾卖掉。我们知道肯定会有这种人,因为配给穷人的部分龙虾本来就是该放在市场上出售的。穷人把龙虾卖给愿意买的人,对双方都有明显的好处——对买家来说,要不是卖家私下卖给他,他本来想买都买不到;而对卖家来说,龙虾顶不上12美元有用。

实际操作中存在的困难是,在这个假设的场景中,穷人为龙虾找买家得付出许多时间与精力,最终,他恐怕不得不自己吃掉龙虾。当然,他或许也很喜欢龙虾大餐,但依他自己的计算,他恐怕更乐意享受12美元收入所带给他的满足感。

汽油限价的问题也是一样。政府执行限价措施是因为真心希望保护穷人免受油价陡增造成的伤害。然而,其效果却引发了大量不靠谱的行为,穷人和富人都无法从中得益。

与市场制度批评者的说法相反,在考虑如何支配收入时,人们对能源价格是高度敏感的。比如,如果油价升到12美元/升,许多人就会选择结成汽车合用组织,或购买省油型汽车。此外,在考虑是否值得开车跑一趟长途的时候,人们肯定也会想到油价的高低。

不管燃料是否短缺,将之用在人们最重视的活动上,符合所有人(无论贫富)的利益。但对一项做不到这一点的政策来说,一旦燃油短缺,它的成本就高得离谱了。以低于均衡价格的售价销售汽油,就属于此类政策。它鼓励了浪费汽油的行为。

价格与数量变动

为预测或解释均衡价格和均衡数量①的变化，我们必须预测或说明相关供求周期的变动。当供求曲线出现周期性波动时，则以下有关均衡价格和均衡数量的结论成立：

- 需求增加，会使得均衡价格上涨，均衡数量增加。
- 需求减少，会使得均衡价格下跌，均衡数量减少。
- 供给增加，会使得均衡价格下跌，均衡数量增加。
- 供给减少，会使得均衡价格上涨，均衡数量减少。

没必要死记硬背上述结论，因为只要看看标准供求曲线图里相关曲线的变动，就可以把它们轻松地推导出来。根据这些简单的结论，我们可以解答一系列问题。

 为什么苹果在旺季价格下降，海边别墅却在旺季价格上升？

就苹果而言，季节性消费量的增加是供应量增加所致，而就海滨别墅而言，季节性消费量的增加是需求量增加所致。如图 2-1 所示，这些变化使得均衡价格和均衡数量之间出现了明显的季节性关系（参见图 2-1，P 表示价格，Q 表示数量，S 表示供给，D 表示需求，下标 w 表示冬天，下标 s 表示夏天）。当需求增加（如海滨别墅），均衡数量增加，同时，均衡价格出现上涨。当供给增加（如苹果），均衡数量上涨，而均衡价格出现下跌。

---

① 指在均衡价格水平下的相等的供求数量。——译者注

苹果和海滨别墅的消费量都在夏季最高。苹果的价格在夏季最低，因为其消费量的增加是供应量增加所致。别墅的价格夏天最高，因为消费量的增加是需求量增加所致。

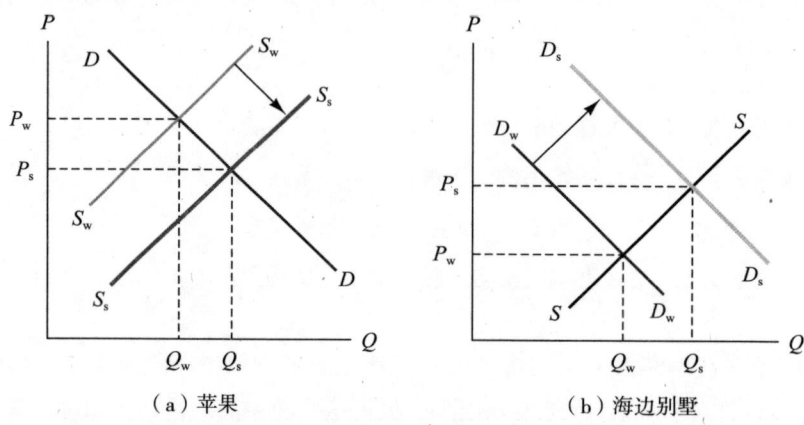

（a）苹果　　　　　　　　　　（b）海边别墅

图 2-1　两种季节性变动

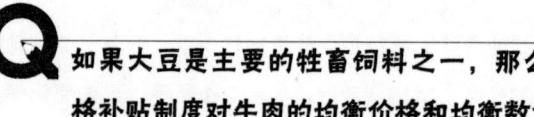 如果大豆是主要的牲畜饲料之一，那么大豆市场的价格补贴制度对牛肉的均衡价格和均衡数量有什么样的影响呢？

价格补贴制度提高了牲畜饲料的价格，致使牛肉的供应曲线出现向左位移（如图 2-2 所示）。反过来，这又导致牛肉均衡价格上涨，均衡数量下跌。

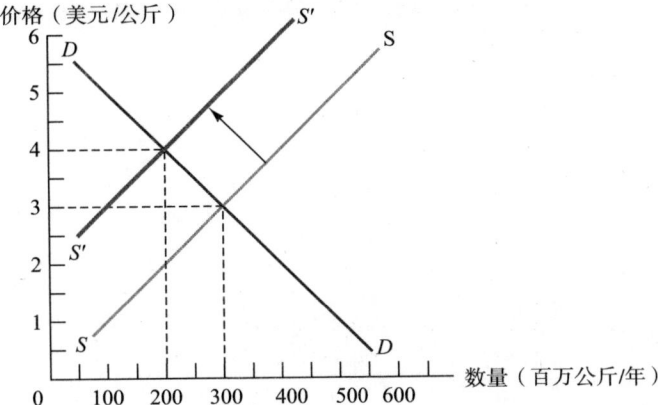

图 2-2 大豆价格补贴对牛肉均衡价格和均衡数量的影响

价格补贴制度提高了大豆的价格,拉高了生产牛肉所需的投资,于是使得牛肉的供给曲线向左位移。结果,牛肉的均衡价格上涨,均衡数量下跌。

第二部分

当消费者行为学碰上经济学

03
理性选择理论和需求理论的应用

在2008—2009学年，康奈尔大学每年的学杂费超过了35 000美元。大学有一项特殊政策，本校教师的孩子进入康奈尔大学就读，每年只需支付2 500美元的杂费。毫无疑问，这一政策为本校教师的孩子上康奈尔大学提供了强有力的经济动机。

多年来，教师薪酬委员会一直认为，有必要让进入其他大学就读的教师子女也享受这一学杂费优惠。大学的惯例回应是，它出不起这么多钱。然而，在委员会内经济学家的敦促下，校方最终朝着这一方向迈出了试探性的一步——为上其他大学就读的教师子女支付1/3的学杂费。出人意料的是，这一新政策并没有让校方破费大笔金钱，反而节省了不少。因为新政策生效后，教师子女上康奈尔大学的人数大幅下降，为大一的新生班空出不少名额。又因为填补这些名额的大多是全额缴费的学生，康奈尔大学的收入反较从前多了。获得新财务补助的教师家庭日子也好过多了，先前上不了康奈尔大学的那些新生也一样。大学忽视了把名额分配给教师子女这一政策带来的机会成本，自然也就没料到会有这么多人因为新政策而转到其他学校读书。

用理性选择模型来解释政策问题

不少政府政策不仅会影响人们获得的收入,也会影响他们付出的成本。有时候,这些效果是政府蓄意谋求的目的,还有些时候,它们是政策在无意识中造成的后果。不管怎么说,**常识和理性选择模型分析都告诉我们,收入和价格的变动,一般会促使消费者改变花钱的方式。**下面我们将要看到,理性选择模型能为政策制定者带来光凭常识看不到的深入洞见。但在这之前,我们先来看看在分析理性选择模型时要用到的三个核心概念。

‖ 预算约束 ‖

为了说得简单些,让我们先假设世界上只存在两种商品:住房和食物。我们用"商品组合"这个词来描述住房(单位是平方米/周)和食物(单位是公斤/周)的特定组合。如图 3-1 所示,组合 A 包含每周 5 平方米的住房加 7 公斤的食物,组合 B 包含每周 3 平方米的住房加 8 公斤的食物。我们用坐标(5,7)来表示组合 A,坐标(3,8)来表示组合 B。推而广之,坐标(S_0,F_0)则表示每周 S_0 平方米的住房和 F_0 公斤的食物。

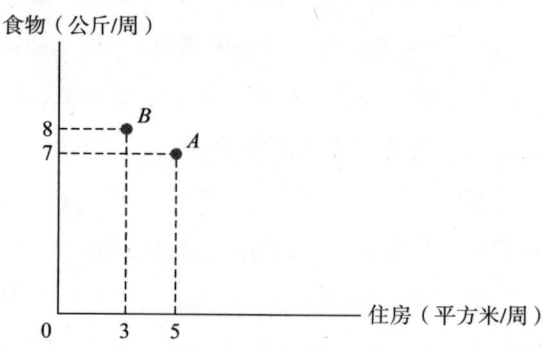

图 3-1 两种商品组合

假设消费者收入 M=100 元/周,即他可以花在特定食物与住房组合上的总数量。再进一步假设,住房与食物的价格分别是 P_S=5 美元/平方米,

P_F=10美元/公斤。要是消费者把所有收入都花在住房上,则可以购买 M/P_S=(100美元/周)÷(5美元/平方米)=20平方米/周。也就是说,他可以购买的商品组合为:20平方米/周的住房和0公斤/周的食物,用(20,0)来表示。反过来,要是消费者把所有的收入都花到了食物上,则可购买的商品组合为:M/P_F=(100美元/周)÷(10美元/公斤),即10公斤/周的食物和0平方米/周的住房,用(0,10)来表示。

在图3-2中,这两个极值分别标示为 K 和 L。连接 K 点和 L 点,得一直线,消费者可以购买这一直线上的任何组合。比如,组合(12,4)就处在这一直线上。这条线叫作预算约束(Budget Constraint)①,图中标示为 B。

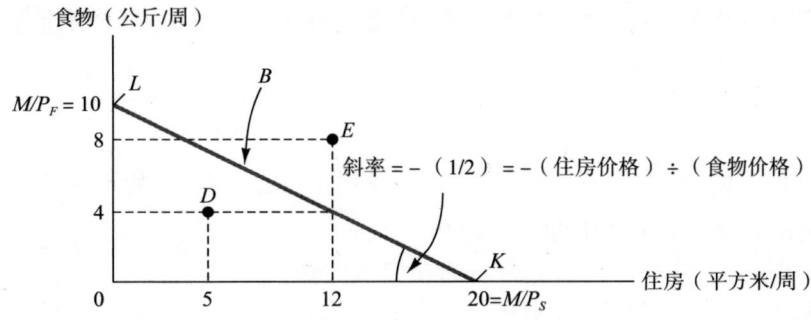

图3-2 预算约束或预算线

注:线 B 表示的是在收入和商品价格给定的条件下,消费者所能购买到所有商品组合。它的斜率是负住房价格除以食物价格。以绝对值来看,这一斜率代表一个额外住房单位的机会成本,即以市场价格购买一个额外单位的住房,必须牺牲的食物单位量。

这里,我们要注意,预算约束的斜率是垂直截距除以水平截距,且斜率为负。推而广之,如果 M 代表消费者每周的收入,P_S 和 P_F 分别代表住房和食物的价格,那么横轴和纵轴上的截距分别为(M/P_S)和(M/P_F)。因此,预算约束的斜率计算公式为:$-(M/P_F)/(M/P_S)=-P_S/P_F$,即两种商品价格比的

---

① 预算约束是指在收入和商品价格给定的条件下,消费者所能购买到的两种商品的全部组合,也叫预算线。——译者注

负数。考虑到其相对价格，这一比率就是食品和住房的兑换比。因此，在图3-2中，1公斤食物可以换回2平方米住房。套用机会成本的概念，我们可以说，额外1平方米住房的机会成本是 $P_S/P_F=1/2$ 公斤食物。

除了可以购买预算线上的任何商品组合，消费者还可以购买预算线与纵轴、横轴形成的三角形范围内的任何组合。图3-2中的D点就是这样一个组合。组合D的成本是65美元/周，远低于消费者100美元/周的收入。在预算线上或在预算三角形范围之内的商品组合，也叫作可行集合，或可负担集合①预算三角形范围外的E点则是不可行的，负担不起的。E的成本是140美元/周，超出了消费者的承受范围。

如果S和F分别代表住房和食物的数量，则预算约束必须满足以下等式：

$$P_S S + P_F F = M$$

它的意思是，消费者每周在住房上的支出（$P_S S$），加上每周在食物上的支出（$P_F F$），必须等于每周的收入（M）。

哪怕对消费者偏好一无所知，我们也可以利用预算信息揣测一个理性消费者的行为。比如，假设这位消费者的喜好并不随着时间发生变化，且在两种不同的情形下，他的预算约束完全相同。如果他够理性，他在两种情况下做出的选择也应当完全相同。毕竟，如果预算约束和以前相同，消费者可购买的商品组合也必然跟从前相同。既然我们没理由认为他对这些商品组合的渴望度发生了变化，那么，他最渴望拥有的商品组合肯定还跟从前一样。然而，诚如下例所示，有时候，人可能无法立刻意识到预算约束其实应该跟先前一样。

你刚刚取出这个月的工资，跑到音像店买了一张渴望已久的莎拉·布莱曼的CD，这张碟的价格是10美元。现在我们假设两个场景：

---

① 低于或恰好在预算线上的商品组合的集合，其按特定价格所必需的支出少于或等于可用的收入。——译者注

03 理性选择理论和需求理论的应用

- 场景一：你在去音像店的路上丢了 10 美元；
- 场景二：你买好 CD，突然摔了一跤，跌倒在店门外，碟掉在人行道上，整个碎了。

试着在脑海里想象这两个场面。在场景一里，你还会去音像店买这张 CD 吗？在场景二里，你会回到音像店重新再买一张 CD 吗？

最近，我向一群从未上过经济学课的大学生提出了上述问题。对于第一个问题，54% 的学生回答"会"，说他们哪怕丢了 10 美元，还是要去买下这张 CD。但对第二个问题，回答"会"的学生只有 32%，即 68% 的人都说，头一张 CD 摔碎了之后不会再去重新买一张。当然，这两个问题并不存在什么"正确"答案。文中假设的场景，对低收入消费者的影响显然大过高收入消费者。仔细想一下你就会发现，从逻辑上说，你的行为应该前后一致才对。毕竟，在这两个场景中，唯一与经济相关的变化，就是你现在可花的钱比先前少了 10 美元。这或许意味着你想放弃这张 CD，也可能意味着你的积蓄少了点，你得放弃一些其他要买的东西了。但这 10 美元具体是怎么少的，不应该影响你的选择。在两个场景中，CD 的成本均为 10 美元，它给你带来的好处也没有改变。你要么在场景发生前后都会去买，要么都不买。

尽管理性选择模型清晰地表明，倘若预算约束和偏好都一样，决定也应当一样，人们有时候却会做出不同的选择。这或许是因为，不同情形的阐述方式会让人们忽视其本质上的相似点。 比如上文的例子，很多人在头一张 CD 摔碎之后不愿再去买一张，因为他们误以为 CD 打碎付出的成本更高。然而，诚如我们所见，在这个假设情形中，我们不再买 CD，省下来的钱完全相同。

简短地概括一下，预算约束或预算线归纳总结了消费者有能力购买的所有商品组合，它的位置是由收入和价格决定的。从这一集合出发，消费者的任务就是选出自己最喜欢的组合。为确定这一最佳组合，我们需要用一些手段概括消费者的消费偏好。

‖ 消费者偏好 ‖

这一次，我们还是先从一个只有住房和食物两种商品的世界开始讨论。**偏好次序（Preference Ordering）使得消费者可以按照自己的渴望程度来排列不同的商品组合。**假设有两个组合，A 和 B。A 包括每周 4 平方米的住房和 2 公斤的食物，B 包括每周 3 平方米的住房和 3 公斤的食物。因为对消费者偏好一无所知，我们说不准他更喜欢哪个组合。A 的住房比 B 多，食物比 B 少。会在家里花大量时间的人或许会选择 A，而新陈代谢快的人或许更乐意选择 B。

大体上，我们假定，对于任何两个组合，消费者总可以在以下三条陈述中选出适合的一条：

- 首选 A 多过 B；
- 首选 B 多过 A；
- A 和 B 的吸引力相当。

有了偏好次序，消费者可以排出不同组合的先后顺序，但并不能对其相对渴求度进行更精确的量化陈述。消费者或许可以说，他喜欢 A 甚过 B，但并不能说，A 带来的满意度比 B 强两倍。

不同消费者的偏好次序往往有着很大差异。然而，尽管存在这些差异，大多数偏好次序都有着若干重要的特点。确切地说，经济学家一般假定偏好次序存在四个简单的特点。依据这些特点，我们可以构建出解决预算分配问题所需的分析性偏好陈述。

1. 完整性

要能使消费者排列出商品和服务的所有可能组合，消费偏好必须是完整的。从字面上来看，完整性假设无法成立，因为有许多商品我们所知太少，无法评估。不管怎么说，用来分析消费者在熟悉的商品组合中会做出怎样的选择，这无疑是一个便利的假设。它真正的用意在于排除寓言故事里描述的那种优柔寡断的情况：饥饿的驴子看到面前的两大包干草却无法做出选择，结果活活饿死。

2. 越多越好

越多越好假设的意思是说，在其他条件相同时，一种商品多好过少。当然，我们肯定想得出一些多而糟糕的例子，比如吃得太多，但这些例子大多着眼于一些实际困难，比如自控能力差，或某种商品不能久存。只要人们能自由存储或处置他们不想要的商品，拥有更多的东西不会让人们日子难过。举个例子，假设有两个组合：组合 A，12 平方米住房/周和 10 公斤食物/周；组合 B，12 平方米住房/周和 11 公斤食物/周。越多越好假设告诉我们，组合 B 优于组合 A，因为组合 B 的食物更多，住房又不少。

3. 传递性

如果你喜欢牛排多过汉堡，喜欢汉堡多过热狗，那么，恐怕你喜欢牛排多过热狗。消费者的偏好排序具有传递性，意思是说，在任何三个组合 A、B、C 之间，若某人喜欢组合 A 多过组合 B，喜欢组合 B 多过组合 C，则他必然喜欢组合 A 多过组合 C。

但并非所有对比关系都具备传递性。比如，"表兄妹"关系就不能传递。我有一个表妹，她自己有三个表妹。但她的表妹并不是我的表妹。"篮球比赛胜出"也是一种不可传递的关系。在有些赛季，火箭队击败了湖人队，湖人队击败了公牛队，但这并不意味着火箭队一定能击败公牛队。

传递性是一种简单的相容性质。举个例子，如果 A 与 B 吸引力相同，B 与 C 吸引力相同，则 A 与 C 吸引力相同。同样，如 A 优于 B，B 与 C 吸引力相同，则 A 优于 C。

传递性假设的意义，我们可以举例来说明。假设你喜欢 A 多过 B，喜欢 B 多过 C，但你又喜欢 C 多过 A，这时，你的偏好就是不可传递的。如果你手里先有了 C，那么你会用 C 交换 B，用 B 交换 A，又用 A 交换回 C。这样就成了一个永无止境的循环。假设上述每一步都要收取一笔小小的交易费，那最终你的钱会全到其他交易者手里。显而易见,这种偏好很成问题。

4. 凸性

混合的商品总比单一的商品好。如果你对 A、B 两种组合的偏好相同,那么,如果有一个组合包含了一半 A 和一半 B(或其他任何比例),较之最初的组合 A 和组合 B,你肯定喜欢这种混合组合。比如,假设 A=(4,0),B=(0,4),你对两者的偏好相同。那么,较之 A、B 这两个极端的组合,你肯定更喜欢(2,2)这个组合。这一属性表达的意思是,我们愿意在多种消费品中实现均衡。

‖ 无差异曲线 ‖

让我们来分析一下这些有关偏好次序的假设有什么含义。最为重要的一点是,它们使我们能利用图形描述消费者偏好。具体如何描述,请看图 3-3 中的组合 A,它包含了 12 平方米/周的住房和 10 公斤/周的食物。根据更多更好假设,凡在 A 右上方位的组合,都优于 A;反过来说,A 又优于所有在它左下方的组合。越多越好假设告诉我们,包含有 28 平方米/周住房和 12 公斤/周食物的组合 Z,优于组合 A;反过来,组合 A 又优于仅仅包含 6 平方米/周住房和 4 公斤/周食物的组合 W。

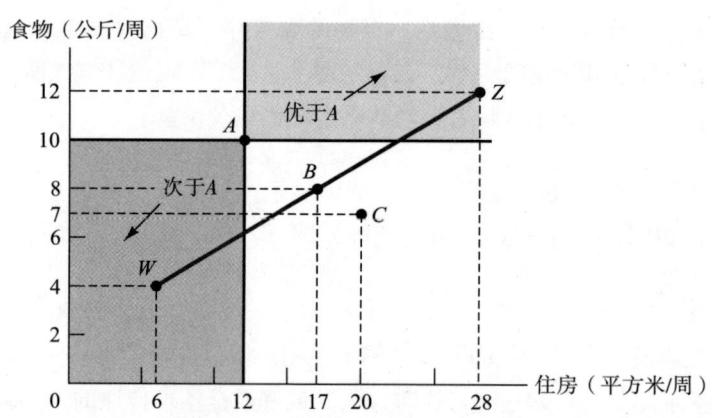

图 3-3　推导出偏好程度相同的组合

现在再来看 W 及 Z 连线上的各组合。因为组合 Z 优于组合 A，组合 A 优于组合 W，那么，当我们顺着 Z 与 W 移动，必然能碰到一个组合，与组合 A 具有同等吸引力。这一论断背后蕴含的直觉和爬山差不多：我们顺着山上的任意一条小道，从海拔 1 000 米的某点往海拔 2 000 米的某点攀登，途中必然会经过介于 1 000 ~ 2 000 米之间的任一高度。假设组合 B 与组合 A 的吸引力相等，它包含 17 平方米/周的住房和 8 公斤/周的食物。当然，组合 B 中每一商品的具体数量，取决于特定消费者的偏好。越多越好假设还告诉我们，在 W 与 Z 的连线上，仅存在一个这样的点。在这条线上，组合 B 右上方的点皆优于组合 B；组合 B 左下方的点皆次于组合 B。

按照完全相同的方式，我们可以找到一点组合 C，与组合 B 具有同等吸引力。如图 3-3 所示，组合 C 为（20，7）。这里，组合 C 包含商品的具体数量仍然取决于当事消费者的个人偏好。根据传递性假设，我们知道组合 C 也和组合 A 具有同等吸引力（因为组合 C 和组合 B 吸引力相同，组合 B 又和组合 A 吸引力相同）。

我们可以任意重复这一过程，最终得到一条无差异曲线，在此曲线上，所有点的吸引力都和最初的组合 A 相同，它们彼此之间的吸引力也相同。在图 3-4 中，这条曲线被标示为 I_0。之所以叫无差异曲线，因为消费者选择这条曲线上的任一组合，都没有区别。

有了无差异曲线，我们可以比较线上各点与线外各点的满意度。比如，我们可以比较组合 C（20，7）和组合 K（23，4），组合 K 的食物比组合 C 少，住房比组合 C 多。我们知道，组合 C 的吸引力与组合 D（25，6）相同，因为这两点皆位于无差异曲线上。而从越多越好假设来看，组合 D 优于组合 K，因为组合 D 的住房比组合 K 多 2 平方米，食物比组合 K 多 2 公斤。最后，传递性假设又告诉我们，既然组合 C 与组合 D 吸引力相同，组合 D 优于组合 K，则组合 C 必然优于组合 K。

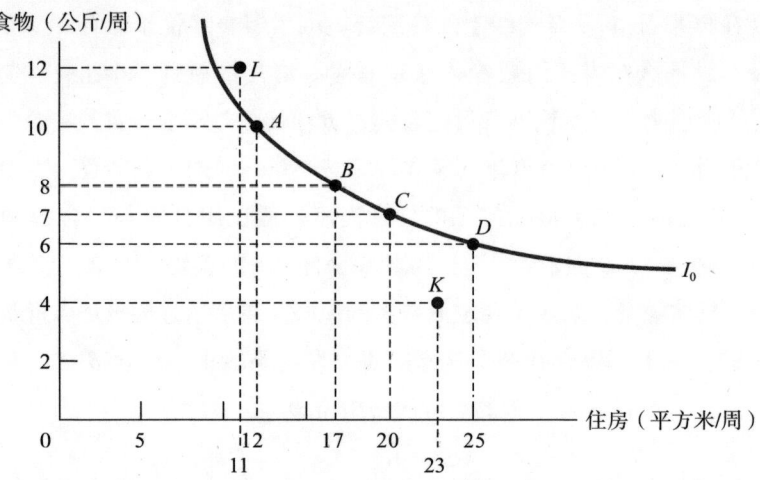

图 3-4　无差异曲线

使用类似的推理方法，我们可知组合 L 优于组合 A。一般而言，位于无差异曲线上方的组合，优于所有恰好位于线上的组合。同样道理，所有线上的组合，优于位于无差异曲线下方的组合。

偏好完整性假设告诉我们，必然存在一条通过所有可能组合的无差异曲线。故此，我们可以用无差异曲线图来表现消费者偏好，如图 3-5 所示。这一无差异曲线图列举了四条无差异曲线。实际上，无差异曲线可以有无穷多条，把它们结合到一起，就得出了对消费者偏好的完整描述。

图 3-5 中的给定值 I_1、I_2、I_3、I_4 是用来表示各条无差异曲线相应的偏好顺序的。只要满足 $I_1 < I_2 < I_3 < I_4$ 的条件，任何数值都可以用在这里。表现消费者偏好，最重要的是无差异曲线的排列顺序，而不是我们任意指定的数值。

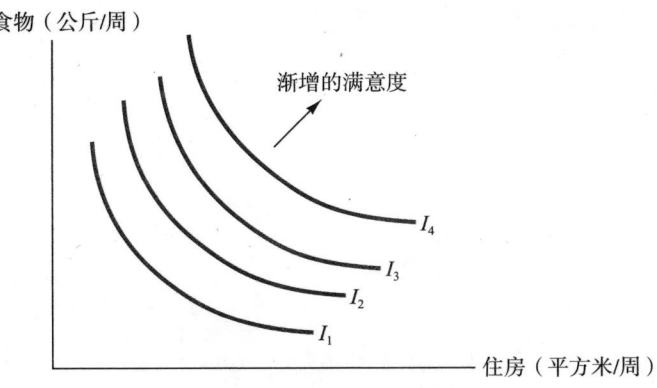

图 3-5　无差异曲线局部图

偏好次序的四点性质，暗示了无差异曲线和无差异曲线图的四点重要性质：

1. **无差异曲线是普遍存在的**。任何一个商品组合点都会有无差异曲线通过。这一性质是由偏好的完整性推导而出的。
2. **无差异曲线是向下倾斜的**。在上斜无差别曲线中，内含两种商品都多的点却等价于两种商品少的点，违背了越多越好的假设。
3. **同一无差别曲线图中，各曲线不能相交**。为什么呢？我们可以假设有两条无差别曲线相交（如图3-6）那么，以下陈述必然成立：
- E 的吸引力与 D 相同（因为它们都位于同一条无差别曲线）。
- D 的吸引力与 F 相同（因为它们都位于同一条无差别曲线）。
- E 的吸引力与 F 相同（由传递性推导而出）。

但我们又知道，F 优于 E（因为越多越好）。

因为"E 的吸引力与 F 相同""F 优于 E"这两条陈述不可能同时为真，故此，两条无差别曲线相交的假设不能成立。结论是，原先的假设成立，也即两条无差别曲线不能相交。

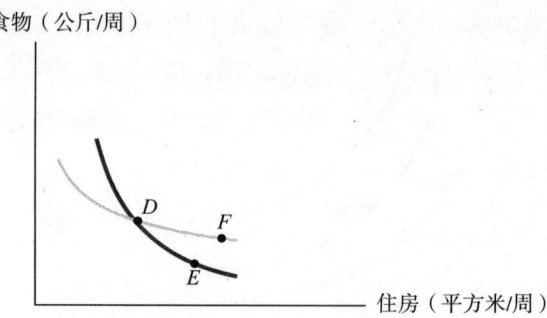

图 3-6　为什么两条无差异曲线不相交

4. **随着无差别曲线向右下延伸，它的倾斜角度越来越小**。如前所述，这一性质是由偏好的凸性推导而出的。

消费者偏好的一个重要属性是他愿意以何种比率将两种商品进行交换，或"权衡"。无差别曲线上任何一点的这一比率都用**边际替代率**（Marginal Rate of Substitution，MRS）来表示，并定义为无差别曲线在该点时的斜率绝对值。例如，请看图 3-7 的左侧，A 点的边际替代率就是该无差别曲线在 A 点的切线的斜率绝对值，也即 $\Delta F_A / \Delta S_A$（符号 ΔF_A 的意思是"从 A 点开始食物量的微小变动"）。如果我们在点 A 从消费者处拿掉 ΔF_A 个单位食物，则必须额外补偿给他 ΔS_A 个单位住房，以便他过得和从前一样好。图 3-7 的右侧把组合 A 附近的区域做了放大。如果 A 的边际替代率是 2，也就意味着消费者损失 1 平方米/周的住房，必须获得 2 公斤/周的食物做补偿。

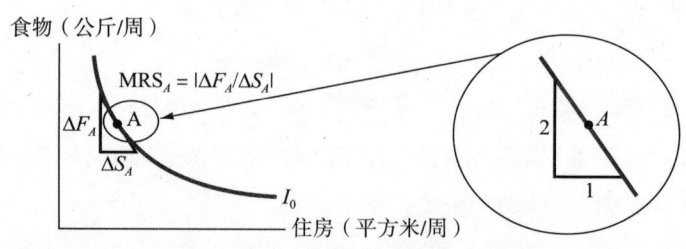

图 3-7　边际替代率

预算约束的斜率告诉我们，在总支出不变的情况下，食物和住房的兑换比率是多少。MRS 则告诉我们，在总满意度不变的情况下，食物与住房的兑换比率是多少。换种说法，预算约束的斜率是用食物表示的住房的边际成本，MRS 则是用食物表示的住房的边际收益。

偏好的凸性告诉我们，在任何无差别曲线上，消费者拥有一种商品越多，他必须放弃的另一种商品也越多。换言之，无差别曲线是向右下倾斜的。因此，从原点来看，边际替代率逐渐缩小的无差别曲线，是凸曲线。

请注意，在图 3-8 中，组合 A 含有相对较多的食物，为了换取额外 1 平方米的住房，消费者愿意牺牲 3 公斤/周的食物。A 点的边际替代率是 3。而在 C 点，食物和住房的数量更为平衡，于是，对于额外 1 平方米的住房，消费者只愿意放弃 1 公斤/周的食物。C 点的 MRS 是 1。D 点的食物相对稀缺，因此消费者只愿意用 1/4 公斤/周的食物来换取额外 1 平方米的住房。D 点的 MRS 是 1/4。MRS 逐渐缩小，意味着消费者喜欢多样性。我们一般愿意放弃已经拥有许多的商品，来换取目前只拥有一点的商品。

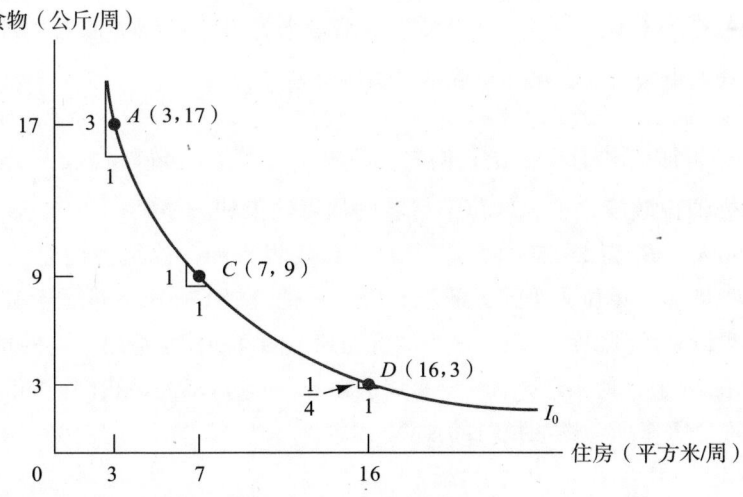

图 3-8　逐渐缩小的边际替代率

燃油税和退税政策有什么玄机

现在让我们来看一个有趣的历史案例。在美国总统吉米·卡特任职期间，政府提议利用燃油税限制汽油需求量，从而减少美国对进口石油的依赖性。针对这一提案，最直接的反对意见是，汽油价格上涨会使得低收入人群日子更难过。卡特政府早已料到有人会这样反对，便建议用燃油税带来的收益削减工资税（用来负担社会安全费用的税种），减轻低收入人群的负担。批评家立刻做出回应，认为用这样的方式退回燃油税的收益，会使得这一举措根本达不到事先设计的目的。他们认为，如果将燃油税补贴回工资里，消费者还会消耗跟从前一样多的汽油。诚如我们所见，这些批评家急需补一补理性选择基本原理的课。

让我们来看一个假设的例子。假设卡特总统提出该建议时，汽油售价是 1 美元/加仑，燃油税为 0.5 美元/加仑，那么汽油价格上涨了 0.5 美元/加仑。再假设某消费者获得的定额工资退税数额刚好等于他所支付的燃油税（这里的"定额"意思是，不管他消耗多少汽油，工资退税金额都不变）。请问以下陈述是否正确：该政策并不会对这位消费者消耗多少汽油产生影响。批评卡特提案的人当然会回答说"是"，可只要把提案带来的影响换到类似的理性选择框架中，我们很快就能看出，正确的答案应该是"否"。

要分析征税和退税，让我们先假设有一位消费者每周收入为 150 美元。在实行燃油税政策之前，这位消费者的预算约束如图 3-9 中的 B_1。B_1 的方程为 $Y=150-G$，B_2 为 $Y=150-1.5G$。其中，G 代表汽油，单位为加仑/周，Y 为所有其他商品，单位为美元/周。在 B_1 上，他选择 C——每周消耗 58 加仑汽油。如果没有得到退税，那么，当油价涨到 1.50 美元/加仑时，他的预算约束为 B_2。在 B_2 上，他会选择 A——每周消耗 30 加仑汽油。但我们该如何找出退税金额刚好等于所缴燃油税时的预算约束呢？

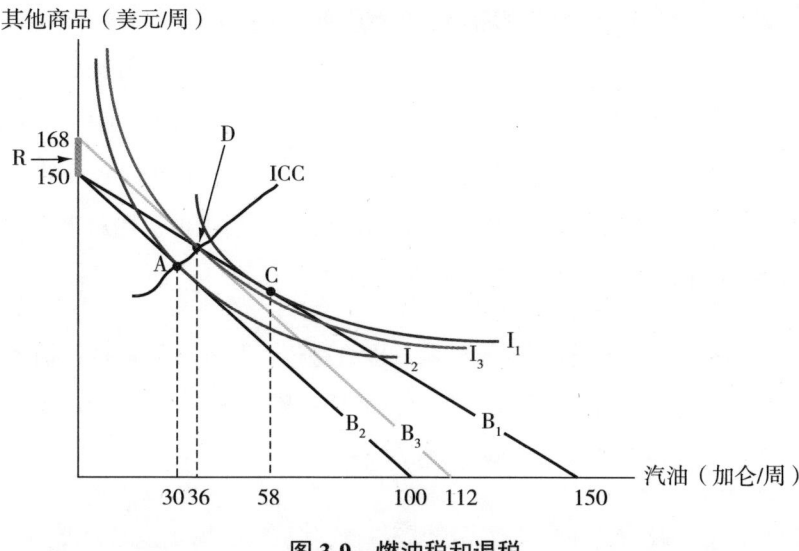

图 3-9 燃油税和退税

注：燃油税使得预算约束从最初的 B_1 变到 B_2。退税又使得预算约束从 B_2 变到 B_3。有了燃油税，汽油较之于其他所有商品贵了 50%，退税并不改变这一事实。在图中，消费者的回应是，每周少消耗 22 加仑汽油，则 B_3 为 $Y=168-1.5G$。

首先要注意到，不管消耗多少汽油，预算约束 B_1 和 B_2 之间的垂直截距都跟当时支付的燃油税总量挂钩。每周消耗 1 加仑汽油时，B_1 和 B_2 之间的垂直截距是 0.5 美元，每周消耗 2 加仑汽油时，B_1 和 B_2 之间的垂直截距为 1 美元，依此类推。

第二步是找出消费者的汽油消耗量会随着退税金额做怎样的变化。为了做到这一点，请注意，退税也是一种收入，因此，我们真正要做的是，找出消费者对收入的变化会有怎样的反应。完成这一任务的合适工具是**收入消费曲线**（Income-Consumption Curve，ICC）。在假设偏好和相对价格保持不变时，ICC 曲线描述了收入变化对消费造成的影响。它是预算约束与无差别曲线切点的集合。我们过 A 点建立 ICC，如图 3-9。此例的 ICC 就是一系列平行于 B_2 的预算线与无差异曲线切点连接起来的轨迹。ICC 表明随着退税金额的增加，汽油和其他商品的消费量会怎样增加。我们的目标是不断增加退税金额，直到退税足够弥补消费者购买汽油时所缴纳的燃油税。

需要退税多少呢？请来看组合 D，即 ICC 穿过 A 与原始预算线 B_1 相交的点。D 是预算线 B_3 上的均衡点，在此点上，油价为 1.5 美元/加仑，消费者的收入为（150+R）美元/周 =168 美元/周。请注意，D 点的汽油消耗量为 36 加仑/周。也就是说，如果我们向消费者支付退税 $R=18$ 美元/周，他会选择 D 点，恰好缴纳 18 美元/周的燃油税。注意，当汽油消耗量为 36 加仑/周时，18 美元刚好是 B_1 和 B_2 之间的垂直截距。

重要的是，D 点位于 C 点的左侧，也就是说，尽管有了退税，消费者还是大幅缩减了自己的汽油消耗量。如果汽油是一种常规商品，则退税的作用就是部分抵消了价格上涨带来的收入效应[①]

最终，卡特政府的收税-退税提案没有得到执行，主要是因为批评家们缺乏理解它所必需的经济学知识。因而，美国仍然大幅依赖进口石油。然而，随着目前全球石油需求量屡破纪录，全世界最大石油产地中东的政局又越发不稳，征收燃油税比卡特政府最初提议时显得更为迫切了。

消费者剩余

经济学家假设，在自愿前提下发生的交换活动会让所有参与者的生活质量比之前要好。不然，他们根本就不会参与这样的交换。**用金钱来衡量人们从交易中受益的程度往往很有用。这种尺度叫作"消费者剩余"**，可以用来评价政府可能施行的各种政策。比如，要衡量修一条路的成本，相对来说很简单。但如果无法可靠衡量消费者从中受益的程度，我们就无法做出到底修不修这条路的明智决定。

[①] 指由商品的价格变动所引起的实际收入水平变动，进而由实际收入水平变动所引起的商品需求量的变动。——译者注

利用需求曲线衡量消费者剩余

用消费者对产品的需求曲线来衡量消费者剩余是最简单的方式。图 3-10 的左右两部分，线段 D 都代表某人对住房的需求曲线，住房的市场价格是 3 美元/平方米。请注意，(a) 图中，消费者愿为第一平方米住房支付的最高价格是 14 美元。既然住房成本仅为 3 美元/平方米，这就意味着，他在购买第一平方米住房的交易中获得了 11 美元的剩余。他愿为第二平方米住房支付的最高价格是 13 美元，因而这一次他获得的剩余要少些，仅为 10 美元。他购买第三平方米住房的剩余更少，为 9 美元。对于住房或其他任何可分商品，需求曲线在该数量点的高度，皆代表该消费者愿意为购买额外一个单位支付的最高价格。此人在购买第 12 平方米住房时，剩余为 0。如果我们把这之前的每一个数量单位上的剩余加起来，可大致得出 (b) 图中的阴影区域。这一阴影区域就代表此人购买 12 平方米住房所得的消费者剩余。

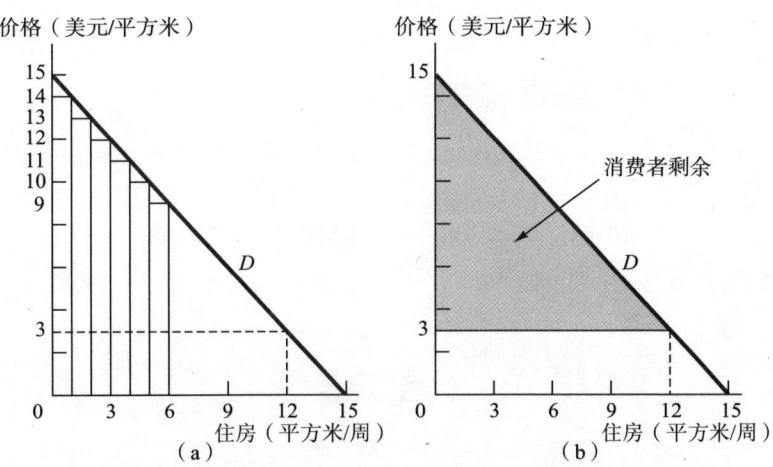

图 3-10 用需求曲线衡量消费者剩余

假设某人对汽油的需求曲线为 $P=10-Q$，其中 P 是汽油的价格（美元/加仑），Q 是他消耗的数量（加仑/周）。如果此人每周收入为 1 000 美元，而汽油当前的价格是 2 美元/加仑，那么，倘若限制石油进口使得汽油涨到 3 美元/加仑，他的消费者剩余会减少多少？

当价格为 2 美元 / 加仑时，该消费者每周仅消耗 8 加仑汽油，不到其收入的 2%。因此，价格上涨带来的收入效应很可能并不突出，所以，我们用需求曲线来近似地比较涨价前后他的消费者剩余。图 3-11 是他的需求曲线。在 2 美元 / 加仑时，他的消费者剩余是三角区域 AEF，$CS=1/2×（10-2）×8=32$ 美元 / 周。涨价之后，他的汽油消耗量从 8 加仑 / 周跌到了 7 加仑 / 周，他的剩余也就缩小为三角区域 ACD，$CS'=1/2×（10-3）×7=24.5$ 美元 / 周。他的消费者剩余的损失量，就是两个三角形面积之差，即图 3-11 中的阴影区域 $DCEF$。这一区域等于 $CS-CS'=32-24.5=7.5$ 美元 / 周。

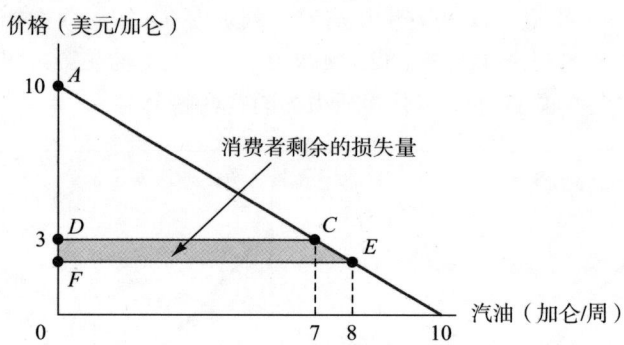

图 3-11　汽油涨价带来的消费者剩余的损失量

二部定价

从经济学角度推理，唯有当交换能使双方受益，买家和卖家之间才会进行自愿交换。从买方来看，我们可以说交换的意愿取决于他对从这笔交易中获得消费者剩余持何种程度的期待。

经济理论并没有告诉我们交易收益在买卖双方之间会如何进行分配。有时候，买家处在有利的讨价位置上，于是他获得了大部分好处。另一些

03 理性选择理论和需求理论的应用

时候，买家的选择有限，在这种情况下，他获得的消费者剩余可能较少。事实上，如下例所示，卖家有时甚至会设计出一种获取所有消费者剩余的定价策略。

为什么收取会员费的网球俱乐部还要收取场地费？

一家网球俱乐部的场地费是每人每小时 25 美元。约翰对场地时间的需求曲线是：$P=50-1/4Q$，其中 Q 是以每年多少小时来衡量的，如图 3-12 所示。假设城里只有这一个网球俱乐部，约翰每年最多愿意支付多少年费，以获得购买 25 美元/小时场地费的权利？

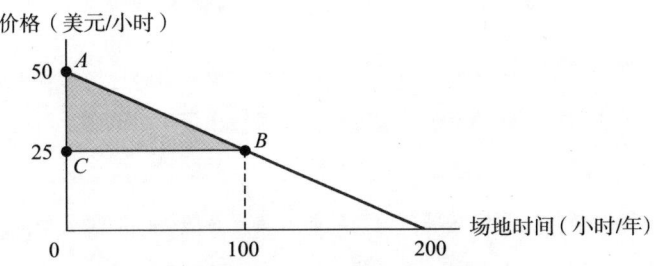

图 3-12　网球场地的需求曲线

这一问题的答案在于，约翰以 25 美元/小时的价格购买场地时间获得了多少消费者剩余。这时的消费者剩余等于图 3-12 中的三角区域 ABC，面积 $=1/2×（50-25）×100=1\,250$ 美元/年。如果俱乐部收取的年费比这个数字还高，约翰就宁愿不使用任何场地时间。

上例解释了我们在日常经济生活中的许多定价手法。比如，许多游乐园不仅每次玩游乐项目要收费，还要收取定额的门票。不少电话公司除了按实际通话时间收费，还要收取固定的月租费。还有一些购物俱乐部的会员要支付固定会费，才有权购买其店面内或目录上的物品。这样的定价方案叫作二部定价，其作用在于把一部分消费者剩余从买家转移到卖家。

为什么游乐园收取固定门票，而不是按游乐项目的受欢迎度采取单项收费？

迪士尼魔幻王国一日游的门票价格是10岁以下的孩子每人55美元。只要购买了门票，就可以无限次地乘坐主题乐园里的所有游乐器械。最受欢迎的云霄飞车每次都要排上一个多小时的队。既然价格为零时需求会一直过剩，迪士尼为什么不对最受欢迎的游乐项目按乘坐次数额外收费呢？

经济理论预测，面临需求过度时，任何商品或服务的价格都会上涨。像上面描述的这种排长队的例子，就给经济学家提出了一个难题。对这种情况的一个可能的解释是，付费者（家长）有别于需求者（孩子）。因为出钱的是家长，不管乘坐一次的价格是0美元还是5美元，孩子仍然想要乘坐最惊险的云霄飞车。如果迪士尼定一个高价，消除了排队现象，那么孩子一天想玩几十次都可以。当然，面对高额费用，家长会一次次地拒绝孩子。但有哪个家长会希望带着孩子去度假，却一整天都跟他们说这不行那也不行呢？对这些家长来说，迪士尼现行的定价政策或许是一个理想的解决办法。这些家长可以这样对孩子说："去玩吧，想玩哪样玩哪样，坐多少次都可以。"而剩下的配给工作，就靠排长队来完成了。

04
信息经济学

两只癞蛤蟆在争夺同一个伴侣,它们都面临着重要的战略决定:应该为了心仪对象跟对手干上一架?还是重新去找另一个对象?干一架有受伤的风险,但继续找也有成本。至少,继续找会耗费时间。再说,下一位潜在配偶说不定也有其他癞蛤蟆在追求。

在这个决定中起重要作用的是每只癞蛤蟆对对手打架能力的评估。如果对手个头大,自己打赢的可能性低、受伤的风险大,恐怕还是继续寻找为妙。若情况恰恰相反,那就选择打一架。

不少此类决定都是在夜里做出的。因夜色袭人,难于视物,癞蛤蟆们发现,最好是依靠各种非视觉线索来做判断。最可靠的一条线索便是对手的叫声。一般而言,个头大的癞蛤蟆,其声带厚且长,因此叫声更低沉。如果听到一声低沉的呱呱叫,癞蛤蟆就有理由推断那是一只大个儿癞蛤蟆发出来的。确实如此。实验显示,较之高亢的癞蛤蟆叫声,普通癞蛤蟆更容易被低沉的叫声震慑。

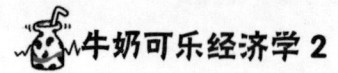

潜在对手间的信息沟通

目标互相冲突的参与者与有着共同目标的参与者,面对的沟通难题迥然不同。追求配偶的癞蛤蟆显然属于前一类别,经济交换活动的买卖双方也一样。比如,卖家有时会夸大自己产品的质量,买家则会压低自己的出价。至于潜在员工,会蓄意拔高自己的从业资历。

反之,桥牌的搭档双方却具有共同的目标。倘若桥牌手利用标准的叫牌手法向伙伴透露信息,伙伴便会按照表面意义来理解这一信息。欺骗伙伴不会带给桥牌手任何好处。这里的沟通,只是一个信息传递的单纯问题。这里的信息只需要理解即可,它的可信性毫无问题——误差除外。

然而,倘若沟通者的利益有矛盾,哪怕是潜在矛盾,也需采用一套全然不同的逻辑。比如,桥牌手对自己左侧的对手低声说:"我叫牌总是很保守。"对手会怎样理解这句话呢?它的字面含义很明确,然而,要是双方都是理性的人,考虑到他们之间的关系,这句话传递不了任何真实的信息。众所周知,打桥牌时叫牌保守是占优势的。因此,不管真假,桥牌手都有理由这样描述自己。这句话谈不上可信不可信,它没有传达任何信息。

适应大城市生活的人,很清楚该提防对产品质量的夸夸其谈。到底该怎样区分产品的好坏呢?类似地,生产者该如何让竞争对手确信,倘若后者敢进入自己的市场,他就会大幅降价?诚如前面讨论的桥牌一例,诸如"我会降价"这类说法,无论真假,生产者都有动机这样说。它们传递不了任何信息。

然而,我们知道,竞争者确实能够沟通包含战略价值的信息,癞蛤蟆就能传播这样的信息。它们并不光是嘴上说:"我可是只大个儿的癞蛤蟆。"大个儿癞蛤蟆的暗示信息可信,无非是因为自己有巨大的身体屏障,而小

04 信息经济学

个儿癞蛤蟆没有。癞蛤蟆的叫声就是一个信号的例子：它是一种传递信息的手段。

癞蛤蟆的例子说明了**潜在对手之间信号传递的两个重要特性**：

- 信号必须难于造假；
- 如果有一方使用的信号能传递有利于自己的信息，则对方将被迫暴露不利于自己的信息。

要理解经济人如何收集、阐释信息，这两条原则都相当重要。让我们先来看看癞蛤蟆一例中这两条原则是怎样应用的，然后再来检验它们在其他经济背景下的应用情况。

难于造假原则

一个信号要在竞争对手之间表现出可信性，它必须难于造假。要是小个儿癞蛤蟆能毫不费力地模仿大个儿癞蛤蟆发出的低沉叫声，那么，低沉叫声就不再是大个儿癞蛤蟆的专有特征了。只可惜小个儿癞蛤蟆叫不出这种声音来。大癞蛤蟆掌握了先天优势，因此，低沉的叫声就成了一个可靠的信号。

难于造假原则亦可以套用到人与人之间的信号上。请看乔·麦金尼斯（Joe McGinnis）在《致命影像》（*Fatal Vision*）一书中描写的下列场景。特种部队的军医杰弗里·麦克唐纳上尉被控涉嫌谋杀妻子和女儿。军队给他指派了一名军方的辩护律师。与此同时，杰弗里的妈妈找来费城著名的私人律师伯纳德·希格给儿子辩护。希格在北卡罗莱纳州的布拉格港给麦克唐纳打电话介绍自己，他的第一个问题就是询问有关那名军方律师的情况：

"他的鞋子是不是擦得锃亮？"

"什么？！"麦克唐纳的声音里充满了怀疑。如今他被控谋杀了自己的妻子和女儿，可这位据说要给自己洗脱冤情的费城律师，第一个问题居然是打听另一位律师的鞋子。

希格把问题重复了一遍。"这一回，"他后来说，"我几乎听到杰弗里在电话那头微笑起来。我就是在那时第一次认识到，我这位当事人不仅聪明，理解力也很强。他说道，'不，那位律师的鞋子脏兮兮的。'我说，'那你尽可以相信他。在我赶过去之前，好好跟他合作。'你瞧，这里的关键是，要是一位军方律师把皮鞋擦得很亮，那就意味着他试图给军方留下好印象。而要是他想在当时那样的情况下给军方留下好印象——军方控告了我的当事人，他们怀疑他，想定他的罪——那也就是说，这位军方律师不会帮杰弗里的忙。但脏兮兮的鞋子意味着，他做律师更看重别的东西。"

律师的鞋子擦得是否干净，显然并不足以暗示他在人生中到底看重什么东西，可它至少使人有理由相信他并不是军方派来的马屁精。如果律师穿着脏皮鞋仅仅是想让人相信他并不打算在军队里混个好前程，那他也不可能混出什么好前程来。所以，能够安安心心传递这一信号的人，只可能是个真正在乎自己律师本分的人。

以下是难于造假原则运用在经济领域里的一些例子。

▍产品质量保证▍

很多产品相当复杂，消费者无法直接检视其质量。在这种情况下，提供高质量产品的厂商需要一种能告诉潜在买家这一事实的手段。不然，他们就没办法开出足以负担产品额外成本的高价钱。

厂商解决这一问题的方法之一是建立生产高质产品的名声，但厂商并不总有这么做的条件。比如，每座大城市的闹市区都有小贩在人行道上叫卖手表。如果这样一家"厂商"决定停业，基本上毫无损失可言。它没有总部，没有昂贵的固定设备，没有忠心耿耿的客户——也就是说，没有任何沉没成本。即便有小贩长年在同一街角提供有质量的产品，谁也无法保证他明天还在营业。如果他打定主意要停业，那他很有可能是要脱手手中质量低劣的商品。简而言之，对于未来没有明显风险的厂商，很难劝说潜在客户相信自己履行承诺的诚意。

而对一家有着庞大沉没成本的厂商来说，动机截然不同。如果这样一家公司要停业，大量无法清算的投资就泡汤了。因此，物质利益使得这些厂商想尽一切办法继续营业。而如果买家知道这一点，他们就能对这部分厂商生产高质产品的承诺多些信任。如果此类厂商胆敢卖次货收高价，它就拉不到回头客，也就根本生存不下去，从而导致沉没成本全部泡汤。

上述分析表明，大打广告的产品往往恰如其宣传，质量会比较高。一场全国范围内的大型广告活动就是沉没成本，如果厂商停业，其沉没成本就丧失殆尽。做了这样的投资之后，厂商有理由履行承诺。这些厂商相信不少消费者都认出了这一模式，为此，它们经常会在杂志广告上说："和你在全国电视广告上看到的一样……"

‖挑选值得信赖的员工‖

很多时候员工都有机会欺骗雇主。要是公司聘不到正直的员工，不少生产活动将被迫停止。公司需要一种能识别出可信赖员工的信号。员工的个性跟他参与特定团体的成本或收益之间或许存在一定联系，可以视为此类信号的一个基准。比如，值得信赖的人往往喜欢为慈善组织效力，而不值得信赖的人视之为沉重的负担。因而，人们决定参加什么团体，能从统计学上为其个性提供可靠信息。

纽约市不少全职夫妇为孩子挑选家庭女教师的做法似乎印证了上述说法。照顾孩子显然需要可信赖的人，因为家长难于直接监控照管者的绩效。毕竟，你需要找人照顾孩子的唯一原因就是你无法亲自上阵。纽约人显然有过无数苦涩的经验，知道本地劳动力市场并不是一个寻找可靠女家教——没人监督也能照常干好本职工作——的好地方。

有不少夫妇采用的解决办法是到盐湖城的报纸上打广告招聘家庭女教师。他们发现，摩门教传统下长大的人比普通的纽约人要可靠。这个信号管用，是因为倘若有人仅仅为了表现出可靠的样子就将自己置身于摩门教传统之中，显然不大可能——那滋味可不好受。摩门教传统有着持续而强烈的道德教化，大多数单纯的投机分子根本受不了。正如癞蛤蟆低沉的叫声透露出它个头的大小，出身于摩门教传统也是一个很好的可信赖信号，因为投机分子无法假冒。

‖挑选辛勤工作的聪明员工‖

说到难于造假原则的最后一个例子，不妨来看看名牌大学的学位。雇主想找聪明又愿意辛勤工作的人。显然，这个世界上有许许多多的人两个特点都具备，但没有名牌大学学历。即便如此，雇主仍然有理由假设，一个拿着名牌大学学历的人会是既聪明又刻苦的，因为要是没有这两个特点，他就拿不到名牌大学的学历。

"名牌大学的毕业生就一定能成为生产效率高的员工"这一观点还存有争议。支持这一观点的人指出，名牌大学毕业生的工资确实高得多。怀疑者们却提醒说，工资差别并不能归结于教育的质量。问题在于，一流大学的学生肯定一开始就有着更高的生产效率。毕竟，一流大学总是精心筛选候选者，只接受那些学业成就最突出的学生。

充分披露原则

癞蛤蟆一例阐述的第二个重要原则,可称作充分披露原则。**该原则指出,如果有一方传递有利于自己的信息而得益,则对方将被迫暴露对自身不甚有利的信息。**这一原则有助于解答先前的一个疑难问题:为什么个头较小的癞蛤蟆也得叫出声?毕竟,它们一叫就暴露了自己个头小的秘密。为什么不干脆保持沉默,让对方瞎琢磨去呢?

假设所有叫声高亢的癞蛤蟆都保持沉默,又假设我们用 0~10 的叫声指数来衡量癞蛤蟆叫声的音调高低,10 为最高,0 最低;所有指数值高于 6 的癞蛤蟆通通保持沉默(见图 4-1)。

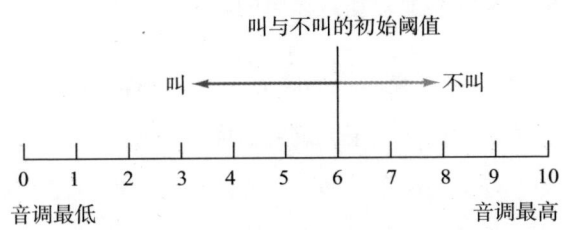

图 4-1 保持沉默暗示的信息

注:如果只有叫声指数低于 6 的癞蛤蟆才会叫,那么,要是一只癞蛤蟆保持沉默,就意味着它的叫声可能远远高于 6。

我们很容易看出,为什么这类模式天然地缺乏稳定性。假设有一只癞蛤蟆的叫声指数是 6.1,刚好高于分界线。如果它保持沉默,其他癞蛤蟆会怎么想?根据经验,它们会知道,既然这只癞蛤蟆保持沉默,它的叫声指数肯定高于 6。但到底高到了何种程度呢?

因为缺乏这只癞蛤蟆的具体信息,它们说不准,但它们可以进行有根据的推测。假设癞蛤蟆们均匀地分布在音高量表上,也就是说,如果我们从整个癞蛤蟆群里随机挑选一只,它的叫声指数可能是该量表上的任何一个值。然而,因为叫与不叫的初始阈值是6，那么，一只保持沉默的癞蛤蟆显然有别于一只随机挑选出来癞蛤蟆。尤其是，经验告诉我们，保持沉默的癞蛤蟆平均叫声指数是8（6与10的中间值）。因此，任何叫声指数低于8却保持沉默的癞蛤蟆，都会给人留下个头比实际小的印象。这样看来，叫声指数在6.1的癞蛤蟆，叫出声来比保持沉默好得多。

因此，倘若最初保持沉默的阈值是6，那么，凡叫声指数低于8的癞蛤蟆都是叫比不叫好。当然，如果它们确实叫了，则阈值就从6变到了8。但阈值为8也不稳定。以此叫声指数为界的话，凡叫声指数低于9的蛤蟆最好都叫。出于同样理由，低于10的任何阈值都注定缺乏稳定性。整个过程并不是因为小个儿癞蛤蟆希望通过叫声让人注意到它们个头有多小；相反，它们是为了让自己不显得比实际个头更小而被迫这么做的。

充分披露原则源自如下事实：潜在对手并不都掌握着相同的信息。在癞蛤蟆一例中，信息的不对称性在于，沉默的癞蛤蟆知道自己到底有多大，而对手只能靠猜测得知。以下的例子证明，同样的不对称性引发了经济人之间的重要信号。

‖ 产品质保 ‖

信息不对称原则有助于解释为什么生产低质产品的厂家只提供很短的保修时间，而暴露自己产品质量不过关的事实。这里的不对称性是生产者比消费者更清楚自身的产品质量。知道这一点而且产品质量又出色的厂家，有着强烈的动机要披露这一信息。终身质保就是一种可信方式（这一机制可信的原因请参见难于造假原则——低质量的产品经常坏，提供终身质保的成本太高）。

一旦这种产品提供终身质保，消费者立刻对其质量有了更深刻的了解。尤其是，他们知道没有质保的产品质量肯定不怎么好。消费者缺乏无质保产品的其他信息，因此只能假设其质量和此类产品的平均质量相当。但这就意味着，消费者会低估只比最优产品差一点点的产品的质量。

想想看次佳产品所面临的局面。如果它继续不提供质保，消费者会把它的质量想得比实际情况要糟。因此，这家厂商最好也提供质保。但由于它的质量稍微低一些，质保期可能不像最佳产品那样是终身的。

现在，次佳产品也质保了，较之先前，其余不提供质保的产品仍然低于平均质量。随着分解流程继续进行，最终，所有的厂商要么提供质保，要么忍受消费者对其产品质量排名最低的认知。一般来说，产品质量越差，保修期越短。很明显，厂商并不愿意因为提供短暂的质保期，透露自己产品质量低的事实。并且，不提供质保，消费者会认为他们产品的质量比实际水平还低。

‖规范就职面试‖

充分披露原则的另一应用，在于它预示了以下做法的不现实性：政府制定政策，对企业要求求职者透露的信息加以限制。比如，法律禁止雇主询问雇员的婚姻状况，以及是否打算要孩子。在制定这一法律之前，雇主按照惯例会询问这类信息，尤其是女性求职者。这些信息有助于预测劳动力离职的可能性，雇主询问的目的在于避免雇用和培训工作不长久的员工。由于统计信息难于造假（很少有人会为了保住工作而不结婚），它可以视为求职者和雇主之间（其利益存在冲突）的一个信号。立法的目的在于防止雇主根据统计信息歧视求职者。

然而，为达到这一目的，光是限制雇主询问统计类问题还不够。如果一位女性意识到，自己所属的统计类别恰好是最受雇主偏好的类别，她便有动机主动将信息告知雇主。这一分解流程继续，最终会使得所有求职者主动透露哪怕是不受雇主偏好的信息。未能主动提供信息的求职者，统统会被看成是最不受欢迎的类别——不管他们的实际情况如何。如果法律想要达到预想目的，就必须禁止求职者主动提供这方面的信息。

人和事总会属于这样或那样的类别,在大多数人眼中,有些类别比其他的好——值得信赖比不值得信赖好,辛勤工作比懒惰好,诸如此类。充分披露原则的要点在于,如果某个事物缺乏属于受欢迎类别的证据,往往就暗示着它属于不怎么受欢迎的类别。从这个角度来看,该原则似乎非常简单,但它的含意有时候也会相当模糊。

‖柠檬原则‖

如下例所示,充分披露原则有助于解决一个长久以来的悖论:为什么新车一旦开出展厅,其市场价值就大大缩水?

 为什么"几乎"全新的车,售价比全新的车低得多?

一辆星期一刚以30 000美元买下的新车,到了星期五,说不定就只能当成一辆22 000美元的二手车卖掉。价格缩水这么多,显然不是因为这辆车在不到一个星期的时间里物理损耗超过了25%。

多年来,经济学家一直在努力寻找出现这种情况的真正原因。有些人甚至偏离了固有的专业态度,推测是消费者对二手车有着非理性的偏见。然而,加州大学伯克利分校的经济学家乔治·阿克洛夫(George Akerlof)认为,这种迷信毫无必要。在一篇名为《"柠檬"市场》的论文里,他提出了一个颇具独创性的解释,第一次对充分披露原则做了清晰地阐释。

阿克洛夫最先假设,大致说来,新车分为两种:好车和"柠檬"①。两种车看起来都差不多,但每辆车的车主都知道自己的车属于哪一种。因为潜在买家无法判断眼前的车属于哪一种,所以好车和柠檬车的售价必然相同。我们

---

① 柠檬在美国俚语中的意思是"次品"或者"不中用的东西"。——译者注

04 信息经济学

不禁会想,汽车的一般价格肯定是两种车各自价值的一个加权平均值,这里的权数就是每类车所占的比例。事实上,这一直觉只在新车市场中成立。

二手车市场的情况有点不同。由于好车对车主的价值远远超过柠檬车对车主的价值,很大一部分柠檬车迅速进入二手车市场。一旦二手车买家发现这一模式,二手车的价格就开始往下跌。因为价格下跌,好车车主更加不愿卖掉自己的车。到了极端的情况,市场上待售的二手车全成了柠檬车。

阿克洛夫的见解在于意识到,光是一辆车要转卖这一事实,就是有关其质量的重要信息。这并不是说,人们卖车的唯一理由就是碰到辆柠檬车。然而,哪怕是一个微不足道的原因,也会使得好车的车主无法在二手车市场上获取这辆车的完整价值。详情可见之前我们介绍过的分解流程。其实,除非车主面临外界环境的沉重压力("要去国外了,只好卖掉我的沃尔沃旅行车",或者,"手受伤了没办法,只有卖掉我的手动挡宝马"),否则,质量没问题的车很少出现在二手车市场。

因此,阿克洛夫的解释肯定了我们的直觉:新车和二手车之间巨大的价格差异,不仅仅是物理磨损带来的。它更多地反映了一种看似有道理的认知:从整体上看,较之于不转手出售的车,转手车的平均质量更低。

‖ 新来者的坏名声 ‖

充分披露原则还能解释,为什么想靠搬家摆脱坏名声,从前比现在难得多。当今时代,人们的流动性很强,万一一个不老实的人被逮到骗人,他很可能会搬去新地方。但在从前,流动性不强,这一策略根本没太大效果,因为那时的社会更为稳定,值得信赖的人更愿意待在原地,收获好名声给自己带来的益处。

诚如卖掉好车不符合车主利益，诚实的人搬家也落不下什么好。在大体稳定的社会环境下，搬家的人跟二手车一样，都很值得怀疑。不过，如今有许多外界因素迫使人们搬家，所以，新来的人也不会背上不好的名声了。

‖ 选择恋人 ‖

大多数人都想找亲切、健康、聪明、有同情心、长得好看的人为伴侣。长得好不好看，一眼就知道。可其他不少特点是难以观察出来的，因此人们往往依靠行为信号来揭示。有效的信号必须难于造假。比如，有人想找一个讲究纪律性的伴侣，那么，能在不到两个半小时跑完马拉松的人肯定很对她的胃口。甚至，一个人对潜在伴侣所表现的感兴趣程度，有时也能透露不少信息。

 为什么含蓄是一种迷人的品质？

格劳乔·马克斯（Groucho Marx）曾说过，他绝不愿意参加任何主动给他会员资格的俱乐部。在求偶活动中采取类似策略，肯定会碰一鼻子灰。可格劳乔也确实说中了些道理。我们有充分的理由回避一个看似迷人但又急匆匆的求偶者。如果这个人真的跟表面上一样迷人，干吗这么着急呢？着急这种姿态，往往暗示此人具备一些难于观察到的负面特点。因此，信号有效性原则说明了有限度的含蓄受人欢迎的原因。很明显，急匆匆的人是按捺不住焦躁之心的。

同样的道理也适用于集体相亲活动。都说现代都市男女工作繁多，没时间认识异性，于是诞生了商业约会服务，方便了看似有同样兴趣和品味的男女配对。因此，这些活动的参与者要自己花钱，腾出时间来认识那些彼此之间根本没什么共同兴趣的人；同时，他们也避免了潜在伴侣是否想跟人约会的不确定性。尽管不少人从商业约会服务里找到了结婚伴侣，但也有许多人认为这笔投资很糟糕。原因显而易见：这类活动无意中充当了一种筛选机制，专门识别维持不好两性关系的人。当然，有时候，有些参与者来相亲的确是因为工作太忙；但更多的时候，只有那些存在个性问题，或者有其他更棘手困难的人才会来参加这类活动。如广告所说，商业约会服务确实为参与者提供了更多与异性交往的机会。但信号原则告诉我们，普遍来讲，这些参与者或许并不值得交往。

以炫耀性消费充当展示能力的信号

假设你被人冤枉，被控告犯了重罪，要找一位律师帮你打官司。又假设你可以在两位律师中做出选择。他们两位其他方面的情况都一样，只是消费标准不一。一位穿着邋里邋遢的便宜西装，开着锈迹斑斑、用了15年的雪佛兰。另一位则穿着笔挺的西装，开一辆宝马745i。你会选择谁呢？

我们的信号原则暗示，后一位律师的胜算更大。原因在于，律师在竞争性市场上的能力水平很可能和他的收入紧密挂钩，同时，收入水平反过来又和消费水平成正比。当然，没有人能保证在消费方面支出更多的律师能力就更高。但和其他存在风险的情况一样，这里，人们必须根据概率论来做出选择。概率论毫不含糊地选中了打扮得体的律师。

对于牵涉到陌生人的重要决定，哪怕是最微弱的能力信号都具有决定意义。聘用决策就是一个明显的例子。求职面试的第一印象至关重要，服饰商总是不遗余力地提醒我们：给人留下第一印象的机会只有一次。就业辅导员总是强调面试时服装质量和良好言谈的重要性。哪怕雇主清楚求职者的水平，仍然会格外在乎此人给他人留下什么样的印象。如果所从事的工作要与不了解雇员情况的外部人士进行大量接触，那更是如此。

光从支出行为做出判断，不少单身人士似乎觉得潜在结婚对象对他们的衣着打扮和开什么车有点儿吹毛求疵。乍看起来，这显得有点奇怪，因为大多数人到结婚的时候，应该已经足够了解对方，知道这类事情无关紧要了。即便如此，不少潜在结婚对象还是会因为看起来"不合适"，在一开始就遭到拒绝。华衣美服并不能保证人们能找个好伴侣，但能提高再次见面的概率。

以消费品作为能力信号，其重要性依职业的不同而有所差异。就教授而言，收入与其学术能力并不存在太直接的联系，大多数教授觉得继续开一辆15年的老车没什么大不了的——只要它的性能依然可靠。但要是一位有着雄心壮志的投资经纪人开着这样的车去见客户，那无异于犯了弥天大错。

 为什么小城市的人在职业装上的花销比大城市的人少？

正如指望吸引到新客户的投资经纪人，很明显，一个人在炫耀性消费品上额外支出的动机，与他人对其能力的深入认识及其可靠程度成反比。人们越是了解一个人，后者就越难用炫耀性消费来影响他人对自己的评价。这或许有助于解释为什么社交模式高度稳定的小镇上的消费模式迥然有别于大城市。比如，爱荷华市的一位职业人士所"必需"的职业装，价钱只相当于曼哈顿或洛杉矶同类人士所需的一半。同样，由于个人信息的可靠性随年龄增长，收入用于炫耀性消费的比例会随时间而下降。年长者的消费模式日趋成熟，既跟智慧增加有关，也跟其信号作用衰减有关。

请注意，以炫耀性消费作为能力信号，会让我们左右为难。要给人留下良好的第一印象，穿着干净的补丁衣服可不行。我们必须穿得比大多数人要好。这就使得人人都有动机在衣服上多花钱、少俭省。要是人人都在衣服上多花了钱，外观的相对标准也就提高了。故此，炫耀性消费从本质上来说是一种定位品，其吸引力取决于同类商品中其他人的消费档次。举个类似的例子，在体育馆，所有的观众都站起身来，想看清楚精彩的比赛，结果却发现跟坐在椅子上看到的没什么区别。这里，个人理性行为的聚合结果，与人们的期望存在显著差异。

从整体上来说，在炫耀性消费上少花钱，多为退休生活存些钱，这样更好。但如果炫耀性消费有力地影响着能力评估，个人也最好别率先走这一步。

05
偏好探源：
利他及其他非利己行为的重要性

微观经济学分析的中心假设是，人是理性的。这句话到底是什么意思，人们尚未达成一致意见。**理性定义有两个重点，即所谓的当前意图和自利标准**。如果一个人卓有成效地追求着行动当前的意图，那么他就是一个满足当前意图标准的理性人。在此标准下，没必要去评判这些意图本身是否有意义。比如，要是有人喜欢自我毁灭的行为，当前意图标准对理性的唯一要求，就是他以最有效、最可行的方式去实现这些行为。而自利标准则从一开始就假设人的动机是他们狭隘的物质利益。诸如利他、忠于原则、正义感等动机，根本不为自利标准所考虑。

在有关理性选择的教科书上，经济学家往往把当前意图标准奉为准则。我们总是怀疑喜好没有逻辑根据，用19世纪经济学家杰里米·边沁（Jeremy Bentham）的话来说，人们对图钉的喜好跟对诗歌的喜好没什么不同。

关于当前意图标准的漏洞，我们可以用下面这个例子来解释。假设我们看见一个人在喝汽车里的机油，然后他腹痛如绞，死了。我们于是断言，他肯定真的很喜欢机油。要不然他怎么会去喝它呢？事实上，任何行为，不管多么荒诞不羁，都可以根据"他就是喜欢这么做"的理由来加以"解释"。因此，当前意图标准的主要吸引力也就成了它最大的缺点。因为有了它，我们可以解释一切，结果等于我们什么也没解释出来。

考虑到这一难题，大多数经济学家都转而在实际研究中采取自利标准。自利是一种重要的人类动机。通过它，我们对人类行为得出了许多有力的结论。然而，狭义的自利显然并非唯一的人类动机。跨省高速公路上的司机给以后再也不会碰面的女招待留下小费；身负血海深仇的人不惜一切代价复仇，哪怕搭上自己的性命；有人自愿退出有利可图的交易，因为自觉"有失公正"。从这些例子来看，人似乎并不总是信奉利己主义。

利他选择

我们根据经验知道，不是每个人都有着自利模型假设的狭隘的自利偏好，比如，人们通过有违狭隘自利偏好的行为获得了满足，如向慈善机构捐钱、投票、让渡少量财产等。这里，我们不妨来探究一下，"人有利他之心"这个概念是如何与我们的理性选择模型结合起来的。

假设弗朗妮不光在乎自己的收入水平，还关心乔伊的。这种偏好可以通过无差异曲线图来表现，大体上如图 5-1 所示。请注意，弗朗妮的无差异曲线斜率为负，这就是说，她愿意减少自己的一部分收入，以换取乔伊的收入出现实质性增长。还请注意，她的无差异曲线边际替代率递减，也就是说，弗朗妮的收入越高，那么她为了乔伊也能获得更多收入愿意放弃的部分就越多。

05 偏好探源：利他及其他非利己行为的重要性

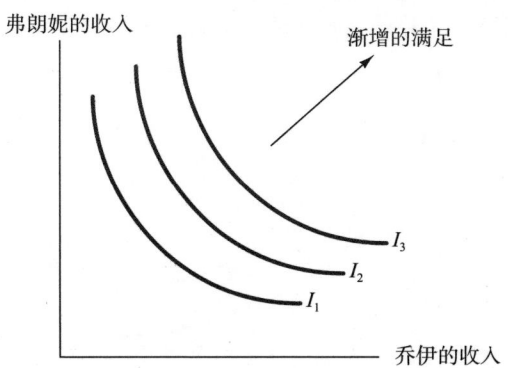

图 5-1　利他者弗朗妮的无差异曲线图

弗朗妮的问题在于，如果她把自己的收入分一些给乔伊，她的生活到底会不会更好过。为了回答此一问题，我们首先需要揭示弗朗妮的相关预算约束。假设她最初的收入是 50 000 美元/年，乔伊是 10 000 美元/年，如图 5-2 中的 A 点所示。弗朗妮有哪些选择呢？她可以保留自己的所有收入，也就是说停在 A 点；或者她可以把钱分一部分给乔伊，也就是说，她每给乔伊 1 美元，自己的收入就少 1 美元。这里，她的预算约束如图 5-2 中的 B 线段所示，其斜率为 -1。如果弗朗妮保留自己的所有收入，那么她最终的无差异曲线如图 5-2 中的 I_1。因为在 A 点时，她的边际替代率 MRS 超过预算约束的斜率，显然，她确实可以过得更好。事实上，从 A 点的 MRS>1 可知，弗朗妮宁愿放弃更多收入，好让乔伊多赚 1 美元。但她预算约束的斜率告诉我们，她给乔伊额外 1 美元，只需花她 1 美元。因此，把自己的收入分给乔伊一部分，她确实会过得更好。最理想的让渡价值如图 5-2 中的 C 点所示。也就是说，把自己的收入分 19 000 美元给乔伊，弗朗妮过得最好。

然而请注意，要是弗朗妮的初始点不是 A，而是 D，那么结论就完全不同了。那时，她的预算约束仅为 B 线段位于 D 点以下的部分（她总不可能送给乔伊负赠品吧）。既然她在 D 点的 MRS 低于 1，所以她完全不给乔伊钱才能过得最好。

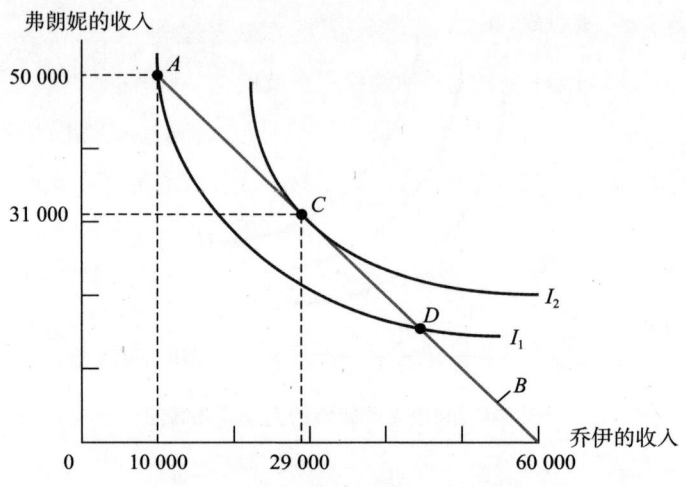

图 5-2　利他者最理想的收入让渡价值

偏好的战略作用

当前意图标准最吸引人的特点是，它使得我们可以把分析的适用范围拓宽到广为人知的非自利动机上。然而，这种方法也有弊端；除非我们有所限制，不然，凭借当前意图标准，我们几乎可以解释人类的所有怪异行为——只要说句"他就是喜欢这么做"就好。我们的困境在于，如何拓宽我们对人类动机的认识，同时又无须受到"机油"问题的攻击。

生物学家找到了解决这一困境的办法，它建立在微观经济学的一则经典分析之上。在生物学领域，生物体的偏好不是随随便便出现的——跟经济模型里的可不一样。生物学家认为，偏好是在自然选择的压力之下形成的。有了这样的偏好，生物体才能解决环境中存在的重大问题。试以人类大多喜欢甜食为例，生物学家会怎样解释这一偏好呢？他们的观点相当简单易懂。首先，他们发现，某种糖，尤其是成熟水果里常见的一种糖，比其他类糖更容易为我们的灵长类祖先消化。接下来，是假设，一开始，不同的个体偏好各有不同。也就是说，假设有些个体比其他个体更喜欢成熟水果里的那种糖，在这一偏好的刺激下，这部分灵长类动物就比其他动物更喜欢吃成熟的水果。因为营养大多是稀缺资源，成熟水果里的糖分更容易消化，因而，喜欢这种糖的个体，其生存率与后代留存率就比其他个体更高。出于这一优势，这种喜欢成熟水果中糖分的基因，最终扩大到了全人类的范围。这就是说，依生物学家看来，我们对甜味的偏好，是人类祖先身上遗传下来的一种特点，它的出现，是有实用性理由的。

有证据显示，在我们当前的环境下，这一特殊偏好已经丧失了实用性。而在从前，成熟水果里的糖分是相当稀缺的，人们不会过度消费它。如今，糖果多种多样，我们对糖的偏好有时候会使得我们吃太多糖，从而造成各种不利结果。要是这些结果严重到了一定地步，进化压力最终会消除我们的甜味偏好。因为这类变化往往需要历经上千代人，至少眼下我们没法摆脱这种偏好。甜味偏好是个很简单的例子，因为它对个体的实用性，跟其他人是否同样拥有这一偏好无关。其他偏好的情况就要复杂得多了，因为其实用性将取决于其他人是否也拥有相同的偏好。后一类偏好，我们称为"战略偏好"，它有助于个体解决社会交往中的重大问题。生物学文献里有关"战略偏好"的早期例子，是生物体对侵略行为的偏好。

‖ 鹰与鸽的比喻 ‖

假设某一种群只由两种生物组成，它们在其他方面完全相同，但对侵略行为的偏好不一样。一种叫"鹰"，极喜侵略行为；另一种叫"鸽"，更希望回避这种行为。倘若这两种生物就重要资源，比如食物、伴侣，发生冲突，鹰的战略总是争抢资源，鸽的战略则是永不发生争斗。

如果这两种生物争抢的稀缺资源恰好是生存的必需品，哪种生物会胜出呢？乍看起来，好像是鹰会赢，因为在跟鸽的争抢中，大获全胜的都是它们。

但这一看法忽视了两鹰相峙的可能性。由于这两只鹰都是侵略性的，必然会招致一番苦斗。这种恶斗很可能会带来两败俱伤的结果，所以，鹰会认为这是一件很危险的事情。

要是再分析一下两鸽碰到重要资源的情况，它们会避免血战，共享资源——鹰的潜在劣势就更突出了。

在上述假设的种群里，两两随机相遇，可能出现的配对方式有三种：

1. 两鸽相遇；
2. 两鹰相遇；
3. 鸽鹰相遇。

想弄清这一种群会如何演化，我们首先必须知道上述三种相遇的收益情况。为便于分析处理，我们假设有一位生物学家收集的数据，可按某种标准单位来表示其收益，比如卡路里值。假设有待分配的资源是包含12卡路里的食物。当两鸽相遇，它们共享食物，每只获得6卡路里。一鸽一鹰相遇，鸽弃权，鹰独得12卡路里。最后是两鹰相遇，打斗的胜者独得12卡路里，输者一无所得。然而，打斗本身会使得每只鹰各消耗10卡路里，这就是说，胜者的净收益仅为12-10=2卡路里，输者还倒贴了10卡路里，即–10卡路里。在一定的时间段内，许多鹰会相遇，假设任何一只鹰的胜率都仅有一半。那么，从鹰族的整体来看，两鹰相遇，每只鹰的平均收益是（2-10）/2=-4卡路里。我们用X和Y代表该种群里的任意两只，不同组合方式的平均收益见表5-1。

表5-1　　　　　　　　　　鹰–鸽收益矩阵

		Y	
		鹰	鸽
X	鹰	每只得 –4 卡路里	X 得 12 卡路里 Y 得 0 卡路里
	鸽	X 得 0 卡路里 Y 得 12 卡路里	每只得 6 卡路里

05 偏好探源：利他及其他非利己行为的重要性

从生物学家的角度来看，到底是做鹰好还是做鸽好，取决于谁平均所得的卡路里更多。如何计算这一结果呢？首先需要知道三种相遇情况出现的概率。假设该种群最初由一半鹰一半鸽构成。之后，每一只有一半的可能碰到鹰，一半的可能碰到鸽。那么，鹰的平均收益以 P_H 表示，为两种收益的加权平均值：

$$P_H = (1/2)(-4) + (1/2)(12) = 4$$

相应的，鸽的平均收益以 P_D 来表示，为：

$$P_D = (1/2)(0) + (1/2)(6) = 3$$

在生物学家眼中，鹰鸽竞争的假设结果是，谁获得的卡路里更多，谁就能养活更大的家庭，并最终在总种群里占据越来越大的份额。刚才我们看到，最初的种群比例是两种生物一半对一半。鹰得到的卡路里比鸽更多，这就是说，鹰在总种群中所占比例会越来越高。

假设我们用 h 表示鹰在总种群中所占的比例（在上述的例子，$h=1/2$）。由于种群总份额必然为 1，那么鸽所占的比例则是 $1-h$。既然如此，鹰的平均收益仍然是两种收益的加权平均值，这里的权为鹰与鸽各自的种群份额，h 与 $(1-h)$。

鹰的平均收益通用表达式则为：

$$P_H = (h)(-4) + (1-h)(12) = 12 - 16h$$

鸽的平均收益通用表达式则为：

$$P_D = (h)(0) + (1-h)(6) = 6 - 6h$$

例如，若鹰的所占份额为 4/5，则两鹰相遇的比例也就是 4/5，剩下的 1/5 碰上的是鸽，则鹰的平均收益为：

$P_H = (4/5)(-4) + (1/5)(12) = -0.8$

这时，鸽的平均收益为：

$P_D = (4/5)(0) + (1/5)(6) = 1.2$

也就是说，如果鹰占了总种群的4/5，它们的平均收益小于鸽的平均收益，鹰的比例会逐渐开始下降。

种群比例是否会在某点达到平衡呢？我们可以绘出两种生物的平均收益曲线，看它们会在哪一点上相交。如图5-3所示，这一点出现在$h=0.6$的时候，即当总种群的60%为鹰、40%为鸽，两种生物每次相遇时的平均收益均为2.4卡路里。由于平均收益相等，两种生物会繁衍同等数量的后代，这就意味着，它们在总种群中所占比例会保持不变。

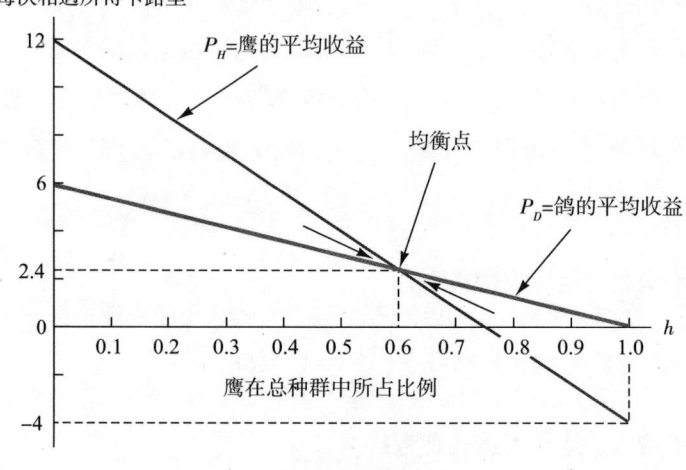

图5-3　鹰与鸽的平均收益

请注意，图5-3中标示的均衡点是稳定的：要是鹰占的种群比例偏离了0.6，会立刻被迫反弹回0.6。比如，要是出于某种原因，鹰的比例降到了0.5，

图 5-3 的收益曲线表明，鹰的平均收益会超过鸽的平均收益，使得鹰所占的种群份额出现增长。反过来说，要是鹰的比例增加到 0.7，那么鹰的平均收益会略低于鸽，从而导致鹰所占的种群份额下降。

鹰与鸽的例子说明，对特定行为模式偏好的有效性，取决于遭遇种群中存在同样偏好的其他生物的频率。选择做鹰（偏好侵略）是有利的，但有个限度。因为一旦鹰的数量太多，做鸽子就有好处了。当两种偏好的平均收益相同，种群就达到了均衡状态。

鹰与鸽的例子还阐明了自然选择的一个重要性质，即对个人而言有利的特点，对整个种群来说不见得有同样的好处。请看图 5-3，要是一只鹰都没有（$h=0$），整个种群的境况会更好。倘若整个种群只由鸽子构成，所有的鸽子在每次相遇时都能得到 6 卡路里的食物，较之于上例的均衡值 2.4 卡路里，显然是很大进步。但只由鸽子构成的种群不稳定，鹰会入侵这样的种群，迅速发展壮大，因为在跟鸽子共同生存时，它们占据了绝对优势。

鹰与鸽这样的社会生态模型表明，偏好本身并不是目的，只是人们实现重要物质目标的一种手段（在鹰与鸽一例中，为了生存和繁殖，就必须获取卡路里）。

脑袋里牢牢地建立起鹰与鸽的模型，我们就有办法分析其他多种偏好出现的原因了。我们的讨论重点是，为什么无私动机往往能帮助人解决社会经济交往中出现的重大问题。

承诺问题

说到追求个人利益反倒弄巧成拙，人们最常提到的一个例子是所谓的"囚徒困境"。数学家塔克（A. W. Tucker）最先命名了这一简单的博弈，它的名字得自最初用来做说明的小故事。两名囚犯犯了重罪,分开关在牢房里。然而,检方手头的证据只够证明他们犯了一起轻罪,最多能判处一年徒刑。于是检方告诉两人,要是有一人招供,另一人保持沉默,招供者可以免于起诉,而沉默者则会在牢里待上20年。要是两人都招供,同时服刑5年。表5-2总结了可能出现的所有结果。两名囚犯不得串供。

表 5-2　　　　　　　　　　　囚徒困境

		囚犯乙	
		招供	沉默
囚犯甲	招供	皆服刑 5 年	甲 0 年 乙 20 年
	沉默	甲 20 年 乙 0 年	皆服刑 1 年

不管对方怎么做,招供都能换来较短的刑期。要是两人都招供了,就得蹲上5年牢房。可要是两人都保持沉默,只需服刑1年。甲乙两人分别追求个人利益,却换回了更糟的下场。

囚徒不得彼此沟通,但这并非困境源头。他们的问题主要是缺乏信任。光靠口头承诺,不足以改变博弈的实质性结果(就算两人答应不招供,仍然是违背诺言更有利)。

囚徒困境是"承诺问题"的一个例子。承诺问题涵盖的范围很广,它们的共同特点是,要是人们答应按一种有违个人实质利益的方式行事,能获得更好的结果。比如,在囚徒困境中,较之单纯追求狭隘的个人实质利益,囚犯答应拒不认罪并依此行事,结果会更好。

马里兰大学经济学家托马斯·谢林(Thomas Schelling)提供了承诺问题的另一个生动例子。有一名绑匪突然临阵畏缩起来,他想把人质放了,但又害怕人质获释后去报警。为了换得自由,受害者很高兴地答应不去报警。然而,两人都意识到,一旦人质获得自由,违背承诺才符合他的利益。于是,绑匪不

05 偏好探源：利他及其他非利己行为的重要性

情愿地得出结论，他必须把人质杀掉。绑匪坚信人质会依理性、自利的方式行事，宣告了人质的厄运。

谢林建议用以下方式摆脱困境："如果受害者做过一件曝光之后会遭勒索的事情，他不妨坦白告诉绑匪；不然，他可以当着绑匪的面做一件类似的事，在两人之间创造一种联系，以保证他不会报警。"在这里，会招致勒索的举动充当了一种承诺机制，为受害者提供了信守诺言的动机。一旦获释，信守诺言仍然对他不利，但很明显，这总比一开始就无法做出可信承诺要好。

在日常经济和社会交往中，我们经常碰到类似的囚徒困境，或跟谢林笔下的绑匪和人质差不多的承诺问题。谢林提议的解决办法，通过调整相关物质动机，化解了这个问题。遗憾的是，这种办法有时候并不可行。

还有一种办法是改变控制行为的心理认知——用经济学术语来说，就是有着并不仅仅基于狭隘自我利益做事的偏好。比如，假设被绑架的人质是个著名的信守承诺的人，背信会令他感觉糟糕。这种强烈的背信感使他不会在获释后报警，哪怕此举符合他的实质利益。绑匪知道这一点后就会放了他。

欺骗行为

让我们再来看一个自私和无私者进行生存斗争的简单例子，来进一步认识无私行为的作用。这一承诺问题出现在人们两两合伙做生意的时候。在投资活动中，每人只可在两种行为方式中选择其一：可以"合作"，即诚实地与合伙人交易；也可以"背叛"，即欺骗自己的合伙人。假设两名合伙人分别是史密斯与琼斯，他们行为的收益取决于各自选择的行为方式，如表5-3所示。合伙人的收益，其实也就是用货币的方式表达囚徒困境中囚徒的收益。不管史密斯怎么做，琼斯选择背叛总能获得更好的收益，对史密斯来说情况也是一样。

如果琼斯相信史密斯做事只顾自己，肯定认为史密斯会背叛。为求自保，他恐怕不得不同样选择背叛。而当双方都背叛时，每人只能得到2个单位的收益。和所有此类困境一样，最让人遗憾的是，两人本可以做得更好。要是他们选择合作，每人可得4个单位的收益。

表 5-3　　　　　　　　　合资的金钱收益

		史密斯	
		背叛	合作
琼斯	背叛	每人得2	史密斯得0 琼斯得6
	合作	史密斯得6 琼斯得0	每人得4

现在假设合伙做生意的不仅是史密斯和琼斯，而是一大群人。人们两两配对，每对成员的行为与收益之关系，仍旧如表 5-3 所示。再进一步假设，这群人分为两种类型：合作者和背叛者。合作者就是通过强烈的文化熏陶，养成了可遗传的道德情操，总是采取合作姿态的人。背叛者则是缺乏此种能力，或未能培养出这种情操的人。

依此看来，合作者就是绝对拒绝背叛的利他主义者。联系此际的狭隘背景，这种行为显然有违他们的物质利益。反之，背叛者则是纯粹的机会主义者，他们的所作所为全是为了获得最大限度的个人收益。诚如前面提到的鹰与鸽的例子，我们这里的任务是判断在生存斗争中，这两种人会有怎样的结果。我们将会看到，答案完全取决于两类人能否顺利地彼此区别。

‖ 合作者与背叛者无法区分时的人口构成变化情况 ‖

假设说，合作者和背叛者看起来完全一样，无法加以区分。在这种假想的环境下，人们随机配对，一如鹰与鸽一例。合作者当然想跟合作者配对（背叛者也想跟合作者配对），可他们无法选择。由于每个人看起来都一样，大家只能碰运气了。故此，背叛者和合作者的预期收益取决于与合作者配对的概率，

05 偏好探源：利他及其他非利己行为的重要性

反过来，这又取决于合作者在人群中所占的比例。

这里用 c 表示合作者在人群中所占比例。如果合作者与人群中的其他人随机配对，对方也是合作者的可能性即为 c。对方是背叛者的可能性则为 $1-c$。由于合作者碰到合作者，可得 4 单位收益，碰到背叛者得 0 收益，因此，平均来说，每个合作者的预期收益可表示为：

$$P_C = c(4) + (1-c)(0) = 4$$

也就是说，当人群中半数为合作者（$c=1/2$）时，合作者有 50% 的可能性碰上合作者，获得 4 个单位的收益，也有 50% 的可能性碰上背叛者，得 0 收益。这时，他的预期收益即为两种结果的加权平均值，即 2 个单位。

背叛者的平均收益，相应的表达式如下：

$$P_D = 6c + 2(1-c) = 2 + 4c$$

本例假设的平均收益关系如图 5-4 所示。

倘若合作者与背叛者无法区分，人口构成情况会随着时间发生什么样的变化呢？和鹰与鸽一例相同，这里的规则仍然是，每种人的繁衍与其获得的平均收益成比例：得到更多物质收益的人，能获得养育更多后代的必要资源。在鹰与鸽一例中，两类生物的平均收益曲线相交，维持了每种生物在总种群中所占的比例。然而，本例中的平均收益曲线并不相交。由于背叛者总能获得较高的平均收益，他们在人口中所占比例持续走高。反过来说，哪怕合作者一开始在总人口中占了绝大部分，也注定会走向灭绝。当合作者与背叛者无法区分时，不可能形成真诚的合作。本例以一种残忍的方式，为自利模型中的利己行为假设提供了潜在的合理性。

注意图 5-4 中，如果整个人群完全由合作者构成（$c=1.0$），人人的收益都为4单位，而当整个人群全由背叛者构成，每人仅得2单位收益。和鹰与鸽的例子一样，我们在本例中同样可以看出，偏好是根据其对个人收益的影响演进的，无关群体收益。

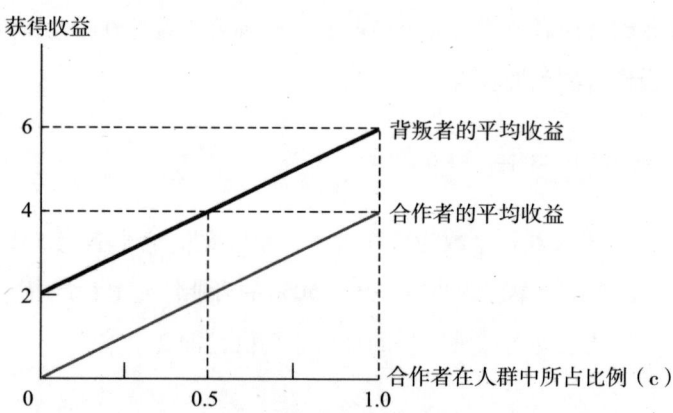

图5-4　当合作者和背叛者无法区分时的平均收益

‖合作者与背叛者容易区分时的人口构成变化情况‖

现在假设所有条件与之前一样，除了合作者与背叛者非常容易区分。具体言之，假设同情心是人们合作背后的情绪动机，又假设人在体验此种情绪时会有一种明显的表现（或可称为"同情的态度"）。背叛者没有这种明显的表现，更确切地说，他们试图模仿，但怎么也学不像。

如果这种表现一眼就能看出来，那么，情况就彻底反转了。现在，合作者可以选择性地与人交往，稳稳当当地获得4个单位的收益。合作者完全不需要与背叛者交往。背叛者只能跟背叛者交往，只得到2个单位的收益。

由于消除了交往过程中的偶然性因素，收益不再取决于合作者在人口中所占比例（见图5-5）。合作者总能得到4，而背叛者只得2。

这一回，合作者获得更多的收益，得以养活更大的家庭，从而也就意味着他们在总人口中所占比例将越来越大。要是能轻易辨认出合作者，就轮到背叛者走向灭亡了。

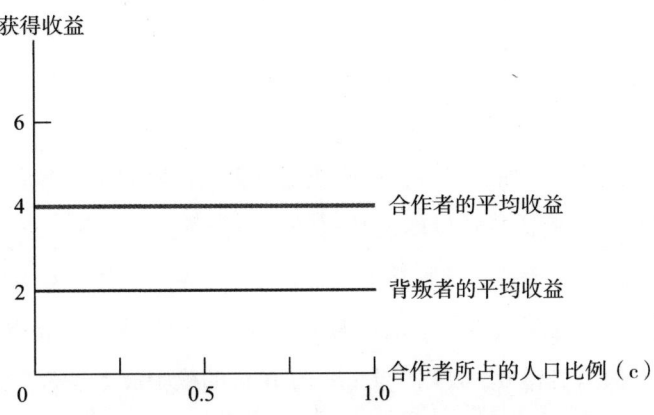

图 5-5　合作者和背叛者容易区分时的平均收益

‖ 可以模仿得惟妙惟肖的情况 ‖

然而，这并不是说背叛者只能这么忍气吞声地认输了。假设背叛者里出现了一群突变体，能准确地模仿合作者值得信赖的举止表现。因为这种突变的背叛者看起来跟合作者完全一样，合作者没办法区分他们。故此，每一名假冒者都假装成真正的合作者，跟合作者交往。反过来也就是说，突变的背叛者比合作者能获得更高的预期收益。

无法假冒的背叛者（外表上依然跟合作者有所区别）所得的收益最低，注定会灭绝。除非合作者想出适应的办法，否则他们也面临着同样的命运。当背叛者能够轻易模仿合作者的特征时，这种特征就丧失了区分作用。合作者和幸存下来的背叛者又变得一模一样了，从而再度导致了合作者的厄运。

‖ 不完美的模仿和警惕的代价 ‖

当然，适应性并非背叛者的专利。如果合作者的特征能够随机变化，背叛者就得面对活动靶子了。假设背叛者模仿合作者最初用来与之相区分的特征时并不完美，需要费些功夫才能区分合作者和背叛者。具体而言，假设验明正身的成本是 1 个单位。支付这一成本，就好像是购买一副能一眼分辨出合作者和背叛者的隐形眼镜。不肯掏钱的人，无法区分这两种人。让我们来看看这回的情况会怎样。

假设收益如表 5-3 所示，合作者在决定是否支付验明正身的成本时会怎么想呢？如果他愿意掏钱，就保准能和另一名合作者交往，从而获得 4−1=3 个单位的收益。如果不掏钱，则收益不确定。对他来说，合作者和背叛者外表完全一样，故此必须碰运气。如果碰巧遇上了另一个合作者，他能得到 4。要是碰到背叛者，他只能得 0。故此，支付一个单位的检验成本是否有意义，取决于出现这两种结果的可能性。

假设合作者的人口比例是 90%。不支付检验成本，合作者碰上另一名合作者的概率是 90%，碰到背叛者的可能性只有 10%。故此，他的平均收益为（0.9）(4)+(0.1)(0)=3.6，高于支付检验成本后所得的收益。那么，显而易见，不支付检验成本更好。

现在假设合作者的人口比例不是 90%，而是 50%。要是我们的合作者不支付检验成本，他碰上合作者的机会只有 50%，他的平均收益仅为 2，比支付成本少 1 个单位。这样的话，显然支付检验成本为好。本例的数值暗示，解开 c 的方程式，可找出一个"均衡点"：

$$4c=3$$

解得 $c=0.75$。因此，当合作者所占的人口比例为 75% 时，合作者不支付检验成本所得的预期收益（$4c$）与他支付检验成本所得的收益（3）恰好相等。不支付成本的合作者有 75% 的机会获得 4 个单位的收益，25% 的机会获得 0 收益，平均收益为 3，恰好等于支付检验成本后所得。当合作者的人口比例低于75%时,他最好是支付检验成本。当合作者的人口比例高于75%时,不付成本更好。

考虑到均衡点规则,我们现在可以判断人口构成将如何随时间发生变化了。当合作者的人口比例低于75%时,合作者都将支付检验成本,通过彼此合作,获得3个单位的收益。背叛者没有必要承担这一成本,因为警惕的合作者不会跟他们交往。背叛者只能与背叛者交往,仅得2个单位的收益。故此,如果最开始的时候,合作者的人口比例低于75%,那么,由于合作者所得的平均收益较高,其所占人口比例也会提高。

要是合作者的人口比例高于75%,情况就翻了个儿。这时,支付检验成本就没有意义了。于是合作者与背叛者随机配对,背叛者所得平均收益较高。反过来说,这一收益上的差异,使得合作者的人口比例下降。

按本例中假设的数值,两个群体的平均收益曲线如图5-6所示。

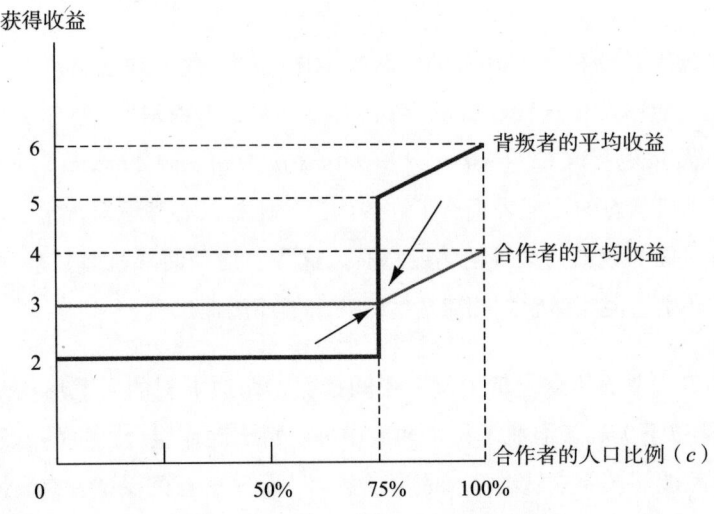

图5-6 有检验成本时的平均收益

如前所述，当合作者的人口比例低于75%时，其曲线在背叛者的曲线之上；高于75%时，则在其下。背叛者的曲线的不连续性暗示，在75%的左边，所有合作者都支付检验成本，而在75%的右边，没有人这么做。一旦合作者的人口比例超过75%，背叛者就接近受害者了。进化规则指出，较高的相对收益可带来人口比例的增长。根据这一规则，我们可以看出，本例中的人口比例将在合作者占75%时达到稳定。

75%这个数字并没有什么神秘的。比如，要是检验成本低于1，合作者的人口比例还会高些。

合作者两两配对收益增加，还可提高合作者的人口比例均衡点。本例的要点在于，倘若存在检验成本，会出现压力，使得人口中合作者和背叛者的比例达到稳定状态。诚如之前的鹰与鸽一例，一旦种群达到这一稳定比例，两种群体可获得相等的平均收益，因此有着同等的生存概率。换言之，两种生物都有着适宜的生存环境。这一结果完全否定了"唯有机会主义者方可在激烈竞争的物质世界中生存"的传统观点。

特定的无私动机或偏好有助于解决承诺问题，这一说法背后的中心假设是，其他人能够发现这种动机的存在。自从1872年查尔斯·达尔文出版《人和动物的感情表达》(*Expression of Emotions in Man and Animals*)一书后，我们已经对动机状态的可视表现有了许多认识。比如，心理学家肯定了达尔文的说法：有些面部表情为某种情绪所特有。这些表情是面部肌肉复杂运动所致，很难按需产生，但当体验到相应情绪时会自然而然地出现。

以图5-7中的示意表情为例。中间扬起、两边下斜的眉毛形状是锥状肌（位于鼻梁以下）和皱眉肌（位于两眉中央）特定动作组合产生的。只有15%的受试对象能够按要求做出这一表情。然而，几乎所有的受试者在哀恸、悲伤或伤心时都能自然而然地做出它。

图 5-7　哀恸、悲伤或伤心的表情

心理学家还发现，体态和其他形式的身体语言，声音的音调与音色，呼吸频率，甚至说话的抑扬顿挫，都跟内在的动机有着系统化的联系。对大多数人来说，这类联系是意识无法控制的，所以很难向他人掩饰自己正在经历的特定情绪；没有经历某种情绪却又想假装也很困难。出于这一理由，我们可以利用此类线索判断他人的情绪，并帮助我们判断他们的偏好（"偏好"这个词也许未能完全说明我们对潜在伙伴加以判断的实质。"个性"或"道德情操"更恰当）。除了面部表情和情绪的其他生理表征，我们还可以根据名声以及其他一些线索来预测潜在伙伴的行为。

一个简单的思维实验

以下这个简单的思维实验，大概有助于你判断自己能否对他人做出可靠的性格评价。

假设你刚从一场人潮涌动的演唱会回到家,发现自己丢了1 000美元现金。这笔钱装在一个普通的信封里,信封上写着你的名字,揣在你的大衣兜里。你是否认识某个跟你没有血缘或婚姻关系,但肯定他捡到信封后会还给你的人?

为便于讨论,我暂且假设你的回答不是"一个也没有"。想想这个你肯定会还给你钱的人,暂时叫他美德先生吧。为什么你如此信任他呢?试着做个解释。请注意,哪怕他不还你钱,你也不会知道。基于你与他之间的其他接触,你能知道的只不过是他在从前的每一次类似事件中都不曾欺骗你。比如,哪怕他过去还过你丢的钱,但并不能证明他以后不会欺骗你(毕竟,要是他真的在类似情况下骗了你,你也不知道)。总而言之,你判断美德先生不会骗你并没有什么逻辑上的理由。如果你跟本次思维实验的大多数参与者一样,那么你只不过是自以为自己了解他的内在动机:你肯定他会还给你钱,因为你确信,如果他不这么做,内心会过意不去。

以偏好作为承诺机制,并无必要全然肯定地预测他人偏好。这就好像天气预报说,明天下雨的概率是20%,但对打定主意要进行户外活动的人来说,这条信息毫无价值。同样的道理,既然人们总归要选择一个人来信任,个性评价是否可靠也没什么意义。料事如神固然很好,就算只有少数时候猜得准,基本上也够用了。大多数人都深深相信,自己能对熟悉的人做出合理、准确的个性判断。如果你也持有同样看法,你应该可以看得出,为什么肆无忌惮地追求个人利益,经常弄巧成拙。

以下列举了更多承诺问题的例子,并解释了为什么利他偏好有助于解决它们。

05 偏好探源：利他及其他非利己行为的重要性

1. 威慑问题

假设琼斯有一个价值 500 美元的纯皮公文包，史密斯垂涎已久。要是史密斯偷了它，琼斯必然会考虑要不要跟史密斯打官司。要是琼斯决定打官司，就必须上法院。他能拿回公文包，史密斯会在监狱里待两个月，可上法院会让琼斯损失 600 美元的收入。由于这么做超出了公文包本身的价值，显然，打官司并不符合琼斯的物质利益。故此，要是史密斯知道琼斯是一个完全理性、自私自利的人，一定会毫不犹豫地偷他的公文包。琼斯会威胁要打官司，但他只不过是装装样子罢了。

现在假设琼斯并不是一个彻底的经济动物——要是史密斯胆敢偷他的公文包，琼斯会火冒三丈，为了正义，他根本不在乎损失一天甚至一个星期的经济收入。如果史密斯知道这一点，他就不会偷窃公文包。要是别人知道我们会毫不手软地惩处偷窃自己财产的人，我们就无须频频出手，因为偷东西不符合他们的利益。这里，非理性回应的效果好过只按单纯的物质利益采取行动。

2. 议价问题

史密斯和琼斯碰到一个合资做生意赚钱的好机会。这笔生意光靠他们俩就能做成，可带来总计 1 000 美元的净收入。假设说琼斯没有额外用钱的压力，史密斯却有催命的账单要付。议价理论的根本原则之一是，谁对交易的需求最低，谁的位置最有利。故此，两人的处境差异，给了琼斯优势。他可以威胁说，反正我也不怎么需要这笔收入，除非他能拿大份（比方900元吧），要不他就走人。史密斯并不愿意生意泡汤，所以，屈服对他有利。

假设琼斯知道史密斯不光在乎自己能拿多少钱，也在乎这笔钱在两人之间怎么分配。更确切地说，假设琼斯知道史密斯内心的公平标准是总收益均分。如果史密斯对这一标准看得很重，他一定会拒绝琼斯的单方面提议，哪怕光从物质的角度看，接受这一提议会更有利。有趣的是，要是琼斯事先就知道这一点，他一开始就不会向史密斯狮子大开口——提出过分要求。

喜好必须有差异

本章讨论的例子说明，经济力量有可能为自私者和无私者分别创造稳定的生存环境。我们看到，一个种群若只由一种人构成，另一种人总能找到渗入机会。因此，人的喜好不仅存在差异，还必须有所差异。

上述信息和芝加哥大学经济学家乔治·斯蒂格勒（George Stigler）及加里·贝克尔（Gary Becker）的观点形成了明显对比。两人当年曾发表过一篇著名的文章，强烈批评基于喜好差异所做出的行为解释。他们认为，人们的行为不同仅仅是因为其偏好不同，这种说法太过牵强，完全是放弃了对事实真相的学术追求。在他们看来，行为差异的最佳解释是假设人们有着相同的偏好，但收入不同，可选的价格也不同。

请注意，斯蒂格勒和贝克尔的看法其实是对理性选择理论经典批判的翻版，即用理性选择论可以解释所有行为，它太方便了，所以说了等于没说。我们愿意诚恳地接受这一批评，然而这并不能抹杀以下事实：**喜好的差异的确**

05 偏好探源：利他及其他非利己行为的重要性

存在——也必须存在，很多时候，它带来了行为上的差异。承诺机制的优点在于，它认为喜好不是目的，而是手段，这一看法有助于限制当前意图标准的开放性本质。承诺机制认为偏好是有作用的，这暗示喜好的范围远远超出自利模型假设的利己喜好，同时，持有特定偏好在物质上也是有利的（至少不是完全不利）。

 为什么人们要去给总统选举投票？

按照理性选择模型的自利标准来预测，人们不会参加总统选举的投票活动。简单地说，原因是参加投票总会有成本，单独一票不足以改变选举的局势——哪怕再次出现 2000 年两位候选人选票极为接近的情况。

让我们仔细想一想。要是一个人从小就接受教育，参加总统投票是公民的义务。在这一信息潜移默化的熏陶下，它足以改变人的行为和喜好。对这样一个人来说，投票本身就是目的，它本身就能带来满足。这里，我们还可以这样说，一个人去投票，不仅因为能带给他愉悦，更因为他认为这是一件应该做的事情。然而，这两种说法都可以转述为：投票行动本身论证了效用理论。

如果我们假设有这样一个人，他认为投票是自己应尽的义务，这样的话，我们就可以按照分析其他经济选择的方式，来分析他去不去投票的决定。举例来说，假设消费者的效用函数①表示如下：

$$U=2M+100V$$

M 是他商品年消费量的价格，如果他去投票，V 值为 1，不去投票，V 值为 0。再进一步假设这个人的工作收入为 50 美元/小时，工作时间长短随他方便。最后，再假设为了投票，他必须花整整 30 分钟往返投票点，

---

① 用以衡量消费者从消费既定的商品组合中所获得满足的程序。——译者注

除此以外，他在投出选票之前还要排长队。如果他觉得交通和排队所用的时间，跟工作占用的时间没什么差别，那么，排队时间超过多久，他会放弃投票？

我们用 t 来代表投票排队所花时间。那么，投票所需的总时间（含往返时间）为（$t+0.5$）小时。因为他工作可得 50 美元/小时，投票的机会成本等于（$50t+25$）美元。又因为每消费 1 美元的组合商品，他可获得 2 个单位的效用，那么从效用上看，投票的机会成本为 $100t+50$。从收益方面来看，他投票能得到 100 个单位的效用。当 t 值能使投票效用的成本和收益相等时，即为他可接受的最长排队时间。那么，解得如下方程，可算出 t 值：

$$100t+50=100$$

此时 $t=1/2$，即 30 分钟。所以，本模型预测，要是排队所花时间短于 30 分钟，他会投票；如果超出，他则放弃投票；若恰好等于 30 分钟，他投不投票都一样。同一模型还揭示出，要是暴风来临，增加了前往投票站的交通时间，投票人数也会减少。

注重公平

考虑到无私动机的存在，预测将发生怎样的变化？这里再举一个例子，它最初是由德国经济学家沃纳·古斯（Werner Guth）提出的。古斯和同事设计了一个检测公平感的简单游戏，观察人们会做出什么样的行为。

游戏的名字叫"最后通牒"，有两名参与者：分配者和接受者。一开始，

05 偏好探源：利他及其他非利己行为的重要性

分配者获得一笔数目固定的钱，比如 20 美元。分配者必须提议要如何与接受者瓜分这笔钱——比如，他建议说自己拿 10 美元，接受者拿 10 美元。接受者的任务则是，要么接受这个建议，要么拒绝。如果他接受这个提议，两人就可以拿到这笔钱；如果他拒绝，两人都拿不到钱，只能把 20 美元还给实验方。两名参与者彼此是陌生人，游戏只在他们之间进行一次。

要是按自利模型来看，会出现什么样的情况呢？为解答这一问题，我们假设两名参与者都只在乎自己最终的财富水平，毫不关心对方得到多少。假设分配者提议自己留 P_A=15 美元，把剩下的 20–P_A=5 美元留给接受者。接受者同意了这个提议。我们用 M_A 和 M_R 代表他们在实验进行之前的财富水平，则他们的最终财富水平分别为 M_A+15 和 M_R+5。

反过来，要是接受者拒绝分配者的提议，那么他们的最终财富水平仍然是 M_A 和 M_R。了解到这一点，分配者可得出结论，只要 P_A 小于 20，接受者同意提议后的财富水平，总比拒绝提议之后要高。假设钱的最小度量单位是 1 美分，那么，自利模型会毫不含糊地预测，分配者会提议自己留 19.99 美元，接受者仅得 1 美分。面对这一单方面的出价，接受者肯定不开心，可自利模型认为，他总归还是会接受，因为 M_R+0.01>M_R。依照自利模型的逻辑，接受者的理由是，尽管 1 美分的收益并不多，但总比拒绝提议什么也拿不到强。又因为游戏只进行一次，无法指望以拒绝的方式换取下一回更有利的提议。

要是我们明白接受者不仅关心最终的财富水平，对公平也很在乎，我们会得出什么样的预测呢？最公平的分配自然是一人分一半。假设 S 代表待分配的金钱总数，要是接受者同意分配提议，他所得的金钱份额为 P/S=（20–P_A）/S。若用便利的方式表达接受者对公平感的重视，我们可以这样说：当 P/S 之比偏离 0.5（偏多偏少都一样），他的满意度就下降。故此，以 M_R 和 P/S 为坐标轴绘制的接受者无差别曲线，大致如图 5-8 所示。无差别曲线还具体地阐明了另一个假设：只利于其中一人的单方分配非常使人反感，也就是说，当我们移到

$P/S=0.5$ 的左侧时，MRS 的上升幅度比移到右侧更大。

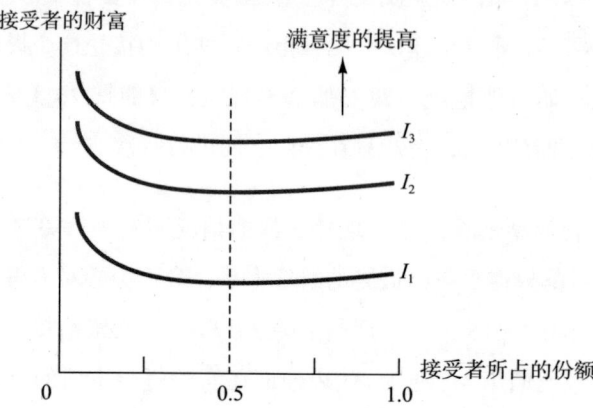

图 5-8 绝对财富和相对收益之间的权衡

现在让我们来评估一下标准自利模型所预测的单方面提议，$P_A=19.99$，$P=0.01$。如果接受者同意这一提议，他就会处于图 5-9 中所示的 C 点上，该点坐标为（0.01/20，$M_R+0.01$）。反过来，要是他拒绝这一提议，他的财富水平基本上持平，仍为 M_R。

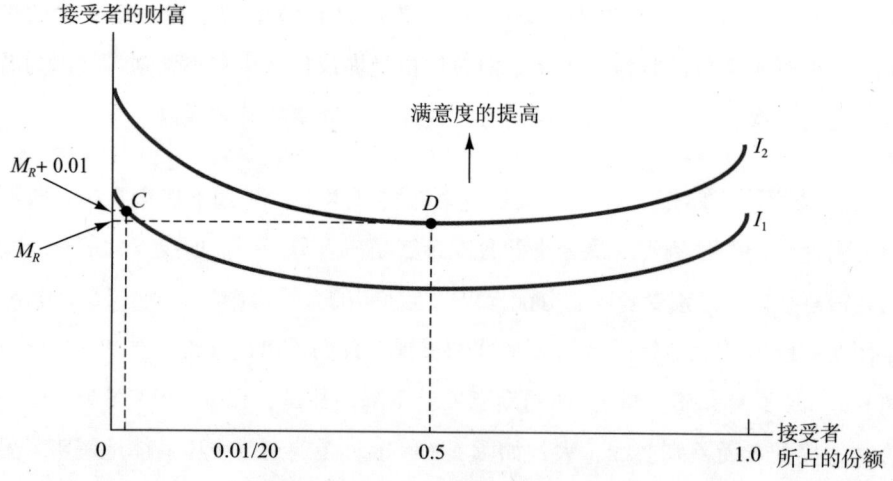

图 5-9 拒绝单方提议带来的收益

若我们认为拒绝能带来 0.5 的 P/S 值（因为双方都没有得到什么好处），那么，接受者的位置就应该是在 D 点上。由于 D 点处于一条高于 C 的无差别曲线上，他的满意度更高，所以拒绝提议最好（如果他接受提议，财富的微小增幅根本不足以弥补单方交易带来的负效应）。更重要的是，要是分配者知道接受者有这样的偏好，绝不会在一开始就提出这样有失公平的单方提议。

在前述例子里，接受者只用 1 美分就惩罚了分配者提出单方分配方案的做法。要是潜在的损失更大，人们还会拒绝单方提议吗？沃纳·古斯和同事进行了多次同类实验，金钱数额最高增加到了 50 美元。他们发现，哪怕钱多到了这个地步，要是分配者的提议低于总数的 20%，接受者还是频频拒绝。

当然，有时候，对公平的重视会让位于对绝对收益的关注。比如，分配者提出，接受者可获得 100 万美元的 10%，要是接受者仍然拒绝，那倒是一件怪事了。这时，大多数人肯定会觉得（0.1, M_R+100 000）的吸引力大过（0.5, M_R）。

喜好的重要性

自利模型先假设存在某种喜好和约束，然后再计算什么样的行动最有利于这些喜好。这一模型得到了经济学家、社会学家、博弈理论家、军事战略家、哲学家和其他专业人士的广泛使用。这一结论影响着我们所有人的决定。标准的自利模型是假设人有着完全利己的偏好，即为了现在和将来消费各种产品、从事各种享乐活动等。至于嫉妒、愧疚、狂怒、荣誉、同情、友爱诸如此类的情绪则无足轻重。

本章所列举的例子恰好与此相反，它强调了这些情绪在行为中的重要性。理性主义谈偏好，不谈情绪，但对于分析而言，两者的角色并行不悖。因而，一个有意避免愧疚情绪的人，也就等于一个"喜欢"诚实行为的人。

喜好对行动有着重要影响。喜好有助于解决承诺问题，对自利模型所做的预测加以有力的调整。我们看到，人们注重公平，因为公平感能带给他们谈判的优势。不考虑公平问题，我们根本没办法预测商店会开什么价，工人会索取何等薪资，公司主管能跟罢工对磕多久，政府会征收多少税，军事预算会出现怎样迅猛的增长，或者某位工会领导是否会再度当选。

良心的存在同样改变了自利模型的预测。这种模型清楚地预测，要是两个陌生人进行单次交易，只要他们知道能逃过惩罚，就一定会弄虚作假。然而，事实表明，很多人在这种情况下并不会弄虚作假。自利模型还暗示，小企业主不会给行会的游说活动捐款。正如一个人的选票并不能改变选举结果，个别小企业的捐款对游说活动所需的总金额同样无足轻重。事实上，许多小企业主都会给行会捐款，正如许多选民都会去投票一样。慈善机构的数量，远比自利模型预测的多。

驱动这些行为的情绪毫不神秘，恰恰相反，它们是大多数人心理结构中显著的一部分。我们想要了解的是，哪怕光从物质角度考虑，为什么拥有能激发无私举动的动机仍是件有利的事情？

有人或许会抗议，将物质收益用作奉行道德价值观的动机是不恰当的。但这一反对意见误解了本章的基本信息，因为本章的要旨在于阐明：只有当人们做了正确的事情，从这种行为本身中获得满足感时，无私动机才能带来物质收益。否则，一旦无人注意，人就会丧失自我牺牲的必要动机。而且，倘若别人察觉到他性格的这一方面，物质收益也就不会有了。从承诺问题的本质来看，若非出于真心，道德情操并不能带来物质收益。

06
认知局限和消费者行为

康奈尔大学有两处教职工网球场，一处是室外场地，一处是室内场地。使用室外场地的会员只需缴纳定额费用，不另外收取场地费。而室内场地不仅要收季费，每个小时还另收20美元场地使用费。室内场地收费高，因为它有暖气、电力和建筑维修等额外成本。室内场地在10月初开放，那时伊萨卡（康奈尔大学所在地）天气多变，有时秋高气爽，有时风雪交加。而户外场地，只要天气允许，会一直开放到11月初。

室内场地的需求强烈，而且，希望定期打球的人会让场馆每周为自己保留一个小时的场地。不管他们到时候用没用场地都得付钱。要是天气好，人人都宁愿在户外场地打球，它坐落于伊萨卡景色优美的峡谷里。

问题来了：你已经预定了10月20日下午3点的室内球场，那天你只有这一个小时可以打球。可那是个暖洋洋的秋日午后。你会选择在哪儿打球，室内，还是室外？

我告诉一些不搞经济学的同事，只有选择室外球场才合乎情理。他们觉得这不可思议。"我们已经付了室内场地的钱啦。"他们的抱怨总是一样的。我问道:"要是室内外场地花销一样,你选哪个?"他们立刻回答:"当然是室外场地。"于是我解释说,两处场地的确花销一样——因为不管我们在哪儿打球,甚至也不管我们打不打球,那个小时我们都要付 20 美元。这 20 美元是沉没成本,不应当影响我们的决定。即便说到这份儿上,好些人似乎还是对浪费了已经付钱的室内场地感到不舒服。可要不这样做的话,就要浪费在室外打球的大好机会,人人都同意这种机会可遇不可求!浪费是件坏事,一点儿也不假。可不管我们在哪儿打球,总会浪费某样东西。

最终,大多数人还是得出结论,在秋高气爽的日子,放弃已经付款的室内场地,在室外场地打球,的确更为明智。理性选择模型毫不含糊地指出,我们就应该这么做。但这似乎有违大多数人的天性。毕竟,要是没有刺儿头经济学家的点拨,大多数预付了室内场地费用的人,最终都会在室内场地打球,不管天气多么好。

有限的理性

已故诺贝尔奖得主赫伯特·西蒙(Herbert Simon)最先提醒经济学家,**人类不可能像标准理性选择模型描述的那样完全依照理性行事**。西蒙是人工智能领域的先驱,他是在尝试教会计算机"推理"某个问题时突然意识到这一点的。他发现,当我们碰到难题时,很少能按纯粹的线性方式得出解决办法。相反,我们磕磕碰碰地在各种潜在的相关事实与信息中摸索,一碰到理解的极限,马上就会放弃。我们的结论往往前后矛盾,甚至根本错误。但大多数时候,我们总能拿出可行的办法来。按西蒙的说法,我们太易满足,而不追求事实最大化。

后来的经济学家在西蒙的指引下,深入研究了在信息不完整条件下的决策活动。我们现在意识到,倘若信息难于收集,认知处理能力就会受到限制,哪怕是在简单模型描述的情境下,也不见得能基于充分的信息做出决策。奇怪

06 认知局限和消费者行为

的是，意图掌握完整的信息，本身就不理性！研究信息不完整时的决策行为，其实远非挑战理性选择模型，事实上，它增加了我们对理性选择模型的信息。

西蒙的另外一项工作对理性选择模型就不那么友好。这项工作深受认知心理学家丹尼尔·卡尼曼和埃姆斯·特沃斯基（Amos Tversky）的影响，它证明，哪怕是对简单得一目了然的问题，人们也经常违反理性选择的最基本原理。到底是在室内还是室外打网球就是这样一个例子。这个问题的相关因素再简单不过，可人们还是一贯做出不理性的选择。卡尼曼和特沃斯基指出，这类例子还有很多。凭借在这一领域的杰出工作，卡尼曼于2002年获得了诺贝尔经济学奖。要不是特沃斯基1996年就过世了，保准也能走上领奖台。

理性选择模型最重要的一点原则是，财富是可替换的。可替换性意味着，我们的总财富——不是我们某个账户的金额——决定了我们能买什么，不能买什么。然而，卡尼曼和特沃斯基用一个生动的实验证明，事情并非如此。

> 他们告诉一组受试对象，提前买了10美元的票，到剧院后却发现票丢了；而后告诉第二组受试对象，假设演出开演前才去买票，发现在来剧院的路上丢了10美元。接着，他们询问两组受试者，还会不会照原定计划看演出。

依照理性选择模型，对于两个小组来说，影响决策的因素完全相同。丢失了价值10美元的票，应该跟丢了10美元造成的影响一模一样。然而，经过实验人员的多次实验，大多数丢了票的人都说，自己不会再看演出，而绝大多数丢了10美元的人88%却说会。

卡尼曼和特沃斯基解释说，很明显，人们会把支出按食物、住房、娱乐、一般性开支等分成单独的"账户"。丢了票的人觉得，买票等于是从自己的精神娱乐账户里借出了10美元，而丢了10美元的人却将之归入一般性开支账户。因而，对前者来说，丢了票使得看演出的成本从10美元上升至20美元，而对后者，看演出的成本仍为10元。

理性选择模型明确指出，后者的看法是正确的。事实上，大多数人都同意，因为丢了票没去看演出，比因为丢了10美元没去看演出来得合情合理。

非对称价值函数

理性选择模型说，人应当根据按事件或事件集合对自身总财富的整体影响来对其进行评估。假设A事件是你出乎意料地获得了一笔价值100美元的礼物，B事件是你度完假回家，发现市政局给你留下一张80美元的账单，他们修理了你家里的一处破损水管。根据理性选择模型，你应当认为这两件事合在一起还算不错，因为你的总财富增加了20美元。

然而，卡尼曼和特沃斯基发现，人们会单独衡量每一事件，并认为收益的重要性远远低于损失——事实上，很多人甚至完全不觉得上述两件事会增加他们的总财富！

理性选择模型里绝对不会出现这种情况。碰到上述A事件与B事件，一个初始财富为M_0的人会这样计算：A（100美元收益）与B（80美元损失）的组合，使得他的财富增加至M_0+20。由于效用[①]是总财富的递增函数，则效用从U_0增加到U_1，如图6-1所示。

[①] 用来衡量消费者从一组商品和服务中获得的幸福或者满足的尺度。——译者注

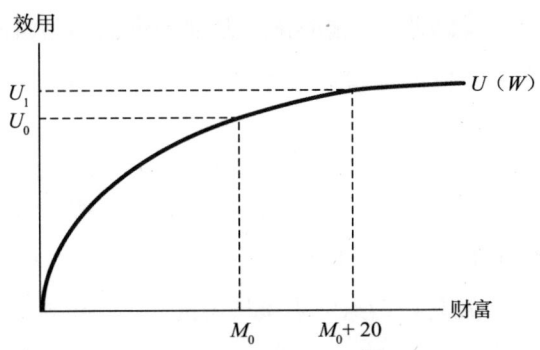

图 6-1　A 和 B 的组合效用

卡尼曼和特沃斯基提出，**人并不是按传统效用函数对组合事件进行评估的，而是按财富变化的价值函数做评估**。这种价值函数的一个重要特点，就是它的倾斜幅度在损失一侧比在收益一侧大得多。比如，如图 6-2 所示，80 美元损失的价值的绝对值比 100 美元收益的价值的绝对值大得多。此外还请注意，价值函数在收益象限是凹曲线，在损失象限是凸曲线。这一特征类似于传统模型里的边际效用递减。它认为随着收益或损失越来越大，收益或损失增加所带来的影响逐渐减小。

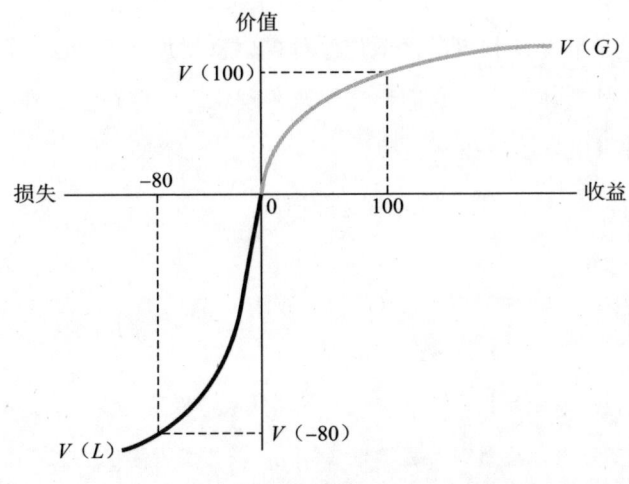

图 6-2　卡尼曼和特沃斯基的价值函数

卡尼曼和特沃斯基强调，价值函数纯粹是为方便描述而设计的。他们想要概括人们实际选择方式的规律性，但这并不是说人们会按照价值函数预测的方式进行选择。

按卡尼曼和特沃斯基的说法，人们一般会分别评估一组事件里的各个元素，而后根据单项价值的总和做出决定。在本例中，$V(100)$ 的收益无法抵消 $V(-80)$ 的损失。凡是采用这一决策机制的人都拒绝接受 A 与 B 的组合，哪怕其净效应能增加 20 美元的财富。

卡尼曼和特沃斯基的价值函数有两个重要特点。

- 一是人们对待收益和损失是不对称的，后者在决策中的分量高于前者。
- 二是人们先评估事件，再把单项价值加起来。

第一个特点并不必然暗示着不理性行为。说到底，觉得损失造成的痛苦大于同等收益带来的幸福，并不存在什么矛盾之处。不理性大多出现在第二步——分别对待每一事件，而不是考虑其组合效应。

从本质上说，这是一个有关如何为事件设定参照体系的问题。倘若有人向当事人指出，事件 A 和 B 的净效应给他的财富增加 20 美元，他就会希望这两件事发生。从整体上看，它们显然能改善现状。问题在于，在实际决策中，分别看待两件事更自然一些。

再举一个例子。

最近，一家企业为员工安排了一种新的医疗保险方案。原方案 100% 报销医疗支出，保险费约为每年 500 美元。新方案则需预扣 200 美元——投保者必须每年先承担最初 200 美元的医疗支出，一旦超出这个范围，保

06 认知局限和消费者行为

险仍按 100% 报销。新方案的保险费为每年 250 美元，仅为原方案的一半。员工可以选择使用原方案，也可以换用新方案。

从理性选择模型的角度来看，新方案比旧方案好。年费节省的 250 美元足以抵消 200 美元的预扣。也就是说，即便是每年医疗支出少于 200 美元的家庭，仍然是使用新方案更划算。然而，不少雇员还是坚持保留旧方案。要是有人把节省 250 美元的年费和医疗账单上多出 200 美元分开来看，他们其后的行为就将如非对称价值函数所预测。如图 6-3 所示，200 美元的损失比 250 美元的收益分量更重。

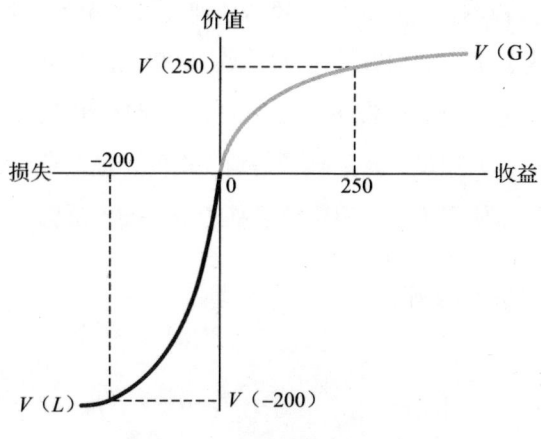

图 6-3　拒绝划算的保险方案

沉没成本

理性选择模型的另一条基本原则是，决策时应当忽略沉没成本。可从本章开头提到的网球场一例，我们可以看出，有时候人们忽略的不是沉没成本，而是这条原则。经济学家理查德·泰勒认为，这不是特例，人们一般都有着放不下沉没成本的倾向。泰勒是本书第1章讨论的比萨饼实验的设计者。在该实验中，获得了优惠券的就餐者所吃的比萨饼比其他人少得多。泰勒还为这一模式提供了其他几个生动的例子。

请想像你用600美元买了一双时髦鞋，发现它太紧。把脚硬塞进去后稍微好些，可仍然很不舒服。你是会继续穿这双鞋，还是把它送人？要是这双鞋不是你自己买的，而是别人送的，你的回答会有什么不同吗？

按照理性选择模型，鞋子是你买的还是别人送的无关紧要。不管怎么说，你现在是它的主人，唯一的问题应该是这双鞋给你双脚带来的不适感是否严重到让你没法继续穿它。两种情况下，人们放弃这双鞋的可能性应当是一样的。与此预测相反的是，人们说，要是鞋子是别人送的，他们更可能放弃它。自掏腰包的600美元显然使得不少人决定容忍鞋子带来的不适感。

再举一个沉没成本的例子。

假设你花40美元购买了今晚篮球比赛的门票，赛场在离家以北60公里的地方。突然，天空下起了大雪，往北的道路虽说还走得通，但很难走。你还会去看比赛吗？要是票不是你自己买的，而是别人免费送给你的，你的回答会有所不同吗？

泰勒发现，大多数自掏腰包买票的人还是会去看比赛，而拿到免费赠票的人则宁愿待在家里。当然，按照理性选择模型，两种情况下的决定应该是一样的。如果你觉得观看比赛给你带来的愉悦超过了开车带来的麻烦，你就应该去，反之则该待在家里。在这一成本效益计算中，没有任何因素跟你如何得到门票相关。

付现成本和机会成本

泰勒提出的忽略沉没成本倾向，或许可以用卡尼曼和特沃斯基的价值函数做出解释。在网球场的例子中，人们会从心理上把没能在秋色宜人的室外球场打球看作放弃收益，而把不去已经付了钱的室内球场打球看成是损失。尽管这里的收益大于损失，价值函数在损失一侧的较大倾斜幅度，仍然使得人们更倾向于选择在室内球场打球。

这种解释还得到了其他许多例子的支持。试想，有个人在 1982 年以每瓶 5 美元的价格买下了一箱红酒。到了今天，同样的红酒每瓶卖 100 美元。红酒商想以 60 美元一瓶的价格回收这箱酒，可这人拒绝了，尽管要是让他自掏腰包的话，他最多愿出 35 美元的价格购买这种酒。理性选择理论对这种行为无法做出解释。

倘若我们把付现支出（比如买酒的额外花销）看作损失，而把机会成本（比如不把酒卖给酒商）看作放弃收益，那么，非对称价值函数刚好契合这种情况。

还有一个更常见的例子是体育比赛的门票。2007 年全美橄榄球超级碗的门票从官方渠道购买是 700 美元，但黑市价高达 9 000 美元。成千上万的球迷拿着 700 美元的票到赛场观赏了比赛，放弃了以 9 000 美元卖掉这张票的机会。然而，只有很少的球迷当真会花 9 000 美元买一张票。泰勒也举过一个类似的例子，有个人拒绝了邻居出 40 美元让他代割草坪的请求，因为觉得自己的劳动不止这个价。邻居的儿子愿意以 20 美元的价格帮他割草，他也不干，宁肯自己做。这一行为和超级碗球迷的行为一样，符合上述把付现支出看作损失、把机会成本看成放弃收益的说法。

幸福感预测偏差

在两件不同的东西中做出明智的选择，往往只需要准确预测它们分别会给我们带来什么样的影响。比如，选择大米还是土豆当晚餐主食，我们只需要预测哪种食物能给当晚带来更多的满足感即可。大多数人在这方面都做得不错。

还有一些情况，**我们不仅要预测两件东西哪件能在当时带来更强烈的满足感，还要预测在做出选择后，我们的体验会随着时间发生怎样的变化。**但人们在做出购买决策时，很少考虑适应性问题。很大程度上，我们是依靠试用和观察来判断一种商品或活动吸引力高低的。比如，对于要不要多出钱买一处看得见风景的住房，我们会坐在客厅看上一会儿；购买新车时，我们会试驾一番，等等。我们会根据这些初始印象做出购买决定。

忽视适应性，会让我们错误地以为某样东西吸引力更大吗？答案显然取决于我们对不同事物的体验是否会随着时间出现不同的适应性。如果不会，那么不考虑适应性并不会造成偏差。比如，假设有三项活动，我们对每一项活动的初始印象都高估了其最终吸引力，所有的活动其实都让人失望。但我们根据最初印象对其做出的选择并不会因此受到扭曲。

然而，要是我们在有些方面的适应性较快，在有些方面较慢，必然会使选择遭到扭曲。倘若我们根据最初感受的好坏选择不同的体验，从逻辑上看，我们会对吸引力下降快的东西投入过多，而对吸引力下降慢，甚至不降反升的东西投入太少。探讨生活满意度的心理学著作，其中心主题之一便是我们对不同事物的适应性大相径庭。

心理学家里夫·范·波文（Leaf Van Boven）和托马斯·吉洛维奇（Thomas Gilovich）发现，人们对消费品的适应性比对人生体验快得多。故此，大多数人刚买了一台大屏幕电视或大容积冰箱时，会感受到强烈的满足感，可这种感觉往往会迅速消减。一旦我们习惯了大电视和大冰箱，这些可爱的特点就凋谢了，变成了背景，不再为我们注意。

对比来看，我们的感受在其他许多消费形式上有着截然不同的表现。就大多数人而言，我们对体育活动或乐器演奏的主观体验，哪怕一开始不大愉快，随着时间的推移，会变得越来越欣喜。由于忽视了自身对不同事物适应性的强弱，我们会在一些东西上花钱太多，而在另一些东西上花钱太少。

举个例子，有个男人正在考虑要不要把自己的丰田花冠换成一辆保时捷。每个月多加一天班，他就能挣够新车的月供。而多加一天班，意味着他没办法在星期六跟朋友们聚会了。理性选择模型暗示，要是保时捷带来的满足感超过跟朋友们聚会，他就应当加班买新车。然而，他从来没拥有过保时捷，无法确定这一体验将给自己带来什么样的感受。他也不知道继续跟朋友们过周末，事情会出现怎样的变化。对这两件事，他都只能大致猜测未来的情况。

内省或许有助于准确评估两者在短期给他带来的满足感。可在本例中，相应的短期和长期效应很可能并不一样。保时捷比丰田速度快、操控感好，试驾会带给他瞬间的狂喜。然而，随着时间的流逝，他越来越习惯于新车的性能，新车的刺激性衰减了。与朋友们相聚给个人身心健康带来的好处却与此截然不同。友情会随着时间日益深厚，带来的满足感也会逐渐加强。

那么，从长期来看，选择多花时间跟朋友聚会大概更为明智。可新车在短期带来的满足感强烈得多。又因为短期效应是决策当时最鲜明、最便利的信息来源，人们或许更偏向于选择新车。

人们在决定储蓄多少钱时，也存在未能将适应性考虑在内的问题。这里的问题在于，我们现时的消费量对将来的消费快感有什么样的影响。

假设一生的总收益相同，请在以下两种消费模式中做出选择。你和其他同龄人从 21 岁开始工作，到 65 岁退休，其中的每一年，你们的薪水均为 50 000 美元。情况一，你和其他同龄人每年花掉 50 000 美元，如图 6-4 中的消费曲线 A 所示。情况二，你和其他同龄人起初每年储蓄 10 000 美元（换种说法，假设你们最初每年只消费 40 000 美元），而后逐渐减少储蓄量，到中年后，你开始用从前的储蓄进行更多的消费。这里，我们暂且不考虑储蓄带来的利息，后一种消费模式如图 6-4 中的 B 曲线所示。请注意，B 曲线的起点比 A 曲线低 10 000 美元，结束时比 A 高 10 000 美元，但两者的终身消费量完全一样。你会选择哪种模式呢（不管选哪种，你退休后所得到的养老金都同样丰厚）？

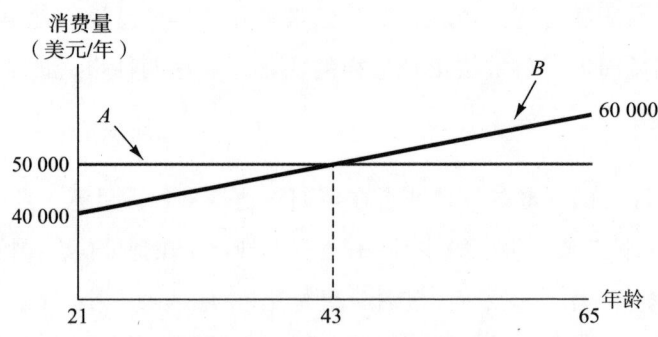

图 6-4　静态型消费模式和渐增型消费模式

06 认知局限和消费者行为

几年前，我曾用一个本质上差不多的问题问过康奈尔大学的一百多名高年级学生，80% 的人都选了 B，即渐增型的消费模式。证据显示，在 A 和 B 两种模式之间，B 确实能带给人更多的满足感。还是那句话，我们对任何事的评估，包括物质生活标准，几乎都取决于我们的参照体系。在评估物质生活标准时，我们的参照系会将自己与他人目前所拥有的东西加以比较。由于本例假设人人都遵循相同的消费模式，这种比较并不能使人得到什么好处。此外，我们的参照系还会比较我们现在和过去所拥有的东西。这一点对我们的问题产生了决定性作用。比如，有一个人今年消费了 50 000 美元，去年消费了 45 000 美元。另一个人今年消费了 50 000 美元，去年消费了 55 000 美元。那么，前者对自己生活标准的满意度可能高于后者。故此，消费太多又太快的人会建立起一种更为苛刻的参照系。他们必然会在这种参照系下对未来的消费量加以评估。

我们在早年储蓄越多，消费曲线的斜率越大，因此也越令人满足。这一点看似明显，然而，许多人从来不曾有意识地想过，当前的消费习惯会给我们评估将来的生活标准带来怎样的影响。由于我们忽视了这重关系，往往储蓄得太少。这里，忽视适应性，再次给我们造成了昂贵而且本可避免的代价。

这方面最生动的例子，应该是滥用药物者未能预料到自己的耐药性会越来越大。注射可卡因的人一般会陷入这样的深渊：初次尝试后飘飘欲仙，于是，指望反复注射能给他带来同等程度的快感。可他很快就发现，为达到这样的效果，他必须使用越来越大的剂量。过不了多久，他就只能靠非常大的剂量来避免烦躁不安感。毫无疑问，要是吸毒者能在一开始就看清适应性的发展模式，迈出悲惨第一步的人大概会少很多吧。

不确定条件下的选择

不确定条件下的标准理性选择模型是冯·诺伊曼-摩根斯坦（Von Neumann-Morgenstern）提出的预期效用模型。这一模型为如何在不确定选项时做出最佳选择提供了宝贵的指导。但卡尼曼和特沃斯基指出，这一模型并不总能准确描述人们实际的选择方式。为了说明这一点，他们向一群志愿受试者罗列了若干选择。他们从如下问题开始，受试者的回答完全符合预期效用模型。

请在 A 与 B 中做出选择。

A：240 美元的可靠收益。（84%）

B：25% 的机会获 1 000 美元，75% 的机会一无所得。（16%）

括号中的数字是每一选项选择人数所占的百分比。这里，大多数人选择了 240 美元的可靠收益，尽管碰运气的预期价值为 250 美元，比前者多 10 美元。为检验这一模式是否符合期预期效用模型，设 U 代表受试者总财富的预期效用函数，M 代表他的初始财富。A 选项的预期效用为 $U(M+240)$，B 选项的预期效用为 $0.25U(M+1\,000)+0.75U(M)$。若效用是总财富的凹函数（即，要是人们不喜欢冒险），我们应该很清楚地看出为什么 A 比 B 更富吸引力，如图 6-5 所示。

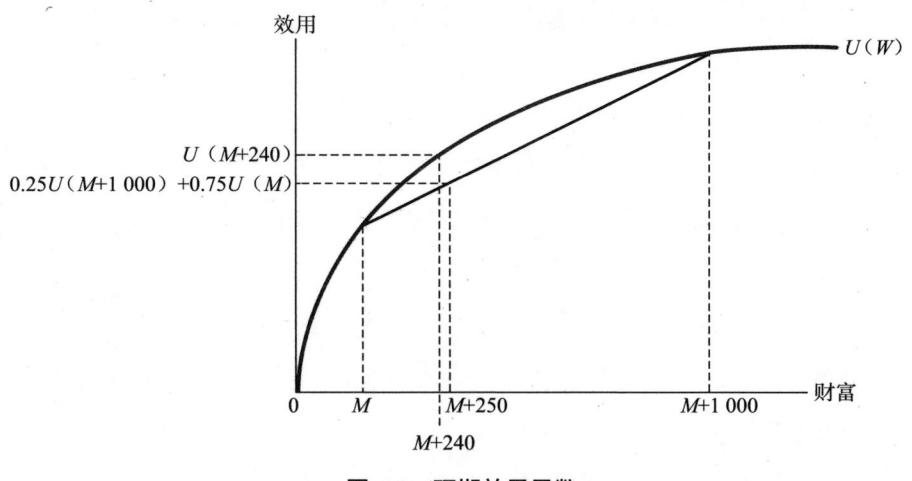

图 6-5 预期效用函数

接着,卡尼曼和特沃斯基又请受试者考虑以下一个非常类似的问题。

请在 C 与 D 中做出选择。

C:一定损失 750 美元。(13%)

D:75% 的机会损失 1 000 美元,25% 的机会不受损失。(87%)

这一回,碰运气的预期价值与前者相同。按照预期效用模型,不愿冒险的受试者还是应当选择保准的选项。然而,我们看到事情发生了戏剧性的变化。选择碰运气的人数是选择损失 750 美元人数的 7 倍。

最后,两人请受试者思考第三个问题。

请在 E 与 F 中做出选择。

E：25% 的机会得 240 美元，75% 的机会损失 760 美元。（0%）

F：25% 的机会得 250 美元，75% 的机会损失 750 美元。（100%）

单独来看，第三个问题的回答丝毫不令人惊讶。E 选项的碰运气的预期价值在各方面都差于 F，只有心不在焉的人才会选 E。可是，请读者们注意，选项 E 是我们把前两个问题里的 A、D 选项组合所得的结果，F 则是我们把前两个问题里的 B、C 选项组合所得的结果。在前两个问题中，选 B、C 两项的人很少（仅占 3%），绝大多数人（73%）都选择的是 A 与 D——尽管 A 组合 D 绝对比 B 组合 C 要差。毫无疑问，这一发现对预期效用模型提出了尖锐挑战。

卡尼曼和特沃斯基认为，上述观察所得，与他们用非对称价值函数所做的预测完全吻合。比如，第一个问题是要在可靠收益和碰运气的非负收益中做出选择。由于收益一侧的价值函数为凹曲线，又由于碰运气的预期价值仅比可靠收益高一点，所以，它预测人们会选后者。

反之，第二个问题是在确凿的损失和碰运气的损失之间做选择。由于价值函数在损失侧为凸曲线，故此，预测人们在这种情况下会偏向于冒险。第三个问题强迫人们把相对收益与损失综合起来看，所以受试者很容易看出哪个选项更具优势，并依此做出选择。

有人认为，违反预期效用模型的情况仅仅发生在问题足够复杂、当事人难于根据模型算出结果的时候。但卡尼曼和特沃斯基指出，哪怕是最简单的决策也会受选项的不同提问结构所影响。

例如，他们告诉两组受试者，有一种罕见的疾病，要是不做预防的话，会导致 600 人丧命。然后，他们请受试者选择不同的应对政策。一组受试者的选项为：

- A：肯定能挽救 200 人；
- B：有 1/3 的可能性挽救 600 人，2/3 的可能性一个人也救不了。

此时，72% 的受试者选择了 A。第二组受试者的选项为：

- a：肯定会死 400 人；
- b：1/3 的可能性没人丧命，2/3 的可能性会死 600 人。

这一回，78% 的受试者选择了 b。

仔细观察就可发现，A 项和 a 项完全相同，B 项和 b 项完全相同。然而，两组受试者的选择截然不同。卡尼曼和特沃斯基解释说，第一组人把"拯救的性命"看成收益，因此在选择 A 与 B 时力图回避风险；同样地，第二组人把死亡看作损失，因此在选择 a、b 时力求冒险一搏。

还有人认为行为与预期效用模型预测不一致的情况，主要出现在新手做决策或决策不重要的时候。然而，卡尼曼和特沃斯基发现，倘若提问方式不同，哪怕是经验丰富的医生，也会做出有违标准模型预测的治疗方案推荐。在不确定条件下做决策，我们务必当心道德的影响。请试着按不同的提问方式变换选项，看看回答是否会不同。如果确有不同，不妨想想哪个公式最准确地概括了你的关注点。

判断标准和偏见

到目前为止，我们讨论的例子表明，即便是事实唾手可得，人们也往往会做出不理性的决定。不过，理性选择模型还面临着一个难题：我们经常搞不清到底哪些事实与决策相关。更为重要的是，我们犯的不少错误并非偶然失手，而是经常性且成系统的。卡尼曼和特沃斯基确认了人们对外界进行判断和选择时首选的三大标准。它们能有效地帮助我们节省认知精力，大多数时候也能得出差不多正确的答案。但有的时候，它们也会造成极大的认知失误。让我们依次来看看这三大标准。

‖ 可用性 ‖

我们经常根据能否方便地从记忆中调用相关例子，来估计事件的发生频率。大多数时候，回忆例子的难易程度跟事件的发生频率确实存在正向相关性。毕竟，能轻松回忆起的事情，一般都是经常发生的。

但发生率并不是决定回忆难易程度的唯一因素。比如，要是你问别人，纽约州发生的谋杀案肯定比自杀案多吧？几乎人人都会肯定地说："没错。"事实上，不管在哪儿，自杀案总是多得多。卡尼曼和特沃斯基解释说，我们以为谋杀案更多，是因为谋杀案在记忆里的"可用性"更强。记忆研究证明，回忆一件鲜明、骇人听闻的事情更容易。出于这个原因，即便我们听说自杀案和谋杀案的次数相当，也很可能更多地回忆起谋杀事件。

记忆机制里还有一个因素影响着不同事件的可用性。问问你自己，英语里以"R"字母打头的单词，是不是比第3个字母是"R"的单词要多？大多数人会毫不犹豫地说，当然是R字母打头的单词更多。事实上，第3个字母是"R"的单词更多。我们是按字典排序的方式记忆单词的，也就是按照首字母的顺序。我们知道很多第3个字母是"R"的单词，可要想在字典里把它们查出来，或在记忆里调用出来，那就很难了。

倘若事件新近才发生，大脑更容易回想起来。大量研究指出，人们在评估相对绩效时，往往对最近的信息分配更多权重。比如，在棒球界，击球手对特定投手的终生击球率,能最准确地预测他下一次遭遇同一投手时的表现。然而,要是击球手在上几轮对某个投手的表现不佳,教练让他坐冷板凳并不奇怪,哪怕他在长达几年的时间里对同一投手的成绩相当好。问题在于,教练是以最近这个赛季为例估计球员表现的。最近的例子也是人最容易想到的。

从经济上看,可用性偏差很重要,因为我们往往要对不同经济选项的相对绩效做出评估。例如,公司经理必须权衡不同员工的优点,以便做出晋升决策。最高效的管理者,一定会时刻警惕人们太过看重近期绩效的自然倾向。

‖代表性‖

卡尼曼和特沃斯基还发现,在回答"属于 S 类的 A 物体大概会是什么样的"这类问题时,人们还存在另一个有趣的偏差。比如,假设史蒂夫是个害羞的人,请评估一下,他是图书管理员而不是销售员的可能性有多高?大多数人会迫不及待地回答说,史蒂夫肯定更像个图书管理员,因为害羞像是图书管理员的代表性特征,而对销售员来说,这个特点未免太过不同寻常。然而,这样的回答一般都存在偏差,因为除了代表性,属于某一类的可能性还要受其他许多重要因素的影响。在这个例子中,史蒂夫是图书管理员还是销售员的可能性高,主要是受这两种职业在总人口中所占相对比例的影响。

一个简单的例子就能阐明此问题的实质。假设 80% 的图书管理员害羞,而销售员害羞的只有 20%。再假设总人口中销售员所占比例是图书管理员的 9 倍(每 9 个销售员对 1 个图书管理员)。基于这些合理的假设条件,如果我们知道史蒂夫很害羞,而且他要么是图书管理员,要么是销售员,则他是图书管理员的概率是多少呢?从图 6-6 我们可以看出,尽管图书管理员里害羞人士的比例大,但害羞的销售员的总人数却是害羞的图书管理员的两倍还多。原因在于,销售员的总人数比图书管理员多。每 100 个人里有 26 个害羞的人——18 个销售员和 8 个图书管理员。这就意味着,一个害羞的人是图书管理员的概率只有 8/26，不到 1/3。然而，大多数人即便看到这个例子仍不愿承认史蒂夫是个销售员，因为害羞在销售员来说实在不具有代表性。

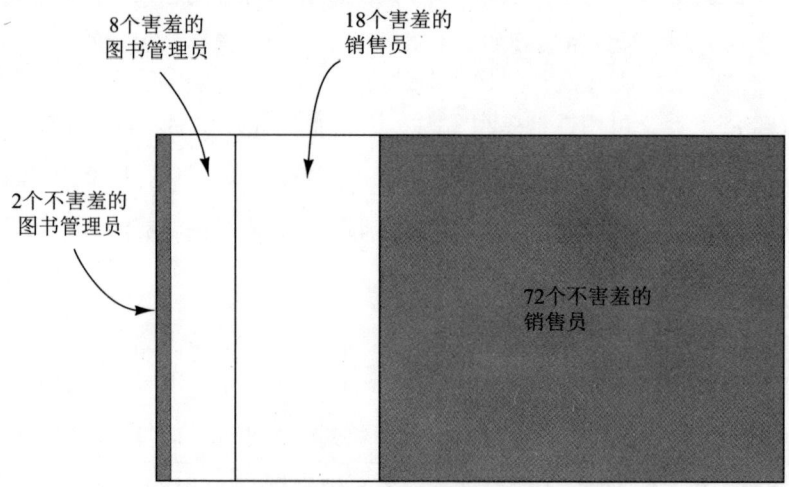

图 6-6　图书管理员和销售员类型的分布情况

代表性偏差的另一个例子是所谓"回归效应"或"均值回归"的统计现象。假设有 100 人接受了标准的 IQ 测试，20 个得分最高的人平均分为 122，比所有人的平均得分高 22 点。倘若同样的 20 个人再接受一次测试，他们的平均分总会低于 122。这里的原因是，IQ 成绩存在一定的偶然性，第一次做得最好的人，许多都是碰巧出现超常发挥。

对于回归效应，我们在日常生活里就有不少第一手经验（比如，高个子老爸生出的儿子一般都比自己矮）。然而，卡尼曼和特沃斯基注意到，在判断时，我们往往忘记对此现象给予足够重视。他们分析，这是因为我们从直觉上感到，输出（如后代）应该对输入（如父母）具有代表性。

06 认知局限和消费者行为

 为什么在棒球界，年度新秀选手的次年表现一般都不好？

2002 年，多伦多蓝鸟队的三垒手埃里克·辛斯基（Erik Hinske）以 0.279 的击球率、24 记本垒打和 84 个打点的好成绩，获得美国职业棒球大联盟年度新秀奖。可他在蓝鸟队的第二个赛季，平均击球率降到 0.243，只打出 12 个本垒打和 63 个打点。辛斯基 2003 年成绩下降，符合棒球界和其他职业体育比赛中的一种模式，即年度新秀次年的表现一般较差。为什么会出现这样的模式呢？

上述现象叫做"二年生症候群"。还有一个相关现象叫"《体育画报》症候群"，但凡哪个运动员上了《体育画报》的封面，下一个赛季他的表现注定糟糕。用"均值回归"很容易解释上述症候群。得了年度新秀奖的选手，不过是因为他在该赛季表现突出。同样的道理，运动员登上《体育画报》的封面，也是因为不同寻常的优异表现。他们随后的成绩，虽说还是比平均水平高，但几乎不可避免地会低于赢得荣誉时的标准。

忽视"均值回归"对我们评估表扬与批评的相对作用存在非常有害的影响。心理学家很早就证明，在培养技能方面，表扬和其他形式的积极强化比惩罚或批评有效得多。倘若人们无视"均值回归"的重要性，那就很难从个人经验中得出这一推论。

原因在于，不管是得到表扬还是批评，这次工作做得好，下次往往不如这次；这次工作干得差，下一回可能会有所改进。所以，一开始对优秀绩效加以表扬的人很容易据此得出错误的结论：表扬反而会导致糟糕的绩效。反过来说，一开始痛斥糟糕绩效的人，则容易认为批评产生了效果，其实那不过是回归平均效应罢了。表扬、批评和绩效三者之间的互动关系，能让哪怕是最老

121

练的分析家栽跟头，误以为批评管用、表扬不管用。要是管理者希望员工发挥出最佳绩效，这个错误可犯不得。

‖ 锚定与调整 ‖

"锚定与调整"是评估时的一个常用策略，人们先做初步估计——锚定，然后根据相关的额外信息做出调整。

卡尼曼和特沃斯基发现，这一做法往往会导致估计偏差，原因有二：

- 首先，最初定下的锚点有可能跟有待评估的价值毫不相干；
- 其次，就算相关，后期所做调整也往往远远不够。

为了证明锚定和调整偏差，卡尼曼和特沃斯基请一群学生估计，有百分之几的非洲国家是联合国成员国。每名受试者在回答问题之前先摇一个数字转盘，其数字范围介于 1~100 之间。接下来，实验者问学生，他估算出来的数字是高于还是低于该随机数字。最后，实验者请学生报出具体的估计值。

结果相当令人惊讶。在转盘上转出 10 以下数字的学生，估计出的百分比平均在 25% 左右，而在转盘上转出 65 以上数字的学生，估计的百分比平均为 45%。

接受实验的学生肯定知道，转盘上随机滚出的数字，和有多少非洲国家加入了联合国毫无关系。然而，该随机数字对他们的估计值产生了戏剧化的影响。类似地，人很容易把任意一个近在眼前的数字当作初始点，因为这么做很方便。卡尼曼和特沃斯基指出，连货币奖励（得出精确估计值的学生可以拿到奖金）也不足以改变这一偏差的范围。

还有一个例子。

研究人员请两组高中生在 5 秒内估计八个数字连乘之积大概是多少。第一组学生看到的算式如下：

$8 \times 7 \times 6 \times 5 \times 4 \times 3 \times 2 \times 1$

第二组学生看到的算式则刚好反过来：

$1 \times 2 \times 3 \times 4 \times 5 \times 6 \times 7 \times 8$

因为有时间限制，大多数学生是来不及乘完所有的数得出正确答案的（正确答案是 40 320）。不少人的做法是先把前几个数字乘出来（下锚点），然后估计最终答案。对两组学生来说，锚点都不够恰当，故此预测结果也相去甚远。最终统计完全符合研究人员事先预测的模式：头一个小组的平均估计值为 2 250；第二个小组仅为 512。

锚定和调整偏差在经济学上的重要应用，是估计复杂项目的失败率。假设要开办一家新企业。要想成功，必须确保若干重要的事件一一发生。要筹措足够的创办资金，找到合适的办公地点，设计低成本的生产流程，雇用熟练的劳动力，执行有效的市场营销活动，等等。一着出错，满盘皆输。倘若涉及的步骤足够多，失败率必然很高，哪怕每一步的成功率都较高。举例来说，一个项目包括 10 个步骤，每一步骤的成功率均为 90%，那么，整个项目的失败率

是65%。在估算这类事情的失败率时，人们往往选择其中具有代表性的一步，把锚点定在它的低失败率上，而后做出的调整远远不够。故此，锚定和调整偏差有助于解释为什么绝大多数新办企业都倒闭了。

认知的心理物理学

我们感知和处理信息的另一种模式在经济学上也有重要影响，它出自心理物理学上所谓的"韦伯-费希纳定律"（Weber–Fechner Law）[1]。韦伯和费希纳想要揭示，刺激量出现多大的变化，才能让我们感觉到其强度的差异。例如，大多数人无法区分100瓦和100.5瓦的电灯泡在亮度上有什么差别。亮度差异究竟要到多大，人们才能切实地将之辨认出来呢？韦伯和费希纳发现，最小可觉差大致跟最初的刺激强度成正比关系。因此，要想让我们判断出刺激之间的差别，则刺激强度越大，可觉差的绝对值也越大。

泰勒认为，当人们在判断价格变化是否值得担心时，韦伯-费希纳定律似乎发挥了作用。

假设你正打算在一家店以25美元的价格买一台收音机闹钟，朋友告诉你，10分钟路程以外有家店，同款闹钟只卖20美元。你会到那家店去买吗？又假设，你要在一家店买一台标价1 050美元的电视机，朋友告诉你同款电视机另一家店只卖1 045美元，你会到后一家店去吗？

---

[1] 指可觉差的阈限与原来刺激量的变化成正比关系。

前后两个问题，你的回答是否相同？泰勒发现，对第一个问题，大多数人回答"是"，第二个问题则回答"否"。

按理性选择模型，前后两问的回答应该一致。只要收益超出成本，一个理性的人就会选择到另一家店买东西。两问中的收益都是5美元，行程成本也一样。倘若前一例中节省5美元划算，后一例中也一样。

实际决策的难度

按理性选择模型，根本没有什么艰难的抉择这回事。倘若两个选项能得出差不多相同的预期效用，那么，选择哪一个并没什么差别。要是选项之一明显有着更高的预期效用，选择哪一个也一目了然。不管怎么说，做出选择的人完全没必要忧心忡忡、优柔寡断。

当然，在现实中，我们都知道决策棘手是常态。有许多选项，我们的预期效用函数都无法把它们干干脆脆地分出个高下来。倘若选项所处维度不同，难于比较，就更难做出选择了。比如，买车时我们看重三件事：舒适度、耗油量和安全性。假设甲车比乙车的安全性和舒适度更高，开起来更省油，要做出决定倒是很容易。可要是甲车比乙车舒适且油耗高，又该怎么选？总有人唠叨，不管选哪个，以后都会后悔。"要是我选了更舒适的甲车，万一新的工作单位太远了怎么办？"

这样的难题似乎使人对理性选择的基本原则——选择独立于不相干选项——产生了怀疑。经济学家经常用以下的故事阐释此公理。一个男人走进一家熟食店，问店里有哪些三明治。服务员回答说，有牛肉三明治和鸡肉三明治。顾客想了好一阵，最终要了牛肉三明治。服务员说："噢，对了，我们还有金枪鱼三明治。"结果顾客说："这样的话我还是要鸡肉的算了。"按照理性选择理论，除非金枪鱼是顾客的最爱，否则，并不该影响他选择鸡肉还是牛肉。顾客从牛肉换成鸡肉，实在没有什么讲得通的道理。

特沃斯基与伊塔玛·西蒙森（Itamar Simonson）合作开展了一系列饶有趣味的实验，暗示人们在实际生活中做出的选择不见得总是独立于无关选项。他们举的一个例子是，请学生根据月租金高低、与学校的距离远近选择公寓。从学生的角度来说，公寓离学校越近、租金越低，吸引力越大。一组学生要在如图 6-7 所示的两套公寓中做出选择。请注意，图中的两套公寓并无绝对优势可言。A 更贵，B 离学校远。我们预计，对租金相对敏感的学生会选择 B，而主要在意通勤时间的人则会选 A。通过调整距离和租金，我们很容易找到一组选 A 和选 B 人数大致相等的学生。

到此为止，一切正常。这时，研究人员增加了 C 公寓，如图 6-8 所示。请注意，C 各方面的条件都比 B 要差——也就是说，C 离学校比 B 远，价格又比 B 高。根据理性选择模型，这是一个典型的不相干选项。看到 A、B、C 选项，任何一个理性消费者都不会选择 C。在实验当中，也确实没有人选择 C。

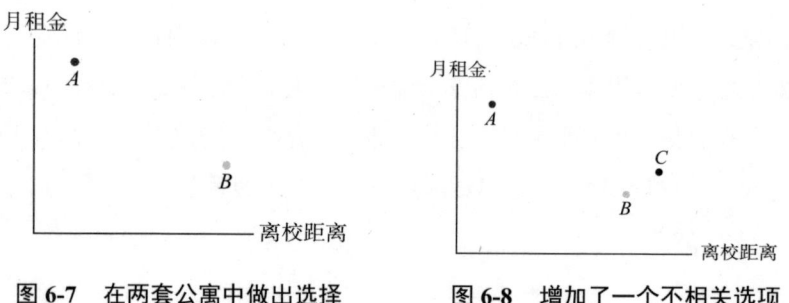

图 6-7　在两套公寓中做出选择　　图 6-8　增加了一个不相关选项

令人惊讶的是，增加了选项 C，影响了人们对原先选项的偏好。特沃斯基与西蒙森发现，倘若在 A 与 B 公寓之间增加 C 公寓，其效果足以增加人们对 B 的偏爱。在没有 C 之前，选 A 和选 B 的学生各有一半。然而，增加 C 之后，70% 多的学生选择了各方面均优于 C 的 B。

显而易见，不少人觉得很难在 A 与 B 之间做出选择。C 的出现令他们做了一个很轻松的比较（即比较 B 与 C）。研究人员假设，这为 B 选项带来了"光晕效应"，增加了人们对它的偏爱。在前面提到的顾客选择三明治的例子里，说不定金枪鱼的出现也具有类似效果，这才使得顾客从牛肉三明治换成了鸡肉三明治。不管此类行为的原因是什么，它显然违背了"选择独立于不相干选项"这一理性选择的基本原则。

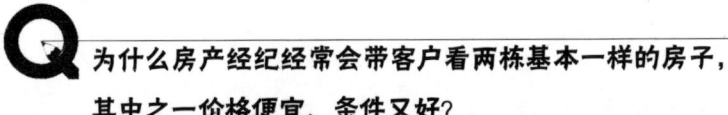

为什么房产经纪经常会带客户看两栋基本一样的房子，其中之一价格便宜、条件又好？

诚如上文讨论的例子，倘若甲房各方面皆优于乙房，这一事实会为甲房蒙上一圈美好的光晕，让它显得比另外的房子更具吸引力，哪怕后者某一方面的条件较甲房更优。比如，有两栋房子，一栋是希腊文艺复兴风格，一栋是维多利亚风格。客户有点拿不定主意要哪栋好。于是地产经纪带他去看了一栋类似的维多利亚风格的房子，价格比前一栋高，保养也不如前一栋好。这样一来，客户多半会偏向前一栋维多利亚风格的房子了。还是那句老话，人们似乎不喜欢在两种难于比较的东西中做选择。经验丰富的地产经纪往往为客户提供一次便于选择的机会，从而避免上述问题。

自我控制陷阱

人们的行为并不总符合理性选择模型的预测，还有一个原因在于，人们往往很难按符合自己利益的计划行事。例如，托马斯·谢林曾说过，大多数烟民都说想戒烟。其中不少人花了大功夫，终于戒烟成功（谢林和我都曾是烟民，戒烟的难度之大，我们可以证明）。然而，更多的人以失败告终。

解决自控问题的一个办法，可参见荷马笔下奥德修斯的例子。奥德修斯要扬帆穿过危险的暗礁，那儿是海妖塞壬的地盘。他知道，只要自己一听见海妖的歌声，就会情不自禁地往那个方向驶去，撞上暗礁。由于预见到自己的偏好会出现这种暂时性的改变，他想出了一个行之有效的承诺机制：他让水手们把自己紧紧地绑在桅杆上，哪怕他苦苦哀求也切莫放开，直到船安全地通过这片水域。

当代生活里也不乏此类承诺机制。因为害怕自己会受到诱惑花光积蓄，人们把钱存进特别的"无息存款"户头，直到当年秋末方可兑现；或是购买终身寿险，这样在退休之前取消的话会狠狠地被罚一笔；因为害怕吃太多零食影响正餐，人们把话梅放在不容易拿到的地方；因为害怕赌博上瘾，去大西洋赌城时，人们提前限制自己现金账户的使用额度；因为害怕看电视看到太晚，人们把电视机放在卧室外面。

理性选择同样能帮助我们避免一些最可怕的陷阱。比如，刚戒烟的消费者肯定能料到，要是自己星期五晚上跟朋友出门喝两杯，保准想要拼死抽上一根烟。为了避免这种强烈诱惑，他可以把自己未来几个月的周末活动换一换。出于同样道理，要是有人想抗拒多花钱的诱惑，可以让银行每月自动从工资卡上扣除一部分钱，转到另外的储蓄账户——成百上千的人正是这么做的。

理性选择模型存在两种角色，一种是实际上的，一种是规范性的。上述问题再一次凸显了两者之间的区别。故此，由于理性选择模型不考虑自我控制一类的问题，它有时无法预测人们的实际行为方式。请注意，这并不是说理性选择模型有错，或者没用。这里，它充当了指导人们做出更佳决策——也即更符合其真正目标的规范性角色。

第三部分

当组织行为学遇上经济学

07
产品

不少人以为生产是一种高度结构化的机械过程,把原材料转换为成品。毋庸置疑,大量的生产活动都与此类似,比如泥水匠把一块块砖头砌成房子。经济学家却强调,生产亦是一种极为一般性的概念,还包括许多普通人看来并非"生产"的活动。我们的定义是,**凡是能创造当前或未来效用的活动,都是生产。**

这就是说,连讲笑话这种简单的活动也叫生产。伍迪·艾伦(Woody Allen)讲过一个笑话:

> 有个男的对心理医师抱怨说,他哥哥觉得自己是只鸡。医生问:"为什们你不告诉他,他不是呢?"男人回答道:"不行啊,我需要他下的蛋。"

一旦笑话讲出来,它所留下的切实痕迹无非是一段令人愉快的记忆,但按照经济学家对生产的定义,伍迪·艾伦跟一位拿着凿子把原木制作成一根棒球棍的工匠没什么两样。医生给孩子打破伤风针,律师帮我草拟遗嘱,工人星期三早晨为我收垃圾,邮递员帮我把纳税申报单寄到国税局,经济学家发表论文,凡此种种,皆为生产。

投入-产出以及生产函数

生产有若干种定义。一种定义如前所述,指所有能创造当前或未来效用的活动。我们还可以说,生产是一种把投入(生产要素)变成产出的过程。这两种定义是等价的,因为产出就是一种能创造当前或未来效用的东西。按传统来看,生产的投入包括土地、劳动力、资本,此外还包括所谓的"创业活动"。当然,如今人们普遍把知识、技术、组织和精力等因素也包括在内。

生产函数指的是将资本、劳动力等投入变成产出的关系,如图7-1所示。放进投入,得到产出。方框代表现有的技术状态——它会随时间稳步改进。因此,在当今技术条件下,固定的生产性投入能得出比1970年更多的汽车。

我们还可以把生产函数想成是菜谱。它列出了所需原料,并告诉你,按某种方式处理原料,能煎出多少张饼来。

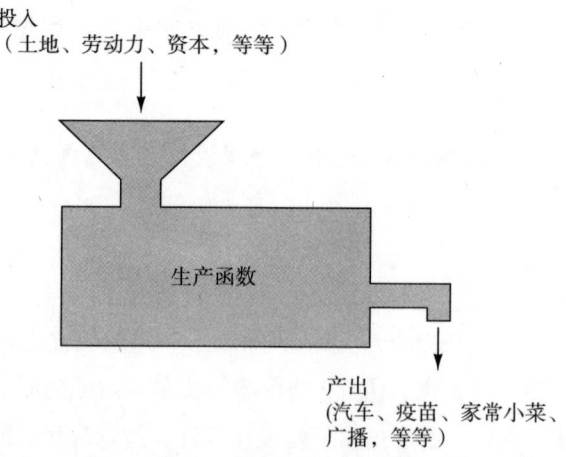

图7-1 生产函数

还有一种描述生产函数的方式是使用数学等式。假设有一种生产过程，采用两种投入，资本（K）和劳动力（L），生产饭食（Q）。K、L 和 Q 之间的关系可表示为：

$$Q=F(K, L)$$

其中 F 是概括图 7-1 所示生产过程的数学函数。它不过是一条简单的规则，告诉我们用多少 K 和 L 能得到多少 Q。举例来说，假设饭食的生产函数是 $F(K, L)=2KL$，K 按每周的设备时来算（这里，1 锅时 / 周的意思是，在为期一周的时间里，煎饼锅使用了一个小时，故此，每周 5 天，每天 8 小时使用煎锅，就构成了 40 锅时 / 周的资本投入），L 按每周的人时来算，产出用每周饭食顿数来衡量。套用上述生产函数，2 设备时 / 周 ×3 人时 / 周 =2×2×3=12 顿饭食 / 周。表 7-1 总结了生产函数 $Q=2KL$ 中，K、L 和每周饭食产出之间的关系。

表 7-1		生产函数 $Q=2KL$				
		劳动力（人时 / 周）				
		1	2	3	4	5
资本（设备时/周）	1	2	4	6	8	10
	2	4	8	12	16	20
	3	6	12	18	24	30
	4	8	16	24	32	40
	5	10	20	30	40	50

‖ 半成品 ‖

很明显，资本（如前例，具体表示为炉具和煎锅）和劳动力（具体表示为厨师的劳动）本身并不足以生产出饭食。原材料必不可少。$Q=F(K, L)$ 所描述的生产过程，是把原材料转换成我们称之为饭食的成品。在此过程中，食品是半成品，不少经济学家把它也当成输入。为便于讨论，本章的例子中我们暂不考虑半成品问题。当然，即便在所有的例子中插入半成品，也不会对我们的最终结论造成任何影响。

固定投入和可变投入

生产函数告诉我们,如果所有或部分投入发生变化,产出会出现怎样的变化。在实践中,许多生产流程都不会迅速出现变化(至少有一部分投入的数量不会),古典音乐广播电台就属于此类流程。为建立广播电台,需要购置复杂的电子设备,需要建立音乐库和大型发射塔。买唱片和 CD 用不了几个小时,但获得建立新电台所必需的设备则要耗费数个星期。购置合适的办公地点、建立新发射台更要用上几个月甚至几年的时间。

对特定生产过程来说,长期的定义是:改变所有投入量所需的最短时间期限。反之,短期的定义是一项或多项投入不发生改变的最长时间期限。短期内数量可变的投入,叫作可变投入。一定时期内数量不变的投入——除非承担天价成本——叫作固定投入。依照定义,从长期的角度看,所有投入都是可变投入。还是以古典音乐电台为例,在短期内,CD 是可变投入,广播塔则是固定投入。要是时间足够长,广播塔也是可变投入。在某些生产活动中,比如街边热狗店的生产活动,再长期也不超过几年时间。

下面我们先讨论短期生产,再介绍长期生产。

短期生产

仍以生产函数 $Q=F(K, L)=2KL$ 所描述的生产活动为例。假设我们关注的是短期生产——这里,短期指的是在此时间段内,劳动力投入为可变投入,而资本投入为固定投入,比如 $K=K_0=1$。当资本保持不变,产出实际上就成了劳动力这一唯一可变投入的函数,也即 $F(K, L)=2K_0L=2L$。这就是说,我们可以在二维坐标图上绘出这一生产函数,如图 7-2(a)所示。对这一 $F(K, L)$ 关系,短期生产函数为一条从原点出发的直线,斜率是固定值 K 的两倍,所以,$\Delta Q/\Delta L=2K_0$。请注意,在图 7-2(b)中,当 K_0 升为 $K_1=3$,短期生产上旋至 $F(K_1, L)=6L$。

如图 7-3 所示,短期生产函数图并不总是直线。该图中的短期生产函数具有常见于实际生产活动中的若干特点。首先,它经过原点,也就是说,如果我们不使用可变投入,就没有产出。其次,一开始,可变投入的增加,以渐增的比率提高产出:劳动力从 1 个单位增加至 2 个单位,带来了 10 个单位的额外产出;劳动力从 2 个单位增加至 3 个单位,带来了 13 个单位的额外产出。最后,图 7-3 中的函数表明,一旦越过某个点(该图中为 $L=4$ 时),可变投入带来的产出增幅越来越小。故此,劳动力从 5 个单位增加到 6 个单位,带来了 14 个单位的额外产出;而劳动力从 6 个单位增加到 7 个单位,只带来 9 个单位的额外产出。对某些生产函数来说,越过某个点之后,产出水平甚至会随着可变投入的增加而减少,如图 7-3 中 $L>8$ 时的情况。倘若资本数量有限,额外增加的工人说不定会带来适得其反的效果。

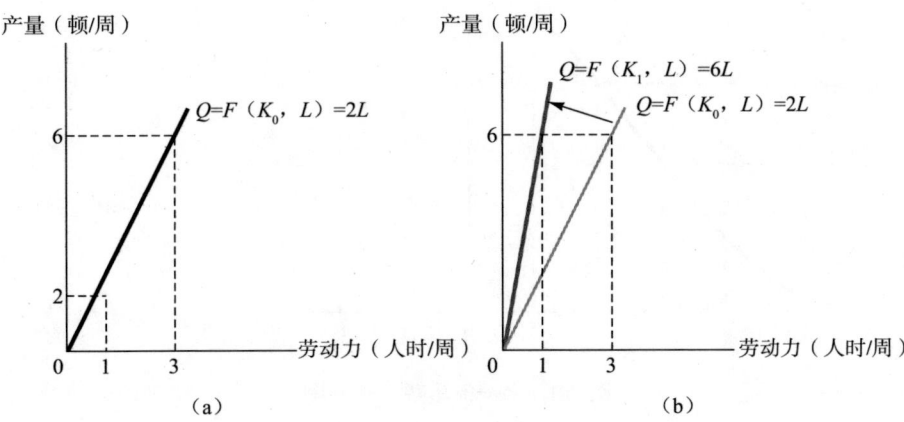

图 7-2 一条短期生产函数

产出最初以递增的比率增加这一特点，或许来自任务分工和劳动专业化的优势。要是只有一名工人，所有的任务必须由同一个人来完成；而要是有两名或多名工人，任务就可以分割开来，每名工人各司其职，各展所长（在一定时期内专门从事同一任务，也是同样道理）。

图 7-3 所示的短期生产函数的最后一个特点叫作"收益递减律"（Law of Diminishing Returns）——超过某一点后，产出随可变投入的增加以递减的比率增长。尽管它并不是短期生产函数的普遍特点，但也极为常见。收益递减律是一种短期现象，其含义为：**若其他投入固定，而不断增加一种可变投入的数量，则产出的增量最终必然递减。**

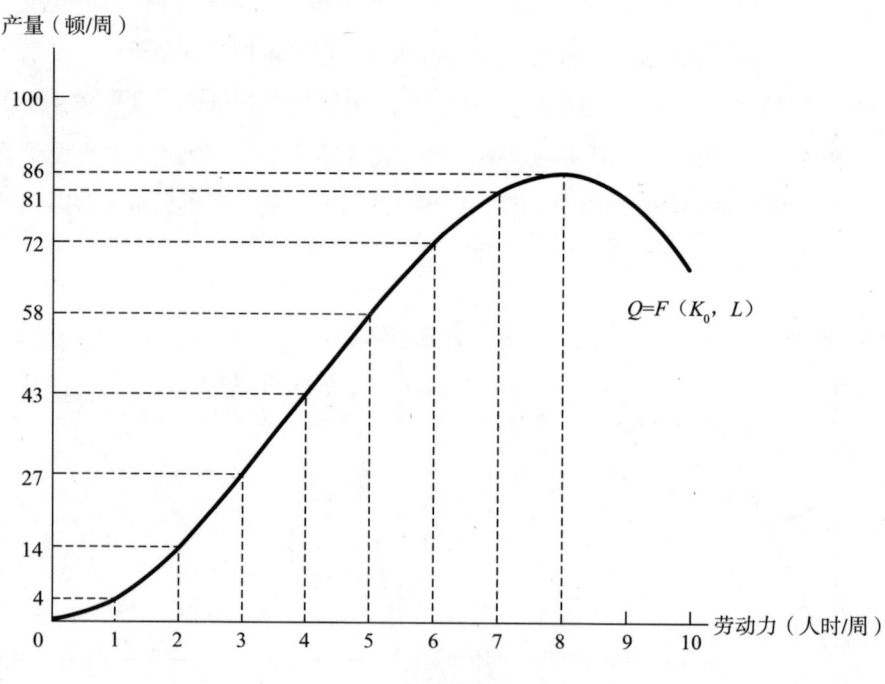

图 7-3　另一条短期生产函数

07 产品

为什么一个花盆里出产的粮食总量，养不活全世界的人口？

收益递减律暗示，不管用多少劳动力、肥料、水、设备和其他投入，一个花盆里也只能长出数量有限的粮食。土地投入固定在如此低的水平上，其他投入的增加最终对总产出产生不了任何作用。

根据上述逻辑，英国经济学家托马斯·马尔萨斯（Thomas Malthus）在1798年就指出，收益递减律暗示了人类的最终悲剧。全世界的农耕用地是固定的，等超过某一限度后，额外的劳动力带来的粮食生产增量越来越少。马尔萨斯认为，人口增长不可避免地会使得人类的平均粮食消费量保持在饥饿水平。

马尔萨斯的预言会不会在将来成为现实，一切尚待观察。但他怎么也想不到，人均粮食产量会在他身后的200年里翻20多倍。不过，请各位读者注意，过去200年的增长与收益递减律并不矛盾。马尔萨斯没有料到农业技术的爆炸式发展远远超出了土地供应量固定的限制效应。也就是说，马尔萨斯预言的无情逻辑仍然成立。不管我们的技术发展到了怎样的地步，要是人口持续增长，迟早有一天，有限的耕地会引发粮食短缺。

自从马尔萨斯的著作问世以后，世界人口迅猛增长，光是过去50年就翻了一倍多。难道我们真的逃不过大饥荒的命运吗？恐怕没这么糟糕。已故经济学家赫伯特·斯坦（Herbert Stein）曾说过一句广为人知的话，"凡事起落皆有时"。人口专家现在预测，到2070年，全球总人口将达到峰值，之后开始下降。只要熬过这段时间，我们就有很大机会逃脱马尔萨斯预测的恐怖命运。

生产技术进步可在生产函数图中表示为向上的位移。比如，图7-4用F_1和F_2两条曲线分别表示1808年和2008年的农业生产函数。两条曲线都适用收益递减律，然而，在如图所示的时期，粮食生产跟上了劳动力增长的脚步。

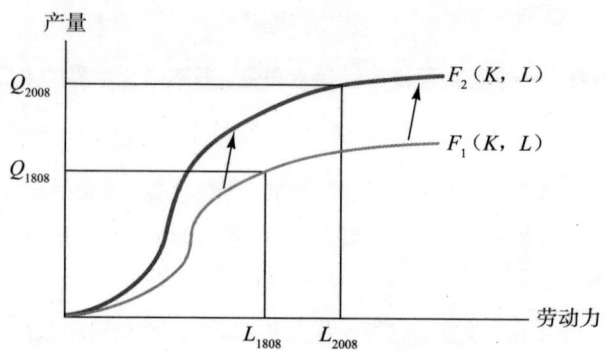

图 7-4　技术进步在粮食生产中的作用

注：F_1表示1808年时的粮食生产函数，F_2表示2008年的相应函数。由于技术进步在粮食生产中发挥的作用，F_2位于F_1上方。尽管收益递减律适用于F_1和F_2，但1808年与2008年之间的粮食生产增长，比同期劳动力投入增长的速度还快。

‖ 总产量、边际产量和平均产量 ‖

图7-3和图7-4所示的短期生产函数往往被称作总产量曲线。它们把产出总量与可变投入数量联系在一起。有的时候还会用到可变投入的边际产量这一定义，指的是当可变投入出现1个单位的变化（其他投入固定不变）时，总产量发生的对应变化。企业管理者在判断是该招聘还是该解聘员工时，有必要了解劳动力的边际产量如何。

若ΔL表示可变投入的单位变化，ΔQ表示产出的相应变化，那么L的边际产量用MP_L表示，定义为：

$$MP_L = \Delta Q / \Delta L$$

用几何图来说，任意一点的边际产量就是总产量曲线在该点的斜率，如图 7-5 的上半幅所示。比如，当 $L=2$ 时，劳动力的边际产量是 $MP_{L=2}=12$。同理，在图 7-5 所示的总产量曲线中，$MP_{L=4}=16$，$MP_{L=7}=6$。最后，请注意，当 L 值大于 8 时，MP_L 为负。边际产量曲线本身如图 7-5 的下半幅所示。最开始它往上扬，在 $L=4$ 时达到最大值，接着下降，等到 L 值大于 8 时，它变成负数。还要注意，边际产量曲线的最大值点对应总产量曲线上的拐点，即在这一点上，总产量曲线的曲率从凸（以递增比率增加）变为凹（以递减比率增加）。此外，当 L 值对应总产量曲线的最大值时，边际产量曲线达到 0。

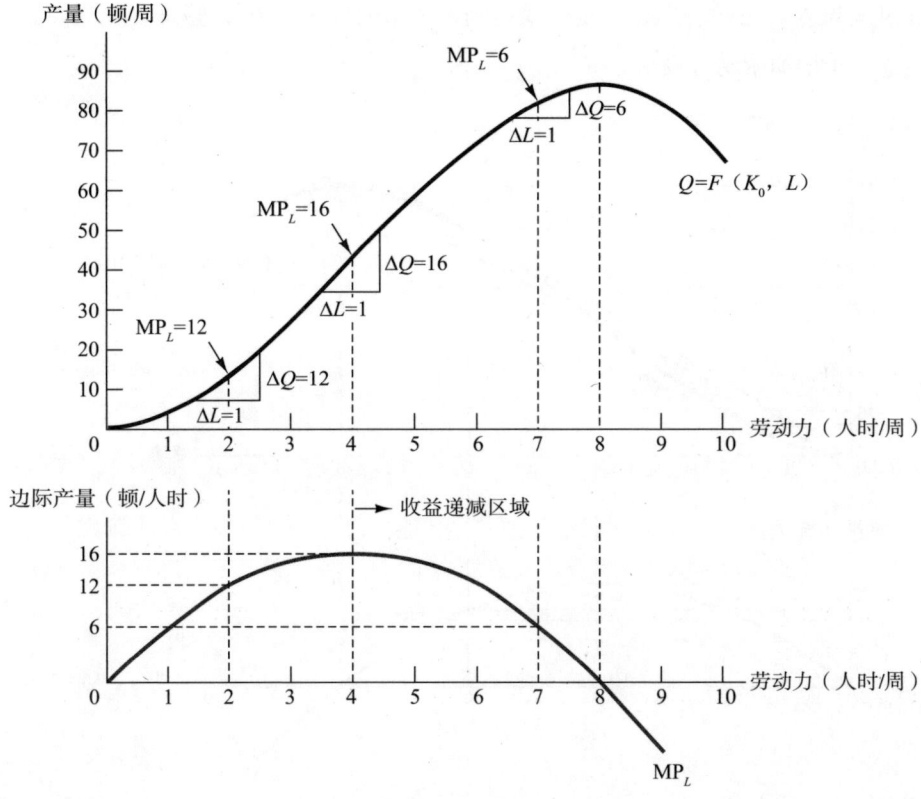

图 7-5 可变投入的边际产量

边际产量概念的重要性在于，经营企业的决策往往以变革决策的形式自然而然地出现。我们应该再招聘一名工程师或会计吗？我们应该缩减后勤员工的规模吗？我们应当再安装一台复印机吗？我们应当再租用一辆送货车吗？

为了明智地回答此类问题，我们必须比较各项变化带来的收益和成本。诚如我们所见，当我们调整一项生产投入的水平，计算其收益时，边际产量概念扮演了关键角色。请看图7-6，我们或许可以找出可变投入在哪些区域变化时，理性的企业管理者绝不会去自讨没趣。尤其是，只要劳动力的工资为正数，理性的管理者就绝不会在边际产量为负数的区域（$L>8$ 后的部分）调整这一可变投入。同样，当总产量曲线达到最大值时（$MP_L=0$），管理者也绝不会再进一步增加劳动力投入。

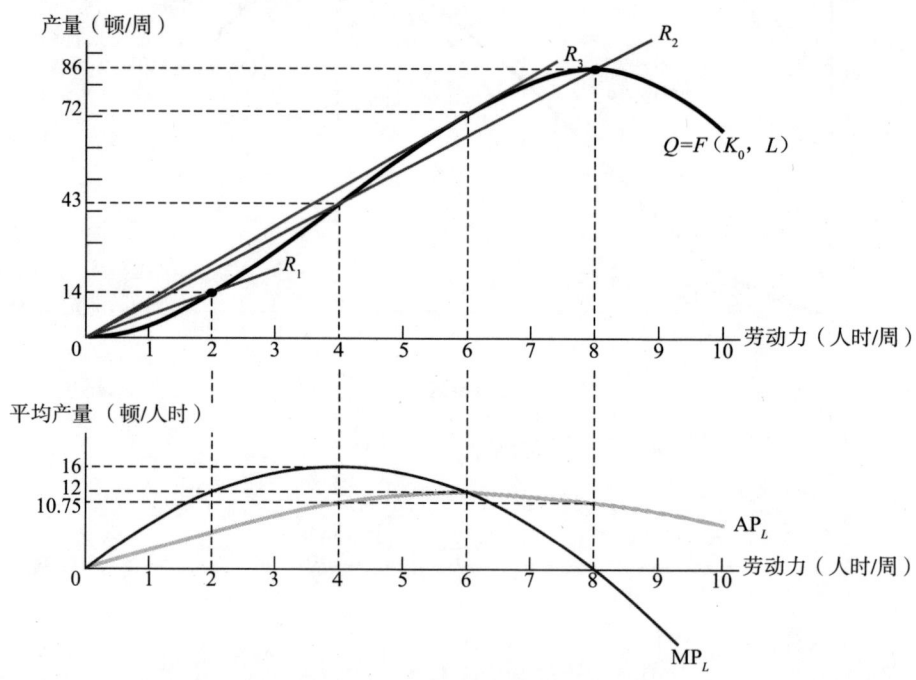

图7-6　总产量曲线、边际产量曲线和平均产量曲线

按照定义，可变投入的平均产量为总产量除以投入量。若用 AP_L 表示，则为：

$$AP_L=Q/L$$

当可变投入为劳动力时，平均产量也叫作劳动生产率。

用几何图来说，平均产量就是连接原点到总产量曲线的对应点所得线段的斜率。图 7-6 中的上半幅，总产量曲线上画出了三条这样的直线 R_1、R_2 和 R_3。$L=2$ 时的平均产量是 R_1 的斜率，为 14/2=7。请注意，R_2 与总产量斜线相交于两点——先是在 $L=4$ 时，而后又在 $L=8$ 时。故此，L 在这两个值时平均产量相同，即 R_2 的斜率为 43/4=86/8=10.75。R_3 和总产量曲线只有一个相交点，在 $L=6$ 时。$L=6$ 时的平均产量也即 R_3 的斜率，72/6=12。

‖ 平均与边际区别的重要意义 ‖

平均产量和边际产量的区别，对必须在两种或多种生产活动之间分配稀缺资源的人具有重要意义。他必须解决这样一个问题：为了获得最大产出，应如何分配此种资源？以下例子对这个问题做了阐释。

假设你拥有一支渔船队，可以派任意数量的渔船到湖泊的东西两侧捕鱼。按照你目前的分配，前往东头的渔船每天每艘能捕回 100 公斤鱼，前往西头的渔船每天每艘能捕回 120 公斤鱼。湖泊两端的鱼群并无相互关系，当前捕鱼量是否能够维持下去也不确定。问：你是否应当调整渔船的分配情况？

大多数人,尤其是没好好上过微观经济学课的人,一般会自信满满地说,当然应该调整当前的渔船分配方式。他们还明确指出,应该往湖泊西头派更多的渔船。然而,诚如下例所示,哪怕对生产资源的平均产量和边际产量只有个基本理解的人,也能看出这一回答站不住脚。

在如上所述,假设派往湖泊东西两端的渔船数量和每船的捕鱼量存在如表 7-2 所示的关系。再假设你的船队有 4 艘渔船,现在的分配方式是东头派两艘,西头派两艘(请注意,所有这些假设都与前面描述的情况相一致)。你是否应当往湖泊西头多派一艘渔船呢?

表 7-2　两处捕鱼区域的平均产量、总产量和边际产量　（公斤／天）

渔船数量	东头			西头		
	平均产量	总产量	边际产量	平均产量	总产量	边际产量
0	0	0		0	0	
1	100	100	100	130	130	130
2	100	200	100	120	240	110
3	100	300	100	110	330	90
4	100	400	100	100	400	70

前往湖泊东头的渔船,每艘每次均能捕得 100 公斤鱼。而前往湖泊西头的渔船,每艘船的平均捕鱼量随渔船数量的增多而递减。

按表 7-2 中的数据,在现有安排下,你每天的捕鱼总产出为 440 公斤(东头的两艘船,每艘每天捕 100 公斤鱼;西头的两艘船,每艘每天捕 120 公斤鱼)。现在假设你从东头调派一艘渔船到西头,也就是说,你往西边派 3 艘船,东头仅派一艘船。我们可以看出,现在你每天的总产出仅为 430 公斤,比之前的分配方式还少 10 公斤。所以,你不应当往西边增派渔船。出于同样道理,你也不应该往东边增派渔船。西边少一艘渔船,每日总捕鱼量会减少110公斤（两艘船所捕的240公斤减去一艘船捕到的130公斤），超过了东边多一艘船捕到的100公斤。因此，现有的东西两头各两艘渔船为最佳分配方式。

上例属于管理者必须解决的一种重要问题：如何将投入分配给同一产品的若干不同生产流程。对这类例子，有效分配投入的一般性原则是，确保分配给生产活动的下一单位投入有着最高的边际产量。这一原则适用于渔船等不可完全分割的资源。倘若一种资源在甲活动中的边际产量总比在乙活动中高，上述原则也适用。如果资源可以完全分割，或资源在甲活动中的边际产量并不总比乙活动高，那么，资源的分配原则应当是：确保资源的边际产量在所有活动中一样。

然而，大多数人解决此类问题的方式是把资源分配给平均产量最高的活动，或使各种活动的平均产量持平。这种错误做法的源头在于，人们往往只重视相关生产过程的一部分。只往西头派两艘船，每艘船每天的平均捕鱼量比派往东头的渔船高20公斤。但请注意，要是你再派一艘船到西头，这艘船每天只能给总捕鱼量贡献90公斤（3艘船捕获的330公斤鱼，减去两艘船捕获的240公斤鱼）。第3艘船在西头捕得的鱼，有一部分本来应该属于头两条船的，可人们很容易忽视这一点。

如表7-2所示，增派第3艘渔船前往湖泊西头的机会成本，是在东头减少了100公斤的收获。既然第3艘船每天在西头只能捕得90公斤鱼，那么最好的做法还是往湖泊东西各派两艘船。要是渔船队老板理解平均产量和边际产量的区别，他就绝不会把在东头能捕100公斤的渔船派到西头只捕90公斤鱼。

经济学家称上例的解决办法叫"内点解"[①]，即相关的两种生产活动都用

[①] 指当决策变量最优值的取值均在其最大值和最小值（不为0）之间时的点解。——译者注

上了。但并不是所有此类问题都有内点解。我们从下个例子便可看出，有时候，一种生产活动比另一种更好。

还是前面那支捕鱼队，问题也一样。只不过这一回，派往湖泊西头的渔船，每艘船的边际产量均为 120 公斤/天。

本例与前例的区别在于，派往湖泊西头的捕鱼船捕鱼量不再随着渔船的数量增加而递减。这时，派往西头的任意一艘渔船，平均产量均和边际产量相等。又因为派往西头的渔船边际产量总是高于东头，所以最佳分配方式是将所有的 4 艘渔船通通派往西头。

本例所述的情况在现实中也很常见。但更常见、更有意思的生产决策还是前例那种包含内点解的情况，每一种生产活动都必须分配一定量的生产投入，才能将产出最大化。

经济学考试有两道题，假设你把最后几分钟时间分配给问题 1 可多得 4 分，把剩余时间分配给问题 2 可多得 6 分。你从问题 1 上得到了 20 分，从问题 2 上得到了 12 分。你在两道题上所花的总时间一样。两道题的总分分别是 40 分。那么，你应该怎样重新分配两题的解题时间，以获得最高分？

有效分配考试时间的原则，跟有效分配其他任何资源的原则一样：资源在每项活动中的边际产量应当相同。从上述信息来看，你花在问题 2 上时间的边际产量高于花在问题 1 上时间的边际产量。尽管花在问题 1 上时间的平均产量高于花在问题 2 上时间的平均产量，可要是你在问题 1 上少花些时间，在问题 2 上多花些时间，你就能得到更高的分数。

长期生产

到目前为止，我们讨论的例子都只涉及短期生产，即至少有一项生产投入不变的情况。相对地，按照定义，从长期来看，所有的生产要素均可变。在短期生产中，生产函数 $Q=F(K, L)$ 的 K 为固定值，因此，我们可以在简单的二维图表中描述生产函数。然而，若 K 和 L 皆为可变量，我们就需要三维图表。要是有更多的可变投入，我们需要的维度就更多。

为便于解释，我们仍以在本章早些时候讨论过的生产函数为例：

$$Q=F(K, L)=2KL$$

假设我们想要描述 K 与 L 在特定产出水平时（如 $Q=16$）的所有组合方式。那么，我们先求解 $Q=2KL=16$，用 L 表示 K，得：

$$K=8/L$$

满足这一方程式的所有 (L, K) 组合，如图 7-7 中 $Q=16$ 的曲线所示。产出 32 和 64 个单位的 (L, K) 组合，在图 7-7 中分别由 $Q=32$ 和 $Q=64$ 两条曲线所示。这种曲线叫作**"等产量曲线"，其定义为：可得同一产出量的可变投入的所有组合。**

请注意，等产量曲线和消费理论中的无差别曲线存在明显的类比关系。正如无差别曲线对消费者偏好做了简要表现，等产量曲线亦对生产过程做了简要表现。

在无差别曲线图中，曲线朝右上方移动，对应着满意度的提高。等产量曲线图上的类似移动，表示产出水平的提高。无差别曲线上的点优于位于曲线下方的任意一点，次于位于曲线上方的任意一点。同样，等产量曲线上的任意投入组合，比位于曲线下方的投入组合产量高，比位于曲线上方的投入组合产量低。因此，图 7-7 中 C 的产量高于 A，但低于 D。

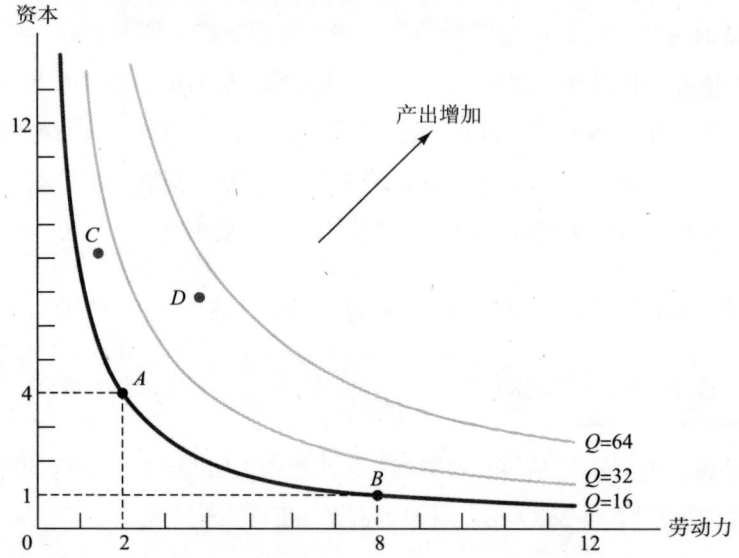

图 7-7　生产函数 $Q=2KL$ 的局部等产量曲线图

规模收益

行业组织的一个中心问题是，大规模生产是否比小规模生产更有效（这里，大与小是按相关市场的规模来定义的）。这个问题的重要性在于，它的答案指明了一个产业最终是由多家小公司提供服务，还是靠少数几家大企业主宰。

生产函数中用来描述规模与效率之间关系的技术特性，叫作规模收益。这个术语告诉我们，当所有投入按等比例增加时，产出会有什么样的变化。由于规模收益指的是所有投入均可变的情况，从本质上讲，它是一个长期性概念。

在生产函数中，倘若各项投入等比例变化带来的产出增幅超过该比例，这就叫作规模收益递增。比如，对一个规模收益递增的生产函数，我们把各项投入翻倍，则所得产出高于从前的两倍。我们在后面将会看到，在少数几家公司把持相关大部分市场的条件下，一般会出现此类生产函数。

规模收益递增往往会导致大型组织内部日趋专业化。亚当·斯密用一家大头针工厂里劳动分工的例子，阐明了这一观点：

> 一个人抽出钢丝，另一个人把它拉直，第三个人把它切断，第四个人做针尖，第五个人把顶端磨平好安上钉头；制造钉头又需要两三种不同操作……我见过一家这样的小厂……只雇了10个人……要是他们全力以赴，一天能生产12公斤大头针。每公斤大约有4 000多枚中号大头针。于是这10个人一天能生产多达48 000枚大头针。若按每人生产1/10来算，则每人每天可生产4 800枚。要是所有人单独工作的话……每人一天大概生产不了20枚，甚至有可能1枚大头针都生产不出来……

人们爱说航空业是一个规模收益递增的产业。产业专家早就强调，航班数量多，有助于航空公司把入港航班的乘客转移到出港航班上，从而填满每一个航班。地方机场的活动同样表现出规模收益递增的特点。而且，维修、机组轮班和其他库存相关活动，用大规模完成比小规模更有效率。类似地，售票柜台、票务代理、订票设备、行李托运设备、地勤、乘客登机设备，凡此种种，大规模使用的话效率也更高。过去十年，航空公司的规模越来越大，其背后的原因就是规模收益递增。

生产函数中各项投入等比例变化，产出也按同一比例变化，这叫作规模收益不变。在这种情况下，投入翻倍，产出也翻倍。对规模收益不变的行业来说，大规模既非优势，也非劣势。

最后，生产函数中各项投入等比例变化，产出变化反而低于该比例，这叫作规模收益递减。这时大规模成了劣势，规模收益递减的行业里不会有大型企业。我们在后文将会看到，规模收益不变和递减，往往使得多个卖家共存于同一小众市场。

在整个产出范围，生产函数不一定表现出同等水平的规模收益，反而有可能是这样：低等产出时规模收益递增，中等产出时规模收益不变，高等产出时规模收益递减。

 为什么建筑工人现场制作墙体，而在屋顶上使用预制结构？

建筑工人在修建木结构房屋时，一般是在施工现场搭建墙壁框架，屋顶却多使用预制结构。这是为什么呢？

墙体和屋顶在结构上有两大关键区别：(1) 屋顶所用木料牵涉到许多复杂的斜角切割，而墙体结构所需的直角切割简单得多；(2) 固定尺寸的屋顶截面都差不多，而墙体则因为要安装窗户和门的缘故，截面各异。屋顶有两个特点，使得规模生产更经济。首先，要是屋顶框架上预先设有"模板"，锯子顺着合适的角度进行切割，斜角处理起来要迅速得多。在工厂里安装这样的"模板"很经济，因为那里每天要切割成千上万次；可对于任何建筑工地上都需要的次数有限的切割，采用这一方法往往得不偿失。同样的道理，屋顶的式样一致，也便于采用自动化方法。反过来说，墙壁的形态各异，自动化方法不适用。

为什么建筑工人现场制作墙体，而在屋顶上使用预制结构？

既然屋顶结构比墙体结构使用规模化生产更经济,那么,墙体结构现场制作,屋顶则多为预制,道理也就很清楚了。

用等产量曲线图表示规模收益

生产函数的规模收益和等产量曲线间距存在一种简单的关系(本节讨论适用于位似生产函数,它是一类很重要的生产函数,其特点是,过出发点的射线与所有等产量曲线相交,各曲线在此交点上的斜率为恒定值)。请看图 7-8 中的等产量曲线图。顺着标注为 R 的射线往外走,各项投入均按相同的比例增长。图中所示的等产量曲线图,在 A 到 C 区域呈规模收益递增。例如,当我们从 A 至 B,两项投入翻一倍,而产出翻了 3 倍。同样,当我们从 B 到 C,两项投入各增 50%,而产出增长 100%。在 C 到 F 区域,同一生产函数的规模收益不变。如从 D 至 E,两项投入各增 25%,产出亦增加 25%。最后,在 F 右上方的区域,如图所示的等产量曲线呈规模收益递减。因此,当我们从 F 至 G,两项投入各增 16.7%,而产出仅增长 11.1%。

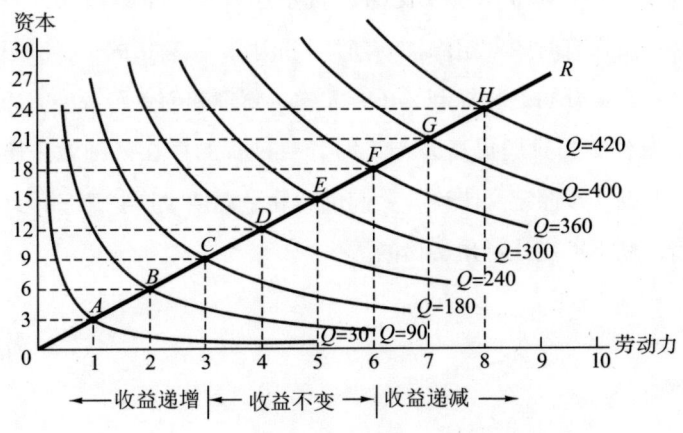

图 7-8 用等产量曲线图表示规模收益

收益递减和规模收益递减的区别

请务必记住,规模收益递减和收益递减律毫无关系。规模收益递减是各项投入按固定比例变化时的情况。反之,收益递减律指的是一项投入变化、其他投入不变的情况。概括言之,不管生产函数是规模收益递增、不变还是递减,都适用于收益递减律。

规模收益递减的逻辑之谜

若生产函数 $Q=F(K, L)$ 是相应生产过程的完整表述形式,我们实在很难明白怎么居然会有生产函数呈规模收益递减。实现任何产量所需的生产过程,我们都应当能够复制,从而实现规模收益不变。举例来说,假设最开始 $Q_0=F(K_0, L_0)$。如果我们想要 $2Q_0$ 单位的产出,只需要按第一次的做法再做一遍就行了,即再次将 K_0 和 L_0 组合起来得到 Q_0,增加到已有的 Q_0 上。类似地,连续执行 $F(K_0, L_0)$ 三次,即可得到 $3Q_0$。反复执行整个生产过程,所得产出将与投入按等比例增长,也就是说,规模收益不变。而且,和前文提到的航空业的例子一样,很多时候,人们往往可以做得比规模收益不变更好。

对于那些 K 与 L 两项均投入翻倍、产出却无法翻倍的情况,我们似乎只能得出这样的结论:除了 K 与 L 之外,肯定还有某项重要投入,我们未能同时增加。这一投入有时叫"组织",有时叫"沟通",它指的是,一旦公司超过某个规模,好像就开始失去控制。还有人说,管理和创业资源的匮乏,形成了生产当中的瓶颈。当我们提高 K 与 L 时,要是真的存在某种无法衡量的投入保持不变,那么,按照定义来说,我们仍然处于短期生产状态。因此,只把部分投入翻倍,是不可能让产出翻倍的。

08
成本

大学刚毕业,我到尼泊尔东部一个叫撒尼索尔的小村庄当高中老师,教数学和科学。在那儿的两年期间,该国正在修建为数不多的几条公路,并打算贯穿撒尼索尔。首先是清除可通行的地段,铺设管道和桥梁,之后就要在地基上覆盖沙砾。这一工作仍然沿用着19世纪的工作方法。当地工人在炽热的艳阳下蹲在路边,用铁锤把大石头敲成碎石渣。一天12个小时,每名工人只能生产出一点儿沙砾,还不够铺满一步宽的路基。所幸参加修路的工人很多,最终,事情总算是完成了。

在美国,我们不会雇人拿铁锤把石头敲成沙砾。我们用的是巨型机械,一分钟就能把几吨石头研磨成粉。当时,我以为两国存在这样的差异,原因一目了然:尼泊尔是一个非常贫穷的国家,买不起工业化国家使用的昂贵设备。可我现在意识到,这个解释是错的。下面我们将会看到,哪怕尼泊尔的财政部有庞大的剩余收入,它仍然会使用人工生产沙砾,因为当地的劳动力比资本设备便宜得多。

短期成本

为了理解短期成本和短期产出有什么不同,我们不妨从一个类似第7章讨论过的简单生产实例开始。假设凯利的洗衣店使用劳动力（L）和资本（K）清洗衣物。劳动力是以工资率 w=10 美元 / 人时在公开市场上购买的（人时指的是 1 人工作 1 小时。后文我们再介绍如何确定投入价格，现在我们只把它当成已知条件即可）。资本在短期内是固定的。可变投入和每小时清洗衣物总包数之间的关系见表 8-1。请注意，产出最初随可变投入的增加以递增比率提高（L 从 0~4 单位时），之后按递减比率减少（L 从 4~8 单位时）。

表 8-1　　　　　　　凯利洗衣店的短期生产函数

劳动力数量（人时 / 小时）	产出数量（包 / 小时）
0	0
1	4
2	14
3	27
4	43
5	58
6	72
7	81
8	86

生产不同程度产出的总成本，即生产中所有因素消耗的成本。要是凯利的资本为自有，则它的隐含租税价为机会成本，即他卖掉资本、投资到其他途径（比如买政府债券）可获得的收入。假设凯利的资本固定为 120 机时 / 小时，每机租税价为 r=0.25 美元 / 机时（机时指的是 1 台机器工作 1 小时。凯利的资本固定为 120 机时 / 小时，意思是他有 120 台机器可同时工作）。总资本租税价为 30 美元 / 小时。这一成本为固定成本（FC），即短期内不随产出水平的变化而变化。设 K_0 代表资本量，r 是它每单位的租税价，则：

$$FC = rk_0$$

其他固定成本还包括财产税、保险费、贷款利息，以及其他公司短期要支出的不随产量变化的费用。企业管理者多把固定成本叫作营业间接成本。

可变成本（VC）的定义是，随不同产出水平变化的生产要素的总成本

（有些生产过程的可变投入不止一种，这时，可变成本指所有这类投入的成本）。计算本例中各产出水平的 VC，我们只需把生产该水平产出所需的劳动力数量乘以小时工资率。故此，27 包/小时的可变成本是（10）×（3）=30 美元/小时。设 L_1 代表生产 Q_1 产量所需的劳动力数量，w 是小时工资率，则：

$$VC_{Q_1} = wL_1$$

请注意，在这一公式的左边，VC 直接与产量挂钩，而固定成本的公式并无此一特征。这就强调了可变成本取决于产量水平，固定成本则否。

总成本（TC）是 FC 与 VC 之和。如果凯利希望每小时洗 43 包衣服，则这么做的总成本为 30+（10）×（4）=70 美元/小时。生产 Q_1 产量的总成本可归纳为：

$$TC_{Q_1} = FC + VC_{Q_1} = rK_0 + wL_1$$

表 8-2 列出了表 8-1 生产函数各产出水平的相应固定成本、可变成本和总成本。要想清楚地看出各种成本之间的关系，最好的办法是绘图，而非列表。表 8-1 中的短期生产函数如图 8-1 所示。第 7 章我们讲过，生产函数最初部分的上扬曲线，意味着可变投入的收益递增。当超过点 $L=4$ 时，生产函数随可变投入呈收益递减。

表 8-2　　　　　　　　　　产出和成本

Q	C	VC	TC
0	30	0	30
4	30	10	40
14	30	20	50
27	30	30	60
43	30	40	70
58	30	50	80
72	30	60	90
81	30	70	100
86	30	80	110

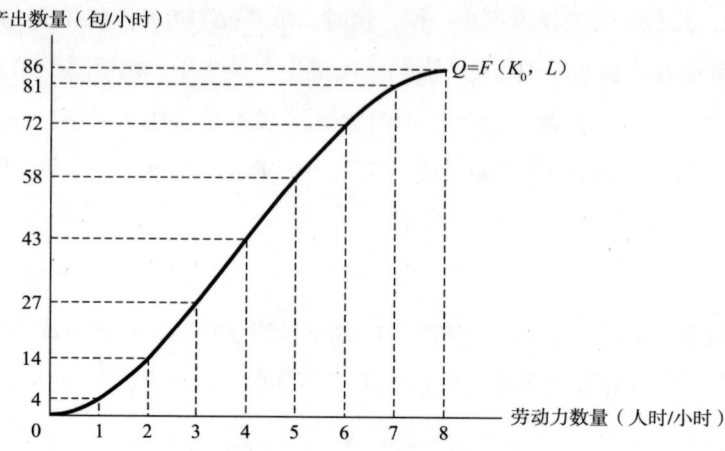

图 8-1　用可变投入函数表示产出

‖ 总成本、可变成本和固定成本曲线 ‖

可变成本曲线的形状和短期生产函数的形状息息相关。两者存在这样的联系，因为生产函数告诉我们，需要多少劳动力才能达到一定的产出水平。这一劳动力数量乘以工资率，即得出可变成本。假设我们想要用图表示生产 58 个单位产出的可变成本，首先从图 8-1 所示的生产函数看出，58 个单位的产出需要 5 个单位、工资率为 10 美元/人时的劳动力，这样得到可变成本（5）（10）=50 美元/小时。于是在图 8-2 中，58 个单位的产量对应着 50 美元/小时的可变成本。同样，从生产函数中可看出，43 个单位的产出需要 4 个单位、工资率为 10 美元/人时的劳动力，这样，在图 8-2 中对应着 40 美元/小时的可变成本。依照类似的方式，我们可以在可变成本曲线上得出任意多的点。

特别值得注意的是生产函数曲率和可变成本曲线曲率之间的关系。注意图 8-1 中，在 $L=4$ 点时，生产的可变成本开始收益递减；L 值小于 4 时收益随 L 递增，也就是说，在该区域，L 的增量能生产出更大的 Q 增量。换言之，该区域产出 Q 增加一定量，所需的可变投入 L 的量较小。因此，可变成本在产出量小于 43 时以递减的比率增长。反映在图 8-2 中，产出量在 0~43 的区间，可变成本为凹曲线。

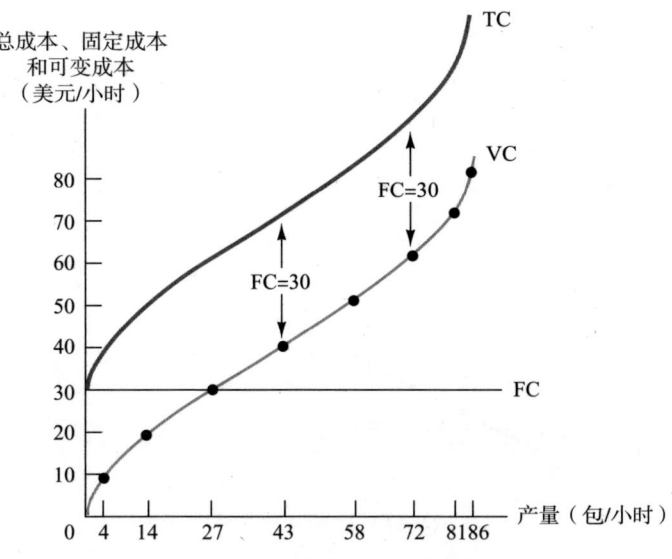

图 8-2　总成本、可变成本和固定成本曲线

一旦图 8-1 中 L 超出 4，我们就进入收益递减的区域。这里，要生产出 Q 的一定增量，L 的增量越来越大。因而，在这一区域，可变成本以递增的比率增长。反映在图 8-2 中，当产出量超过 43 时，可变成本为凸曲线。

由于固定成本并不随产出水平变化，其曲线图为一简单的水平直线。图 8-2 画出了图 8-1 中生产函数的固定成本、可变成本和总成本曲线（FC、VC 和 TC）。请注意，图中可变成本曲线穿过原点，这就是说，当我们没有产出时，可变成本为 0。生产 0 个单位产出时的总成本等于固定成本 FC。还请注意，VC 与 TC 曲线的垂直截距在任何地方都等于 FC。这就意味着总成本曲线平行于可变成本曲线之上，两者之间的距离为 FC 个单位。

假设生产函数为 $Q=3KL$，K 代表资本，L 代表劳动力。资本价格为 2 美元/机时,劳动力的价格为 24 美元/人时,短期内资本固定为 4 机时/小时。请绘出这一生产过程中的 TC、VC 和 FC 曲线。

和图 8-1 所示的生产过程不同,在本例中,生产可变要素的收益为固定值。如图 8-3 所示,这里的产出和可变投入成等比关系。

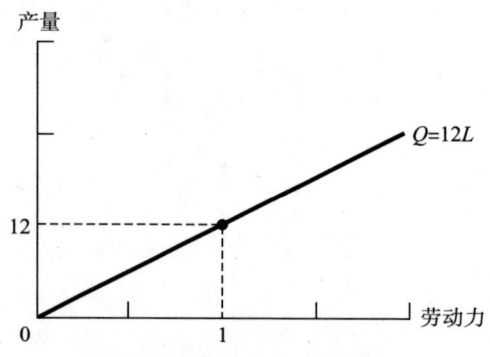

图 8-3　$Q=3KL$ 且 $K=4$ 时的生产函数

本例要求的是短期内生产一定量的产出,需要多少资本和劳动力。因为 K 固定为 4 机时/小时,所需的劳动力投入是解出方程 $Q=3KL=3\times 4L$,$L=Q/12$。因此,每小时生产 Q 个单位的产出,总成本为:

$$\text{TC}(Q) = (2)(4) + (24)(Q/12) = 8 \text{ 美元/小时} + 2Q \text{ 美元/小时}$$

在资本上支出 8 美元/小时构成了固定成本。可变成本为总成本减固定成本,或:

$$\text{VC}_Q = 2Q$$

因而,总成本、可变成本和固定成本曲线如图 8-4 所示。

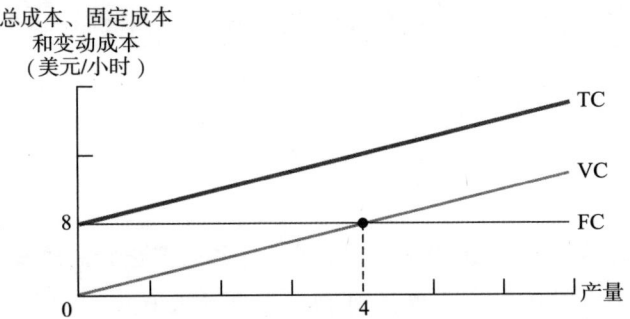

图 8-4 生产函数 $Q=3KL$ 的总成本、可变成本和固定成本曲线

其他短期成本

平均固定成本（AFC）是固定成本除以产量。例如，对表 8-1 所示的生产函数，每小时洗 58 包衣服的平均固定成本为（30）÷（58）=0.517 美元/包。生产 Q_1 产出水平的平均固定成本为：

$$\text{AFC}_{Q1} = \frac{\text{FC}}{Q_1} = \frac{rK_0}{Q_1}$$

注意在这一公式中，AFC 取决于产出水平，这和 FC 不同。

平均可变成本（AVC）是可变成本除以产量。如果凯利每小时洗 72 包衣服，AVC 为（10）(6)÷72=0.833 美元/包。生产 Q_1 产量的平均可变成本可表示为：

$$\text{AVC}_{Q1} = \frac{\text{VC}_{Q1}}{Q_1} = \frac{wL_1}{Q_1}$$

平均总成本（ATC）是总成本除以产量。由于总成本是总固定成本与总可变成本之和，所以 ATC 也为 AFC 和 AVC 之和。例如，每小时洗 58 包衣服的 ATC 是（30）÷（58）+（10）(5)÷（58）=（0.517）+（0.862）=1.379 美元/包。生产 Q_1 单位的产出，平均总成本可表示为：

$$ATC_{Q1}=AFC_{Q1}+AVC_{Q1}=\frac{rK_{Q1}+wL_1}{Q_1}$$

最后，边际成本（MC）是生产额外一个单位产出给总成本带来的变量。举例来说，从每小时洗 58 包增加到 72 包，总成本上涨了 10 美元/小时，即为实现该增产量雇用的额外工人的成本。由于新雇的工人每小时洗额外的 14 包衣服，额外清洗每包衣服的边际成本是（10）÷（14）=0.714 美元/包。一般来说，假设 ΔQ 表示产出从最初水平 Q_1 到目前的增量，ΔTC_{Q1} 代表总成本的相应变化，则在 Q_1 的边际成本为：

$$MC_{Q1}=\frac{\Delta TC_{Q1}}{\Delta Q_1}$$

因为固定成本并不随产出水平变化，生产 ΔQ 单位额外产出的总成本变化等于可变成本的变化。因此，边际成本还可表示为：

$$MC_{Q1}=\frac{\Delta VC_{Q1}}{\Delta Q_1}$$

其中，ΔVC_{Q1} 代表生产 ΔQ 个单位额外产出时可变成本的变化。

长期成本

按照定义，从长期来看，所有投入均可变。若公司的管理者希望以尽量低的成本生产一定水平的产出，并可以选择任意投入组合，那么他会怎样选呢？在这一部分内容我们将看到，这个问题的答案取决于资本与劳动力的相对价格。

08 成本

‖选择最优投入组合‖

不管产业结构如何，不管是垄断还是竞争，资本主义还是社会主义，工业化国家还是欠发达国家——大多数生产者的目的都是以尽可能低的成本，生产出一定水平和质量的产出。也就是说，生产者希望用固定的投入费用生产出尽可能多的产品。

首先，我们假设有一家公司想用固定的费用实现最大化产出。假设它只使用两种投入，资本（K）和劳动力（L），按每天每单位投入的美元来衡量，其价值分别为 $r=2$，$w=4$。以 $C=200$ 美元/天的总支出，这家公司可以买到哪些投入组合呢？我们可以用等成本线概括，如图8-5所示。B 线段上的任何投入组合都可以用200美元/天的总支出买到。和预算约束一样，等成本线的斜率是投入价格之比的负数，即 $-w/r$。

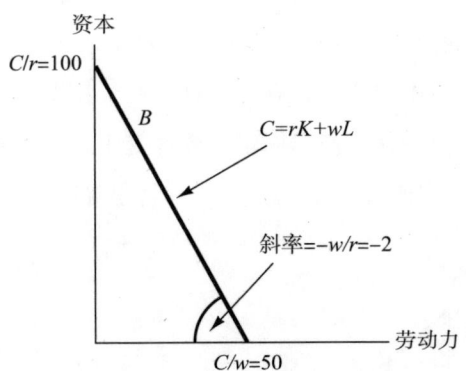

图 8-5　等成本线

根据分析可知，寻找给定成本可生产的最大产量，类似于寻找最优消费组合。特定的满足度可以由若干组消费组合实现（它们全都位于同一条无差别曲线上），特定的产量也可由若干不同的投入组合来实现（都位于同一条等产量曲线上）。在消费者一例中，我们可以将预算约束添加到无差别曲线图中，确定两者的切点，找出最优组合。这里，我们也可以把等成本线添加到等产量曲线图中。在

159

图 8-6 中，切点（L^*，K^*）的投入组合，可得出费用 C 的最大产量（Q_0）。

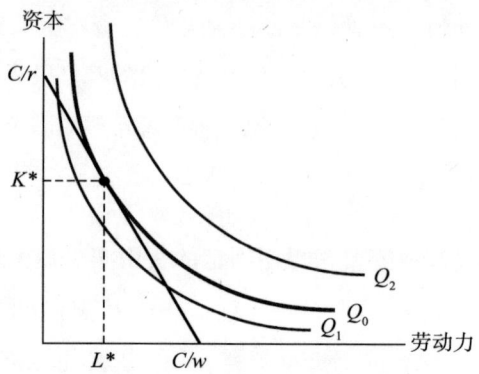

图 8-6　给定支出的最大产出

如前所述，用给定支出生产最大产出的问题，本质上和用最低成本达到给定产出水平的问题一样，解决办法也类似。唯一的区别是，对于后者，我们先找出特定的等产量曲线（对应我们所需产出水平的那条），然而叠加到等成本曲线图上，每条等成本曲线都对应着不同的成本水平。在前面的例子中，成本固定，产出变化；这一次，产出固定，成本变化。如图 8-7 所示，成本最低的投入组合（L^*，K^*）对应着一条等成本线与特定等产量曲线（Q_0）的切点。

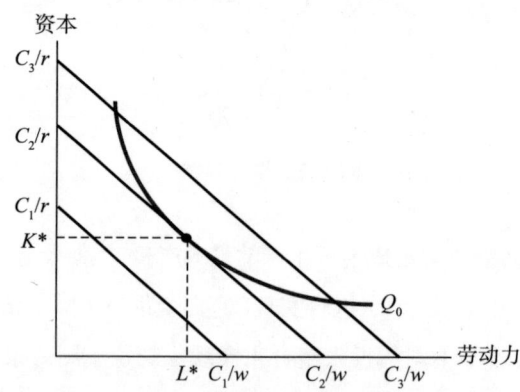

图 8-7　给定产出水平的最低成本

08 成本

等产量曲线在任意一点的斜率都等于 $-MP_L/MP_K$，即该点 L 边际产量与 K 边际产量之比的斜率。而最低成本又出现在等成本线与等产量线的切点上（斜率为 $-w/r$），因此：

$$MP_L^*/MP_K^* = w/r$$

此时 L^* 和 K^* 仍旧代表 K 与 L 的最低成本值。左右交叉相乘，得：

$$MP_L/w = MP_K/r$$

公司想用最低的成本生产出给定产出水平 Q_0，需选择等成本线与等产量曲线 Q_0 相切的切点所代表的投入组合。

公式 $MP_L/w = MP_K/r$ 具有直白的经济含义。首先请注意，MP_L^* 是在成本最低点时，从额外 1 单位 L 所得到的额外产出。w 是额外 1 单位 L 的美元成本。故此，MP_L^*/w 就是我们从花在 L 上的最后一美元所得到的额外产出。同样，MP_K^*/r 就是我们从花在 K 上的最后 1 美元所得到的额外产出。换言之，公式 $MP_L/w = MP_K/r$ 告诉我们，当成本在最低值时，我们将最后一美元花在一种投入上所得的产出，和花在其他投入上所得的产出必然是相等的。

我们很容易看出，若非如此，成本肯定不是最低值。假设最后 1 单位的劳动力和资本增加了 4 单位的产出。也就是说，假设 $MP_L = MP_K = 4$。仍设 $r=2$ 美元，$w=4$ 美元。那么，我们把最后 1 美元花在 L 上，只能得到 1 个单位的产出，但花在 K 上可得 2 个单位的产出。我们可以把 L 上的支出减少 1 美元，再在 K 上增加 0.5 美元，得到跟刚才同样的产出，同时节省 0.5 美元。不管边际产量与投入价格之比有多大差异，我们总能找到一种类似的减少成本的替代办法，偏向 MP/P 比率较高的那种投入（这一结论不包括角点解[①]的情况）。

[①] 指当一个决策变量的最优值取其最大值或最小值（为 0）时的点解。——译者注

Q 为什么尼泊尔用人工生产沙砾,而美国用机器制造?

为便于阐述,我们假设岩石变成沙砾需要用资本(K)和劳动力(L)来完成。再假设图8-8中,$Q=1$吨的等产量曲线上任意一对投入组合都能产出1吨的沙砾。($L^*_{美}$, $K^*_{美}$)组合对应着美国使用的高度资本密集型技术,($L^*_{尼}$, $K^*_{尼}$)组合代表尼泊尔使用的高度劳动密集型技术。

不同国家选择不同技术的原因,并不像我从前在尼泊尔时想的那样是因为美国更富裕,而是因为两国劳动力和资本的相对价格迥异。尼泊尔的劳动力比其他任何国家都便宜。我生活在那儿的时候,花10美分就能剪个头,顺便再做个颈部理疗按摩。可美国的劳动力工资则处于世界前列。建筑设备是在世界市场上销售的,除去运输成本,它的价格在各国之间不会出现太大差异。如果两国资本的价格大致相当,而劳动力的价格w,美国要高得多,那么该国的等成本线就比尼泊尔平得多。如图8-8所示,光是这一事实,就足以说明为什么两国的生产技术存在如此之大的差异了。

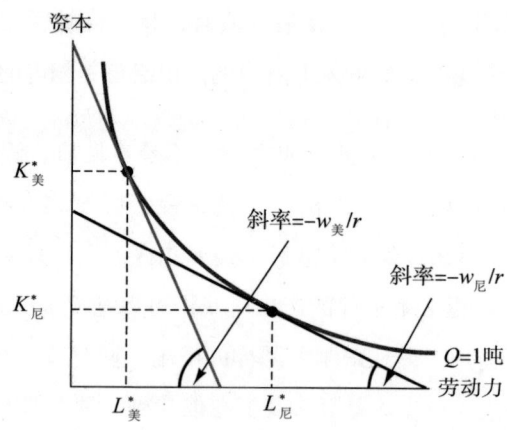

图8-8 生产1吨沙砾的两种不同方式

08 成本

 为什么美国工会强烈支持最低工资法?

美国工会在历史上一贯强烈支持最低工资法。他们不仅希望确定较高的最低工资标准,还希望最低工资适用的范围更广。然而,不管是美国卡车工人工会、劳联 - 产联,还是汽车工人联合工会,几乎所有成员的收入都远远高于最低工资标准,因而,也就不会受到法律变动的直接影响。那么,为什么这些工会还要煞费苦心地掏钱对最低工资立法进行游说呢?

原因之一或许是许多成员真诚地关心经济条件不如自己的工人。毫无疑问,许多人都有这样的好心肠。可工会还可以替其他许多弱势群体进行游说呀——很多人甚至比工资低的工人更迫切需要帮助。举例来说,为什么劳联 - 产联不为流浪儿童或者残疾人争取额外福利呢?

弄明白最低成本下的生产条件,有助于我们回答这个问题。首先,普遍而言,工会工人往往比非工会工人工作经验更丰富。非熟练劳动力和熟练劳动力在不少生产过程中可以互换,如图 8-9 中等产量曲线所示。公司选择按什么样的比例混合两种工人,在很大程度上取决于其相对价格。图 8-9 揭示了最低工资法制定以前,生产 $Q=Q_0$ 产出时最为经济的工人混合比例。w 代表熟练劳动力的工资率。立法前非熟练劳动力的工资率是 w_1,立法后涨到了 w_2。此举的直接效果是将等成本线斜率的绝对值从 w_1/w 提高到了 w_2/w,从而使得企业雇用的熟练工人从 S_1 增加到了 S_2,同时将非熟练工人从 U_1 减少到 U_2。

在很多生产过程中,非熟练劳动力和熟练劳动力是可以互相替换的。要是非熟练劳动力的价格上涨,等成本线的斜率会上升,从而使得不少公司增加所聘熟练劳动力(工会成员)的人数。尽管大多数工会工人并不受最低工资法的直接影响,但这些法律对提高工会劳动力的需求发挥了间接作用。

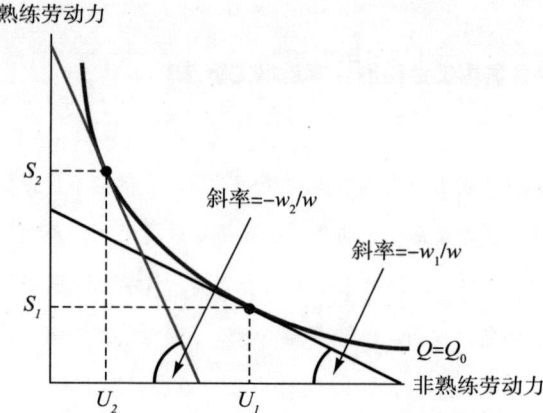

图 8-9　最低工资法给雇用熟练劳动力带来的影响

09
完全竞争

假设你是科罗拉多州的一名议员,州政府提出一项议案,旨在缓解本州某农业县农民的贫困状况,并希望你投票支持。该县的农民是从地主手里租用农田的,收获粮食之后的销售所得归他们自己所有。由于降雨量少,农民的收成一般都不好,于是收入很低。待议议案授权政府动用公共基金,在当地建设灌溉系统。这一灌溉项目工程能使该县作物产量翻番。

你对本议案的目的大表赞同,并打算投出赞成票。恰在此时,你的助手,一名主修经济的大学实习生,劝你千万不要给这份议案投支持票。她承认该灌溉项目能使作物产量翻番,对改善农民生活条件的目标也表赞同。即便如此,她仍坚持说,从长远来看,议案对提高农民收入不会产生太大影响。这名助手过去曾在类似的事情上为你提出过合理的建议,所以这回,你也打算听听她到底怎么说。

利润最大化的目标

在研究完全竞争和其他许多市场结构时,经济学家在传统上都假设公司的中心目标就是实现利润的最大化。对于这一假设，有两件事必须讲清楚。首先，要说明"利润"这个词到底是什么意思；其次，要解释为什么假设公司试图最大化利润合乎情理。

利润，更准确地说，经济利润，其定义是：总收益和总成本之差。这里，总成本包括与公司所用资源有关的所有成本——显性的和隐性的。这一定义与会计以及其他许多非经济学人士所用的定义存在很大不同，后者所用的定义并不会从总收益中减去机会成本或隐性成本；而会计利润只需从总收益中减去所有显性成本即可。

为阐明这一定义，假设一家公司每周投入10个单位的资本和10个单位的劳动力，生产100个单位的产出。假设劳动力生产要素每周的价格是10美元/单位，公司10个单位的资本为自有。如果产出以2.5美元/单位的价格出售，则公司的总收益为250美元/周。要计算每星期的经济利润，我们要从250美元里减去100美元的劳动力支出（显性成本）和100美元的资本机会成本（隐性成本），最后剩下美元50。（假设该公司按每周10美元/单位的价格把资本出租给其他公司，则100美元的机会成本就是因为自己使用资本而放弃的收入）。反之，每周的会计利润是150美元，也即250美元的总收益减去100美元的劳动力支出。

会计利润或许可以看作两种成分之和：

1. 正常利润，即公司拥有资源的机会成本（在本例中为100美元）；
2. 经济利润，定义如上（这里为50美元）。

以下例子生动而深刻地揭示了会计利润和经济利润区别的重要性。

09 完全竞争

 库伦应该搬到曼哈顿经营一家高尔夫球场，还是继续待在瓦尔多斯塔？

库伦·盖茨在瓦尔多斯塔经营着一处微型高尔夫球场。他从某大型娱乐用品公司租用了球场和设备，自己当员工，每月收入是800美元。除了经营高尔夫球场，他只能去杂货店当店员，月薪也只有800美元，两者实在毫无差别。

现在，库伦听说他叔叔比尔给他在纽约市曼哈顿区留了些土地（位置如图9-1所示）。土地已经清理好了，一家建筑公司愿意以4 000美元/月的费用在此建造并维护一家微型高尔夫球场。库伦还进行了市场调查，了解到在这里经营一个微型高尔夫球场每月收入可达16 000美元（毕竟，曼哈顿的潜在高尔夫爱好者可比瓦尔多斯塔多多了）。扣除每月支付给建筑公司4 000美元的费用，他还能赚12 000美元。假设曼哈顿和瓦尔多斯塔的生活成本相等，那么从上述数据来看，身为追求利润最大化的商人，库伦是否应该搬到曼哈顿来经营？

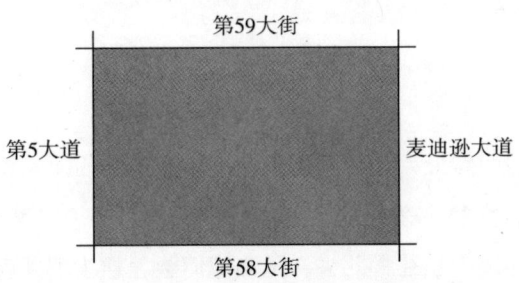

图9-1　曼哈顿一处微型高尔夫球场的可能场址

既然追求利润最大化，唯有当经济利润在曼哈顿比在瓦尔多斯塔高时，库伦才应当搬到曼哈顿来。然而，假设库伦不熟悉经济利润的概念，而是比较两地的会计利润。在瓦尔多斯塔，他的会计利润是800美元/月，即他扣除所有开支后留下的数额。在曼哈顿，这一数字为12 000美元/月。两相对比，他应当放弃瓦尔多斯塔,立刻前往曼哈顿。

然而,要是比较经济利润的话,他会得出完全相反的结论。在瓦尔多斯塔,扣除劳动力的机会成本后,库伦的经济利润为 0(他可以去当杂货店店员挣取 800 美元/月的收入,这恰好等于他的会计利润)。为计算他在曼哈顿的经济利润,我们不仅要从 12 000 美元/月中扣除 800 美元/月的劳动力机会成本,还要扣除这块土地的机会成本。世界上地价最高的地方恐怕就是曼哈顿市中心了。保守估计,库伦的地在当今的房地产市场上可以卖 1 亿美元,又假设利率是每月 1%。那么,把这块地用作微型高尔夫球场的机会成本是 0.01×100 000 000=1 000 000 美元,因此,他在曼哈顿的经济利润是 12 000-800-1 000 000=-988 800 美元。故此,考虑到这块地的机会成本,很明显,库伦应该把它卖掉或租出去,自己仍待在瓦尔多斯塔。曼哈顿地价如此之高的原因在于,人们可以修建摩天大楼,并收取高额租金。在曼哈顿市中心修建一处微型高尔夫球场,就好比在鞋底上镶嵌钻石一样。

现在,让我们回到最大化利润的假设上。为预测任何实体,比如公司、人、委员会、政府等,在特定条件下会怎样行事,我们必须对其目标做某种假设。毕竟,要是我们知道人想往哪儿去,预测他们会怎样去那儿就容易多了。**经济学家假设公司的目标是最大化经济利润,然后尝试探索有助于实现这一目标的特定行为。**

对于利润最大化假设,早就有人提出了无数反对意见。一些批评家说,公司的目标是最大化生存概率;还有人相信它是想最大化总销量或总收益;有人甚至说,公司根本不想最大化任何东西。

09 完全竞争

之所以存在这些怀疑论点,是因为现实中到处都是这样那样的例子:企业管理者好像没办法采取利润最大化所必需的行动。然而,我们有必要理解,虽说世界上不称职的管理者不少,可这并不能驳倒利润最大化的假设。反过来,我们可以这样说:即便企业最开始的行动是随机的,最终仍会形成利润最大化的长期趋向。

这一观点类似于达尔文的自然选择进化论,它的大致内容如下:首先,在充满随机行动的世界里,一些公司纯属偶然地采取了利润最大化行为。于是这些公司获得了较多的剩余收入,发展得比竞争对手更快。反过来说,公司的行为越是偏离利润最大化,倒闭的可能性也就越大。在动物王国,食物是生存的基本资源,而在竞争市场上,利润扮演着类似角色。利润最高的公司往往也是最可能生存下去的公司。因此,进化论的结论是,从长期来看,竞争环境的选择压力使得公司行为趋向利润最大化。

利润最大化的背后支持力,并不仅限于自然选择的无意识压力,还包括有意识追求自身利益的人的行动。比如,银行家和其他放贷人渴望把风险控制在最低限度,出于这个原因,他们更喜欢和利润高的公司做生意。除了拥有更多内部资源之外,这类公司还能更便利地获得外部资本,用以负担自身的发展。利润最大化行为的另一重要支持力是外部收购造成的威胁。公司的股价以其利润率为基础,于是,一家非利润最大化的公司的股价往往卖得比其潜在价值低得多。这就为外部收购创造了可乘之机,他们廉价买下公司股票,改变公司的行为,驱动其价格上扬。

另一有利于利润最大化的压力是不少公司的所有者会将公司利润的一部分付给管理者作为报酬。所以,只要逮到机会,企业管理者就会提高公司利润率,因为他们有充分的经济理由这么做。

最后,请注意,利润最大化的假设并不意味着公司会随时随地以最有效的方式运作。在我们生活的世界里,不仅有许多聪明又能胜任的管理者,还有很多管理者既不聪明也不能胜任。更何况,并不是每一件任务都能指派给最能胜任的人去完成。我们的世界很通情达理,它会把最重要的任务交给最出色的管理者去执行,不那么重要的任务则交给不那么能胜任的人。所以,光凭许多公司做傻事的事实,并不足以说明它们不是在追求利润最大化。利润最大化仅仅意味着在当前的环境下尽其所能,而有时候这也意味着靠平凡的管理者胡乱应付一番。

总而言之,上述分析肯定了利润最大化的假设。我们甚至可以说,有了它们,举证的责任就不归我们了,而是轮到那些坚持公司并非追求利润最大化的人负责了。这些假设显然并不能说明,公司总是追求利润,罔顾其他一切目标。这仍是一个有待证明的说法,在后面的章节,我们会看到不少证据说明,有时候公司并非如此。不管怎样,要分析公司行为,从利润最大化假设入手是个很好的开始。毫无疑问,它为我们理解公司如何应对投入、产品价格、税收,以及经营环境中其他要素的变化提供了有益的洞见。

完全竞争的四大条件

为预测一家企业的产出,经济学家构建了完全竞争理论。完全竞争市场的存在有赖于四个条件,让我们来逐一分析。

1. 企业在完全竞争的市场销售标准化产品。依照假设,一家公司销售的产品,可以由另一家公司销售的产品完全替代。光从字面理解,这是一个很难满足的条件。比如,红酒鉴赏家坚称自己能分辨出两家相隔仅几百米远的葡萄园出产的红酒有什么区别。就算是在衬衣这种简单的日用品市场上,这一说法也难以成立,因为衬衣的款式和质量多种多样。然而,要是我们把市场的范围定义得足够窄,有时候确实可以使竞争企业生产的产品达到合理的相似度。举例来说，各家农场生产的"中西部春播小麦"或许并不完全一样，但绝大多数买家并不在乎小麦到底是哪家农场的。

2. **企业是价格的接受者**。这指的是单个公司只能被动地接受产品的市场价格。具体而言，公司的产出无论多少，都不能影响市场价格。当市场上存在大量公司提供同一产品时，每家公司只生产行业总产量的一小部分，这一条件即可满足。但大量公司的存在，并不总是单个公司接受市场价格的必要条件。哪怕市场上只有两家公司，只要它们认为其他公司随时可能进入市场，它们也会接受市场价格。

3. **自由进入和退出（从长期来看，所有生产要素均为完全可变要素）**。这一条件意味着，要是一家企业发现某时某地出现了可以赚钱的商业机会，它就有能力采购到所需的生产要素，抓住这个机会。类似地，要是当前机会较之其他机会不再具有吸引力，它可以自由地放弃生产要素，而后转到机会更好的行业。当然，没人相信资源是完全可变的，尤其是劳动力，最难满足这一条件。人们购房、交友、生儿育女、承担义务，使得他们难于随心所欲地到处搬迁。然而实践中，完全可变的假设往往可以满足，因为从经济意义上来说，劳动力可变并不一定意味着地理上的迁徙。其实，企业倒可以为了工人频频搬来换去——新英格兰的鞋厂和纺织厂搬到南方，就是为了雇佣当地较廉价的劳动力。

4. **企业和消费者掌握完全的信息**。要是没办法知道别处存在获利更丰的机会，企业没道理放弃当前行业。同样，消费者不会从高价产品改用另一种质量相当、价格却较低的产品，除非他知道后者的存在。从字面意义上理解，这个必要条件根本无法满足。世界相当复杂，总是存在一些人们看不见的相关东西。从实践上来说，完全信息假设通常的意思是，人们能够不费太大力气，获得与其选择最为相关的大多数信息。很多时候，即便是这一条件也无法得到满足。我们在前面看到过，人们往往是手里有什么信息就用什么信息，根本不管这些信息是否合理。尽管如此，我们会发现，很多时候，我们的知识状态相当接近于完全信息条件。

完全竞争模型的潜在假设是否过度严格呢？为进行评估，我们不妨将之与物理学家的运动物体模型做个比较。要是你上过高中或大学物理课，就应当知道，当力施加于光滑表面（无摩擦力）上的物体时，会使得该物体以加速度运动。物体质量越小，获得的加速度越大。因此，一种力作用于10公斤的物体时，这一物体所获得的加速度将是20公斤物体（在同一种力的作用下）所获加速度的两倍。

为阐明这一理论，物理老师会放幻灯片，看看不同的力作用于一个放置在干冰表面的曲棍球会有什么样的结果。曲棍球和冰面之间存在少量摩擦力，但这里存在的摩擦力非常小，理论模型仍能做出相对准确的预测。

然而，我们日常生活中的摩擦力很少会低到曲棍球与冰面的那种程度。比如，要是你骑着哈雷摩托摔倒在沥青路面上，一定会深刻地体会到摩擦力带给你的痛苦。即便在这种情况下，物理学家的运动定律仍然适用，我们可以根据摩擦力做出调整，算出骑手摔下车后会滑出去多远。就算模型无法完全校准，它仍能告诉我们：骑手摔倒时骑行速度越快，滑出去就越远；要是路面很湿，或覆盖着沙砾，骑手会比路面清洁、干燥时滑得更远。

回到完全竞争模型，情形差不多。在某些市场，尤其是农产品市场，上述四个条件接近满足。这时，竞争模型所做的预测相当准确，跟用物理模型对冰上的曲棍球做预测差不多。在其他市场，比如垃圾车市场、掘土机市场，至少有一部分条件无法满足。即便是在这些市场，只要我们谨慎地加以阐释，完全竞争模型也能告诉我们不少有用的东西。

09 完全竞争

看不见的手

亚当·斯密在两个世纪以前就看得很清楚，**自利动机，具体而言，就是经济利润的胡萝卜，或者经济损失的大棒——这只看不见的手驱使竞争行业达到各自的长期均衡状态**。就算没有哪家企业有意识地带动整体社会福祉，长期均衡也有一些突出的特点。诚如斯密对企业家的描述：

> 他考虑的只是自身的安全；他努力产出最大价值，也只是为了自己的利益。像在其他许多场合一样，他受着一只看不见的手的指导，尽力去达到一个并非他本意要想达到的目的。也并不因为事非出于本意，就对社会有害。他追求自己的利益，往往使他能比真正出于本意的情况下更有效地促进社会的利益。

为什么说从社会整体的角度来看，竞争行业的长期均衡有益呢？首先，价格等于长短期边际成本，也就是说，它穷尽一切可能要完成互利互惠的交易，在这一点上，均衡是有效的。对买家来说，一个单位的产出，恰好等于生产该产出所需资源的价值。其次，价格等于长期平均成本曲线的最低值，也就意味着这是生产该产品最为廉价的方式。最后，所有的生产者均只获得正常的利润率，即他投入公司的资源的机会成本。人们购买这种产品的价格，恰恰等于公司生产该产品所承担的成本，一个子儿不多，一个子儿不少。

除去这些效率方面的特点，**市场均衡更为突出的优点是：一切活动均由市场机制加以调控**。在伊萨卡严寒的冬季，每天总有一辆食品车停在康奈尔大学学生宿舍外头，直到凌晨3点。任何学生都可以走出来买上一杯热腾腾的新鲜咖啡，只要1美元。我家旁边的杂货铺里能找到跟打印机配套的新墨盒，也能找到车库圆锯合用的新碳钢刀片。超市的肉铺星期五和星期六供应新鲜兔肉，每天早晨拂晓时分，都会开来一辆卡车，送上缅因州附近海域捕捞到的新鲜旗鱼。每隔几个小时就有几班飞机能把我送到纽约、洛杉矶，甚至艾奥瓦的小镇。所有这些活动，以及许许多多其他活动的发生，全然无须任何中央调控，而是人们渴望获得经济利润的结果。

在计划经济体制下，资源不是由市场分配，而是由中央计划委员会分配的。由于委员会能够处理的信息量是有限的，他们无法在计划中详细说明每一种产品的具体细节。因此，计划经济体制下的工人和管理者往往会随意处理生产订单，只为了自己图个方便。

比如，计划委员会要一家水泥钉厂 8 月生产 10 000 公斤水泥钉。厂长敏锐地发现，要完成配额，最简单的办法就是生产一枚重达 10 000 公斤的水泥钉。

不管市场经济体制有着什么样的缺陷，它绝对不会生产出消费者不想买的产品。在市场经济体制下，消费者至高无上，满足不了消费者需求的企业面临着灭绝的命运。到底是计划经济体制有效，还是市场刺激有效，这个问题在 20 世纪的大部分时间都曾是争论的热点。如今胜负已分。到 20 世纪 80 年代末，大部分计划经济体制国家都引入了类似市场经济体制的改革举措，希望借此带动落后的国民生产总量。

这并不是说，竞争市场在任何情况下都能带来最佳结果。恰恰相反，市场经济体制在诸多方面都有不足之处。

此外，市场资源的高效竞争分配，取决于资源在社会成员中的初始分配状况。市场能卓有成效地按人们的需求进行生产，生产什么则取决于特定人群的收入高低。如果你觉得资源的最初分配就不公平，那么我们也没有办法说服你赞同竞争市场下的产品和服务模式。归根结底，你不用全盘接受竞争市场的观点，也能体会到它的可怕力量。

灌溉工程

现在，让我们回到本章最初提出的问题：州政府拨款援建一项能使农作物产量翻番的灌溉系统，能否提高贫苦农民的收入。这些农民生活在一个偏远的农业县，从地主手里租用农耕用地。

首先，让我们看看当前的情况，即不存在灌溉系统的情况。这里的农民可以看作是小型竞争公司的经营者。他们租用土地，提供自己的劳动力，在市场上销售农作物，保留其收入。市场规模很大，个别农民的产量不会对作物价格造成影响，当前的价格是10美元/蒲式耳①。为便于讨论，我们姑且忽略种子、工具以及其他次要投入的成本。

假设单个农民耕种40英亩②土地，在没有灌溉系统的条件下，每英亩土地每年可产出30蒲式耳的粮食。那么，该农民销售粮食所得的总收益约为12 000美元/年，此外还需减去每年的地租。地租又是怎样决定的呢？

假设对农民来说，他还可以到工厂去当工人，每年收入6 000美元。在农民眼里，到工厂工作和种地一样，没什么舒适度上的差别。假设租一块40英亩的土地，每年的租金是5 000美元，那么，全国的工人都宁肯种地，而不是到工厂当工人，因为他们的净收入将是7 000美元，比6 000美元要多。假设全国的工人比耕种全国有限农田所需的人数多得多，那么，以每年5 000美元的价格租种土地的需求就会大增。工人们会互相竞标租种土地，投标将使得土地租金上涨到每年6 000美元为止。在这个价格上，农民卖掉庄稼支付地租后还剩6 000美元，也就是说，对他们而言，是种地还是到工厂工作彻底没了区别。地租不会长期超过每年6 000美元的价位，因为要是种地的净收入远远低于6 000美元，人人都会到工厂去做工，就没人种地了。

---

① 1蒲式耳＝35.24升。——译者注
② 1英亩＝4 046.86平方米。——译者注

现在，让我们来看看有了灌溉工程之后的情况。粮食产量从每英亩 30 蒲式耳增加到 60 蒲式耳，一名租种 40 英亩农田的农民每年总收益也从 12 000 美元增加到了 24 000 美元。如果地租仍然保持在最初每年 6 000 美元的标准，那么一名农民每年净收入为 18 000 美元。正是因为考虑到农业收入会出现这样大的增长，先前才会吸引到那么多人支持兴建灌溉工程。

但支持者们未曾料到的是，兴建灌溉工程后，地租不会再是每年 6 000 美元。毫无疑问，工人们会展开激烈的投标，获取租用农耕土地的机会，因为这将使他们的年收入从 6 000 美元增加到 18 000 美元。在投标压力下，农用地租会持续上涨，直至达到每年 18 000 美元（比如，要是地租仅为 17 000 美元，工人会换去种地，把年收入从 6 000 美元提高到 7 000 美元）。一旦 40 英亩土地的租金达到 18 000 美元，种地和到工厂工作就又恢复到了均衡状态。

在我们先前的场景中，州议员的助手建议说对灌溉工程投反对票，因为它不会在长期内提高农民的收入。她正确地察觉到，州政府出资兴建的灌溉工程不会给贫苦的农民带来好处，而是便宜了地主们。由于地主已经拥有高收入，再花纳税人的钱提高他们的收入是没有社会意义的。①

本例说明，在竞争行业中，往往有强大的力量驱使不同公司的平均总成本达到大体相当的水平。在这里，充当调节工具的是土地租金，它保持了各地耕种粮食平均成本的一致性。

卓有成效的经理

假设一家公司雇用了一位效率超高的经理。单凭这位经理的工作效率，这家公司每年的经济利润达 50 万美元，而同行业的其他公司经济利润接近于

---

① 当然，要是灌溉工程的建设成本小于增产粮食的价值，仍然是物有所值。

09 完全竞争

零。因为这位经理的薪水跟其他所有经理一样,所以该公司的成本比其他公司低得多。但这样一来,其他公司就有了强烈的动机用更高的薪水把这位经理挖走。

假设一家新公司给他的薪水为 30 万美元(高于目前的年薪),这位经理也同意跳槽。于是,新公司每年可获得 20 万美元的经济利润。尽管这比不上每年 50 万美元的利润,但比没有这位经理之前的零利润要好得多了。

于是,其他公司仍然有着强烈的动机要挖走这位经理。各家公司会继续竞价,直到由这位经理节省下来的成本统统转移到他的薪水里去——即,直到他的薪水比普通经理高 50 万美元为止。一旦他的薪水达到这个水平,雇用他的公司在生产成本方面就不再对同行业的其他公司占有优势。我们可以设想,正是因为存在这种对投入的竞标活动,所以同一竞争行业中所有公司的平均总成本大致处于均衡状态。

 为什么彩色照片比黑白照片成本低?

我小的时候,彩色照片属于奢侈品,比黑白照片贵几倍。如今,我家附近的照片冲印店冲印一卷 36 张的黑白胶卷索价 14.91 美元,但冲印彩色胶卷仅为 6.99 美元。尽管彩色胶卷的处理流程至今仍然比黑白胶卷要复杂,彩卷冲印费降价却是不争的事实。

既然彩色胶卷处理起来比黑白胶卷更复杂,为什么前者反倒更便宜呢?一部分原因在于冲印两种照片所用的设备生产的规模经济。彩色摄影刚诞生的时候,胶卷很贵,颜色褪得快,所以大多数人使用黑白胶卷。这样一来,由于规模经济,黑白照片的大批量处理使得廉价生产冲印机成为可能。随着彩色胶卷的价格下跌、质量提高,大多数人开始用它,彩色胶卷处理设备的需求逐渐增长。处理设备大规模生产，使得冲印彩色胶卷所需的一项重要投入出现成本下跌，这叫作"**货币经济**"（Pecuniary Economy）。与此同时，黑白胶卷处理设备产量下跌，成本增加，价格上涨，此为"**货币不经济**"（Pecuniary Diseconomy）。

两种照片均衡价格和数量的相应变化大致如图 9-2 所示（Color 代表彩色照片，B&W 代表黑白照片）。请注意，两条供给曲线的相对位置在 1955 年和 2005 年都是一样的。也就是说，不管是在 1955 年还是在 2005 年，冲印同等数量的黑白胶卷和彩色胶卷，都是前者更便宜。可由于需求模式的变化，以及两个市场的供给曲线均向下倾斜，使得黑白照片与彩色照片的相对价格出现了对调。

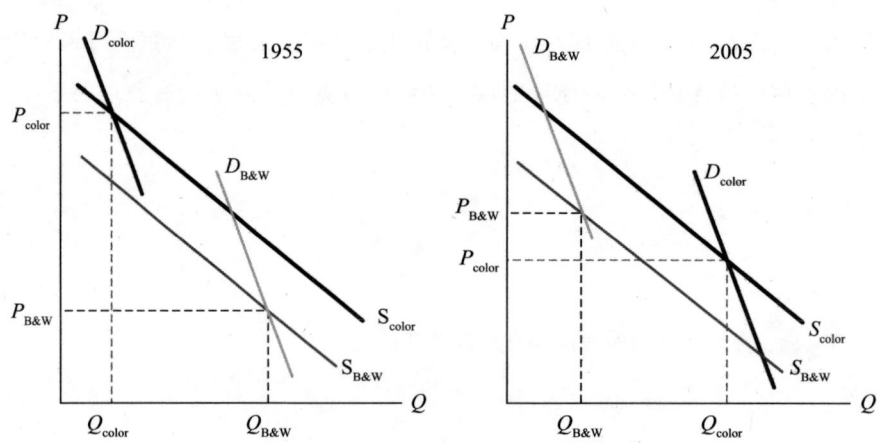

图 9-2　货币经济与彩色、黑白照片的价格

由于胶卷处理设备大规模生产，彩色照片和黑白照片的长期供给曲线均向下倾斜。1955 年，彩色胶卷的质量差，大多数人使用黑白胶卷，所以黑白照片价格较低。反之，2005 年，彩色胶卷的需求量比黑白胶卷大。于是现在彩色照片比黑白照片更便宜，尽管彩色胶卷处理设备仍然比黑白的要复杂。

09 完全竞争

为什么到20世纪70年代中期，18轮大货车突然开始采用机翼型设计？

20世纪70年代以前，典型18轮大货车的样子，跟下图上方画的那种差不多。车头顶上宽阔且平坦，一旦高速行驶，遇到的风阻力相当大。可那时候的柴油才30美分/加仑，所以多踩两脚油门来提高发动机转速所带来的费用并不明显。

然而，到了20世纪80年代初，柴油的价格涨到了1美元/加仑，高油耗带来的费用就变得重要起来——人们设计了种种办法降低油耗。最有效的一个办法是把路上跑的每一辆大卡车的车顶改成机翼型。如下图下方所示，它的目的是减少货车顶部承受的风阻。如今大货车的样子虽然仍旧谈不上什么纯流线型设计，可卡车司机们估计，减少风阻后，高速行驶的里程数增加了15%。

第一批卡车司几率先采用机翼型设计的时候，整个行业的价格水平是由未安装此类装置的高油耗卡车所决定的。因此，这些早期采用者获得了由此带来的经济利润。然而，随着时间的流逝，越来越多的卡车司机开始采用机翼型设计，从而导致成本下跌，行业价格也降低了。到了这个时候，不安装机翼的18轮卡车反倒罕见了。至此，我们可以认为，机翼所节省的成本，已经完全反映在较低的卡车费用当中了。如今，卡车司机必须安装机翼才能够获得正常的利润率。不安装的司机则会有经济损失。

本例旨在说明，获得经济利润的企业必须在竞争对手之前采用节省成本的创新。正是这种对创新的不断追寻，才使得企业不仅仅是被动地接受经济力量的影响。

10 垄断

基本上，每一家电影院都会对不同的观众群体收取不同的入场费。学生有学生价，成人有成人价，老年人有老年价。有些电影院以较低的单价出售十张联票。晚饭前去看电影的人，有时候所出票价比夜场要便宜许多。这些做法与完全竞争模型毫不吻合，因为完全竞争模型认为，对一种完全标准化的产品来说，所有的买家都付同样的价格（即所谓的"一价定律"）。

在销售附带产品时，电影院经营者采用的是一套完全不同的做法。这里，一价定律完全成立。不管是学生、成人、老人、大联盟棒球球员、加油站服务员，还是其他什么人，买爆米花都付的是一个价钱。饮料和甜点也一样。然而，这些附加品的价格往往比杂货店或其他零售商店卖得贵得多，从任何尺度来看，均远远高于供应它们的边际成本。

诚如我们将要看到，一边对不同观众收取不同价格的门票，一边对附属品索取统一的高价——这两种行为完全吻合经济模型对产品或服务垄断供应者的预测。

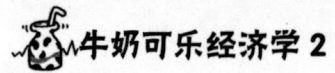

垄断的定义

垄断是一种市场结构,指某种产品在市场上只有一个卖家,而且该产品在整个市场都没有类似的替代品。表面上看,这个定义再简单不过了,但在实践中极难应用。以本章开头所述的电影院为例。根据我们的定义,电影院算是垄断者吗?至少在较小的城市,一部电影在特定时间段只有一个地方在放映。至于是否形成垄断,则取决于我们对类似替代品的定义。比如,电影院目前正在上映《月光光心慌慌》(*Halloween*)第8部,对这一产品,类似的替代品其实很多。美国每年要发行上百部低级血腥片,要是观众对电影院正在放映的这类影片不满意,用不着走多远就能换部片子看。

要是电影院取得了最新版《蜘蛛侠》为期六个月的首轮公映权,情况又会怎样呢?对《蜘蛛侠》的影迷而言,确实没有其他类似的替代品。哪怕只有一家电影院在放映,想要看它的观众的兴致仍然很高。

垄断企业和竞争企业最重要的区别在于它们面对需求的定价弹性。完全竞争的公司根本没有任何定价弹性可言。要是它胆敢把价格稍微抬高一点,就会丧失所有的客户。反过来说,垄断公司对价格有着极大的控制度。

从经验上看,判断一家公司是否掌握垄断权,不妨检验最接近替代品的需求交叉价格弹性①。美国政府曾经指控杜邦公司垄断了玻璃纸的生产。本案是一起著名的反托拉斯诉讼。尽管杜邦公司销售的玻璃纸占玻璃纸贸易总量的80%,但它辩护说,玻璃纸和相似替代品(当时主要是蜡纸铝箔)之间的交叉价格弹性足够高,完全可以将这些软包装产品划入同一个市场。按这一宽泛的市场定义,杜邦销售的产品不到行业总产量的20%。法院因此裁定这一比例足够小,可以维持市场的有效竞争——当然,这一裁决引起了不少争议。

---

① 指某种商品的供需量对其他相关替代商品价格变动的敏感程度。——译者注

然而，这并不是说，交叉价格弹性可以清清楚楚、毫不含糊地指出一种产品到底有没有相似替代品。虽然没有什么东西跟最新版《蜘蛛侠》完全类似，但还有很多其他方式可以供人打发两个小时时间。对于一心想看《蜘蛛侠》的观众，电影院经营者形成了垄断，而对于只是想找部好电影看看的观众，该经营者面临着激烈的竞争。完全竞争和垄断之间的差异，大多可以归结为这样一个问题：这两种观众哪种占绝大多数。经济学中有许许多的情况都说明，区别垄断和竞争是门艺术活儿。

请务必注意，垄断和竞争的区别并不在于两种情况下市场需求曲线的相对于价格弹性有什么变化。恰恰相反，竞争企业所供应产品需求的价格弹性往往比垄断者要小得多。小麦需求的价格弹性比宝丽来照相机要小，哪怕小麦市场接近完全竞争条件，而宝丽来凭借专利成为该市场唯一的合法卖家。垄断与竞争最重要的区别是，个别竞争公司的需求曲线是水平的（与相应市场需求曲线的价格弹性无关），而垄断者的需求曲线是整个市场的下斜形需求曲线。

垄断的五种来源

一家公司如何能成为自身市场的唯一供应商呢？经济学家讨论了五个因素。这五个因素中的任何一个或几个因素的结合，都能使企业变成垄断者。

1. **对重要投入的排他性控制**。法国的巴黎水公司（Perrier Corporation）每年花数百万美元宣传其生产的瓶装矿泉水的特性，说这种矿泉水综合了各种偶然的地质因素，百年不遇。在纽约州，一家叫埃德隆代克软饮料的公司出售一种富含二氧化碳的自来水产品。反正我是分不出埃德隆代克水和巴黎水的区别，但其他人觉得有所不同，许多人觉得根本找不到巴黎水的满意替代品。巴黎水相对于这部分买家的垄断地位，来自它对一种难于复制的投入（矿泉）的排他性控制。

类似地，戴比尔斯钻石矿业公司（De Beers Diamond Mines）对全世界大部分原钻供应的排他性控制，造就了该公司的垄断地位。如今人造钻石的质量已经可以让经验丰富的钻石鉴定师看走眼。可许多买家还是优先考虑天然钻石，对他们来说，天然钻石不仅意味着极强的硬度和折射的光芒。他们要的是真正的钻石，而戴比尔斯提供真货。

对重要投入的排他性控制，并不能保证持久的垄断力量。比如，顾客对真钻石的偏爱，大部分原因在于矿产钻石在历史上一直优于人造钻石。假设有一天，人造钻石最终变得和真钻石毫无区别，这种偏好也就没了立足的根基。这样一来，戴比尔斯对原钻供应的控制，也就不再具有垄断力量。人们不停地寻找新方法生产现有产品，今天能带来垄断地位的排他性投入，明天可能就过时了。

2. **规模经济**。如果长期平均成本曲线（假设投入价格为固定值）呈下斜状态，那么供应市场成本最低的方式，就是由一家公司进行集中生产。比如，请看图10-1，要是只有一家公司生产整个行业的产出 Q^*，平均成本是 LAC_{Q^*}；若两家公司分享同一市场，则平均成本为 $LAC_{Q^*/2}$。一个市场由一家公司提供服务，成本反而最低，这种情况叫作自然垄断。对于自然垄断，地方电话网是一个经常引用的例子。

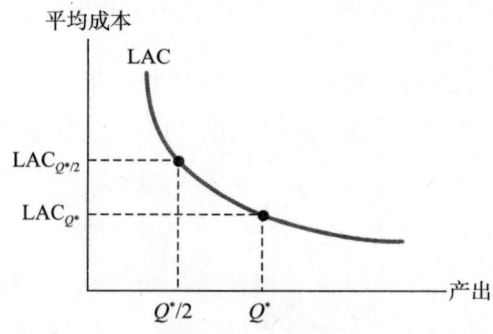

图10-1　自然垄断

即便不存在规模经济，LAC 曲线也有可能向下倾斜。比如，当行业产出扩大，一项重要投入的价格出现显著下降（这叫作货币经济）。请注意，这种情况并不能带来自然垄断。投入的价格取决于行业产出水平，而不是哪一家公司的产出水平。不管是一家公司还是多家公司供应市场，货币经济都适用。

那么，严格说来，决定自然垄断的是规模收益的水平，而非 LAC 曲线的倾斜。当然，若投入价格固定，规模收益必然对应 LAC 的向下倾斜，反之亦然。

3. **专利**。大多数国家通过某种专利制度保护创新。凡涉及该发明的交易，专利持有人均可从中享受排他性收益权。当然，专利不光有好处，也有成本。就成本而言，专利创造的垄断，会使消费者承担更高的价格。从好处而言，有了专利，人们更乐于将发明公之于众，造福全社会。尽管有些发明是偶然所得，但大多数发明来自长年的辛勤研究，并投入了可观的研发支出。如果一家公司不能以足够高的价格卖出产品，补偿这些费用，那它一开始便没有进行此类研发活动的经济理由。没有专利，竞争就会迫使价格降至边际成本，创新的脚步会急剧趋缓。有了专利，公司免受竞争之苦，才有可能赚回创新成本。在美国，专利的期限是 17 年，这个数字对许多发明而言太长，对另一些又太短。尤其是，有人认为在处方药行业，专利期限应当延长，因为光是测试和审批流程就要用去当前专利期限的绝大部分时间，这种看法颇有说服力。

4. **网络经济**。从不少市场的需求面来说，使用某种产品的消费者越多，它的价值越高。家用录像机上的 VHS 技术打败 Beta 格式，算是这方面一个极为生动的例子。VHS 的最初版本比 Beta 强在录制时间更长。但 Beta 很快修正了这一缺陷，而且从许多重要的技术角度来看，专家都觉得它比 VHS 更先进。即便如此，Beta 仍未能战胜 VHS 最初建立起来的销售优势。一旦拥有 VHS 的消费者数量超过关键的临界值，购买时选择它就再合理不过了——录像带到处都能租到，品种又多，能跟朋友换着看，机器维修起来也方便，等等。

在一些极端的情况下，这种网络经济会像规模经济一样，形成自然垄断。比如，微软的 Windows 操作系统通过强有力的网络经济在市场上占据了支配性地位。微软最初的销售优势使得软件开发商热衷于为 Windows 平台制作软件。现在，Windows 格式的可用软件数量比其他任何竞争操作系统都多得多。尽管文字处理和工作表等通用软件继续为多种操作系统开发可用版本，但专业软件和游戏通常都是在 Windows 下首发，不少时候甚至只有 Windows 格式。这一软件鸿沟为人们选购 Windows 提供了绝佳理由，哪怕不少用户（比如苹果系统的用户）觉得自己用的平台更棒。最终的结果是，如今世界上 90% 的个人电脑上安装的都是微软的 Windows 操作系统。尽管还算不上完全垄断，但也差不多了。

5. **政府特许**。在许多市场，法律只允许政府的特许公司营业，其他公司一概禁止。举个例子，在马萨诸塞州收费公路的休息点，不是随便哪家快餐店都能设点营业的。收费公路管理局跟几家公司进行过磋商，指定其中一家在特定休息点从事独占性经营活动。因为喜欢吃汉堡王多过巨无霸，我当然高兴公路管理局在汉堡王和麦当劳之间选择了前者。但这肯定会让其他买家失望。公路管理局做出这一限制的目的是在于，休息点只有设立一家快餐店的空间。在这种情况下，政府特许这种垄断来源，实际上只是规模经济的另一种表现形式罢了。其他很多市场也存在政府特许，比如出租车市场——在这类市场环境中，规模经济似乎并不是什么重要因素。为提高收入，不少大学（比如俄亥俄州的大学）把校园自动贩卖机的专营权卖给一家公司（比如只有可口可乐的自动贩卖机，没有百事可乐的）。

政府特许有时会对经营活动进行严格的限制。例如，当政府授予一家快餐店专营权时，一般会对产品售价做出硬性规定：不得高于正常售价 10% 以上。还有些时候，政府会收取极高的特许费，实际上也就是强迫特许公司向消费者索取高价。这种做法常见于机场管理方，他们会把自己的柜台空间拍卖给出价最高的投标人。要是你对拉瓜迪亚机场一个热狗卖 5 美元看不顺眼，千万记住：罪魁祸首是纽约港口管理局。

在上述五项造就垄断的重要因素中，最持久的是规模经济。生产流程会随着时间发生变化，对重要投入的排他性控制不过是一种暂时性的垄断源头。专利在本质上也是暂时性的。网络经济一旦稳定确立，就可以变成和规模经济一样持久的自然垄断源。严格地说，网络经济是通过影响买家购买意愿对市场需求方产生作用的。但它亦可作为产品质量的另一特点，对供应方产生同样的作用。拥有某种产品的人越多，它的有效质量水平越高。因此，我们可以说，一旦产品得益于网络经济，那么，随着销量的增加，总可以用较低的成本达到同样的质量水平。从这一角度来看，网络经济不过是规模经济的另一种形式罢了，我们在下文也将由此展开讨论。政府特许可以持续相当长的时期，但不少特许本身就建立"规模经济会导致垄断"的理论之上。

信息在规模经济中扮演的角色

1984年，刚刚步入个人电脑时代，一台个人电脑约80%的成本都花在了硬件方面，软件方面只占20%。仅仅六年后，这个比例就倒了个个儿。如今一台个人电脑的上市总成本几乎全部和这样那样的信息产品有关。其他大多数产品也都出现了类似的发展趋势，只不过个人电脑行业这一变化表现得最为明显罢了。

信息的最大特点在于，它的生产成本几乎是完全固定的——而对硬件来说，绝大部分生产成本是与产量挂钩的。所以，生产富含信息的产品，具有极大的规模经济。

从定义上看，规模经济是一个长期概念，所以，前文中规模经济和固定成本并存似乎有些矛盾。毕竟，固定成本是与固定投入相关的费用，而我们在前面的章节讲过，就长期而言，所有投入均非固定。

然而，在实践中，大规模的一次性成本，包括产品研发以及其他与信息相关的成本，往往在产品上市前就需要预先投入。一般而言，这些成本不会重新出现，哪怕产品生命周期长达几十年。严格地说，这些成本并非固定，因为用于产生信息的投入在原则上应当是可变的。一旦产品上市，调整这类成本就毫无道理了。因此，在实践中，这类成本是固定的。不管怎么说，只要总成本中有相当一部分和初始信息投资有关，那么，企业的长期平均成本就很可能呈下斜状。

最典型的例子是电脑以及其他诸多产品的微处理器。生产最新一代英特尔芯片的固定投资大致为 200 亿美元。可是，一旦设计好芯片并开发出制造设备，生产每个芯片的边际成本仅为几美分。因此，当今微处理器市场 80% 的芯片均由英特尔提供，也就不足为奇了。

规模经济是当代工业景观的一大特点。随着产品中信息的价值含量越来越高，规模经济的重要性还会进一步深化。

价格歧视

到目前为止，我们的讨论都假设垄断者以同样的价格销售所有产出。可是，**垄断者其实经常对不同的买家索取不同的价格，这种做法叫作"价格歧视"**。本章开头提到的电影院出售各类打折电影票就是这方面的一个例子。在接下来的部分，我们来分析一下，倘若追求最大利润的垄断者可以向不同的买家收取不同的价格，它会怎么做。一旦价格歧视成为可能，垄断者就可以把消费者获得的部分好处变成自己的利润。不过，诚如我们所见，价格歧视下的较高利润并不全是以牺牲消费者换来的。随着垄断者将产出扩大到需求量与边际成本相交的程度，效率也提高了。

在不同市场的销售

假设垄断者可以在两个完全不同的市场销售产出,比如国内市场和国外市场,那么,在这两个市场上,他怎样定价、卖出多少产品,才能获得最大化的利润呢?

假设这两个市场的需求和边际收益曲线分别如图 10-2 的左幅和中幅所示。首先请注意,倘若垄断者要实现利润的最大化,他在每个市场的边际收益应当相同(如若不然,他可以在边际收益低的市场少卖一个单位,在边际收益高的市场多卖一个单位,从而增加利润)。既然两个市场的边际收益必须一样,则利润达到最大值时的总产量,其边际收益当和边际成本相同。以几何法求解,应在左、中两图中绘出水平的边际收益曲线,并找出它与边际成本曲线相交时的产出水平。在图 10-2 的右图中,最佳总产量应当是 $Q^*=10$。其中,以 P^*1 的价格在市场 1 卖出 $Q^*1=4$,剩余的 $Q^*2=6$ 则以 P^*2 的价格在市场 2 卖出。

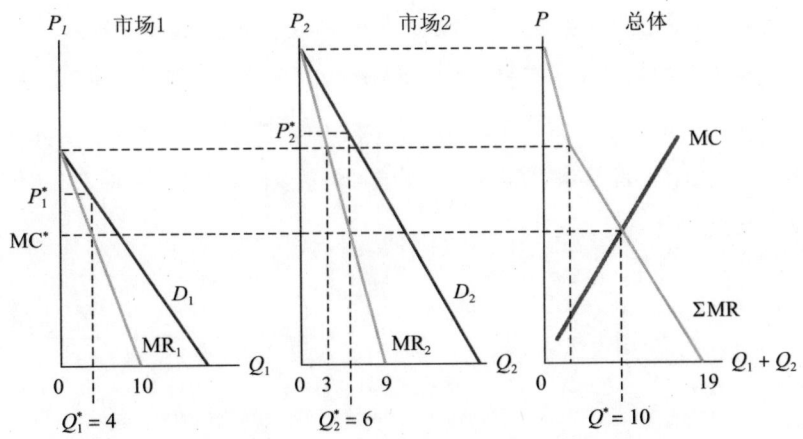

图 10-2　追求利润最大化的垄断者在两个市场的销售情况

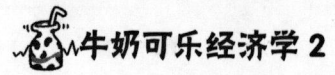

 为什么有些医生和律师会对低收入顾客收取折扣价?

在医疗、法律和其他专业行业,不少从业者采用的是"按比例增减"的收费方式,也就是说,以极低的折扣价向低收入消费者出售其服务。人们一般以为这种做法是因为专业人士体谅贫困消费者的经济难处。但请注意,这些专业人士提供的服务也属于普通商品的范畴,这意味着低收入消费者的需求曲线远远低于富裕消费者。因此,我们可以把专业人士按比例增减收费的做法,看作是根据不同买家群体的弹性差异调整价格,借以提高利润。电影票市场也可以观察到类似的收费模式,电影院老板对学生、老人,以及对需求有着较高价格弹性的群体收取较低的票价。

还请注意,只有当买家之间无法进行交易时,价格歧视才可行。比如,要是其他国家的学生可以和美国学生做交易,那么,你就不可能把同一本书在加尔各答卖30美元,在纽约卖100美元。精明的外国学生会以30美元的价格买到书,然后以95美元的价格卖给美国学生。其他人也希望插上一脚,开出更低的价格,最终,价格差异会消失无踪。低价买进、高价卖出的做法,一般叫作"套利"。只要存在套利,针对单一产品的大范围价格歧视就无法持久。例如,正是因为有了套利,伦敦市场的黄金价格永远不会跟纽约市场相差太远。

10 垄断

 为什么电影院给学生提供折扣电影票，但对爆米花不打折？

有些情况下存在套利，有些情况下不存在。学生折扣电影票使得电影院经营者对市场进行细分，因为人们不可能用低价看过电影之后，再用较高的价格把看电影的体验卖给别人。出于同样道理，医生和律师可以根据需求的价格弹性差异，对不同的顾客收取不同的价格。但对爆米花这类的产品而言，这种市场细分很难维持。假设电影院经营者想把爆米花按 1 美元的价格卖给学生，按 3 美元的价格卖给成人，一部分精明的学生就会抓住这个套利机会，按 2 美元的价格将爆米花卖给成年观众。在其他套利者的竞争压力下，价格差异最终会跌到仅能维持学生还愿意从事此类交易为止。

‖ 完全价格歧视的垄断者 ‖

完全价格歧视，也叫**一级价格歧视**，指的是对市场进行最大限度的细分。举例来说，假设垄断者有 N 个潜在消费者，每名消费者都有着下斜的需求曲线，如图 10-3 中的 D_i 所示。针对这样的消费者，垄断者怎样才能从 Q' 个单位的产出中获取最多的销售收入呢？如果垄断者只能按相同的价格卖出所有产品，他最多能索价 P'，得到 $P'Q'$ 的总收益。要是他能对不同单位的产出收取不同的价格，那他可以获得更高的收入。比如，他可以把最初 Q_1 个单位以 P_1 的价格卖出，接下来 Q_2-Q_1 个单位以 P_2 的价格卖出，以此类推。倘若垄断者能把定价区间分得足够小，最终可获得如图中阴影区域所示的总收益增量。

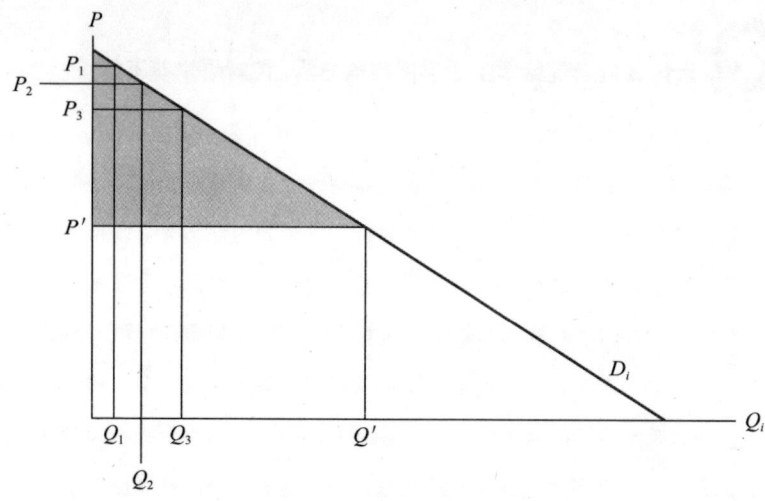

图 10-3　完全价格歧视

要是垄断者被迫对所有产品收取同一价格，阴影部分则变成消费者剩余。然而，要是他能够对每一单位索取不同价格，则垄断者就获取了所有的消费者剩余。消费者对他愿意购买的每一单位产品付出了最高价格，因此没有得到剩余。

一个追求利润最大化、完全价格歧视的垄断者会生产多少产出呢？跟之前讨论的一样，使边际收益等于边际成本即可。图 10-4 绘出了完全价格歧视垄断者的需求曲线 D、短期边际成本曲线 SMC 和平均总成本曲线 ATC。对这样的垄断者而言，边际收益曲线是怎样的呢？完全与他的需求曲线相重合。因为可以采取完全的价格歧视，他可以降价销售额外产出，同时又无须对已经卖出的产品减价。价格和边际收益曲线是同一条，和完全竞争一例中相同。这家公司最好生产 Q^* 个单位的产出，每个单位按最高价卖给愿意买的顾客。

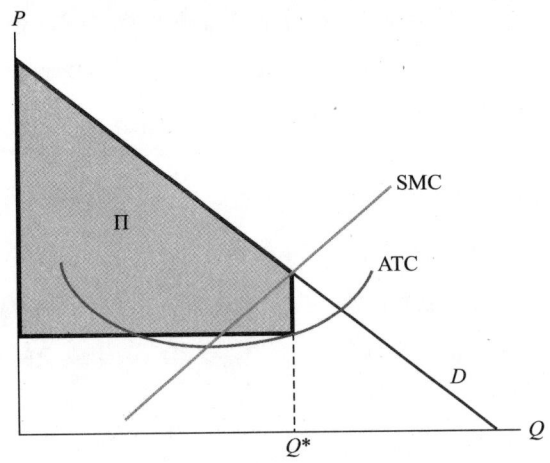

图 10-4 完全价格歧视的垄断者

注：对于可以采取完全价格歧视的垄断者，其边际收益曲线恰好与需求曲线重合。利润最大化的产出为 Q^*，此时短期边际成本与需求曲线相交。经济利润如阴影区所示。

对比完全价格歧视的垄断者和完全不能价格歧视的垄断者，可以看出两个突出的区别。其一，完全价格歧视的垄断者生产的产量更高，因为他不用考虑降价会给现阶段产量所得收入带来什么影响。他可以对不降价就不买的人降价，同时对愿意买的人维持较高价格。

第二点重要区别在于，在没有价格歧视的垄断条件下，消费者剩余一般为正，但在完全价格歧视的条件下，消费者剩余为零。因为不能采用价格歧视的垄断者必须对所有买家收取同样价格，他的价格不可能定得太高。要是他按照愿意花钱、弹性最低的需求者的水平定价，其他消费者就不来光顾了。所以，垄断者不会这么做，而弹性最低的需求者最终支付的价格，远远低于其心理保留价格——由此产生消费者剩余。

完全价格歧视是一种永远达不到的理论状态。倘若消费者的需求曲线文在脑门上，卖家或许可以设计不同的价格，从每一位买家身上榨取最大限度的利润。一般而言,卖家无法充分了解个人需求的详细情况。企业大多是根据对顾客所属群体的已知信息,估计个别买家的需求弹性。比如,邮购商户会向高收入地区(如加利福尼亚州贝弗利山)寄送特别印制的高价产品目录。

深入评估个别买家的需求弹性,最接近的例子大概要算中东集市商人的所作所为了。精明的骆驼商人有着多年做买卖的经验,能清楚地评估买家来自何处,有什么样的心态,愿意出多少钱。他观察顾客每一个细微的手势和眼神。不过,老谋深算的买家恐怕也知道该怎样隐藏自己渴望成交的急切心情吧。

‖ 二级价格歧视 ‖

不少卖家并不固守单一价格,而是根据你购买的数量逐步下调价格。这是另一种价格歧视的做法。许多供电商采用的是所谓"下浮式"费率结构。比如,每个月最初的300度电,每度10美分;接下来的700度电,每度8美分,1 000度以上,每度5美分。这种费率结构属于二级价格歧视的形式之一。

图10-5解释了这种费率结构带给需求曲线为 D_i 的消费者什么样的影响。相较于每单位都收取同一价格 P_3,数量折扣方案提高了消费者的总支出,增加的数量如图中阴影区域所示。

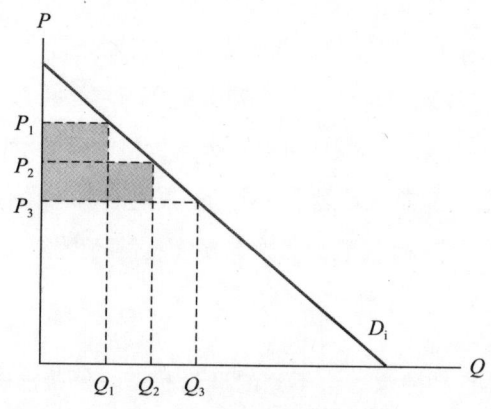

图10-5 二级价格歧视

卖家对第一档消费量 0~Q_1 收取高价 P_1，第二档消费量 Q_1~Q_2 收取次高价 P_2，第三档消费量 Q_2~Q_3 收取更低的价格 P_3，依此类推。尽管二级价格歧视并不会根据个别消费者的不同特点收取不同的费用，但仍能使得垄断者获取相当比例的消费者剩余（阴影区域）。

二级价格歧视和一级价格歧视一样，都以从每一买家手里榨取消费者剩余为目的。两者的主要区别在于：

- 在二级价格歧视方案下，费率结构对所有消费者都是一样的，也就是说，它并不会根据买家的弹性差异调整价格；
- 费率的档次是有限的，所以二级价格歧视所能获取的消费者剩余也是有限的。

一级价格歧视获得的是整个三角区，而我们从图 10-5 中可以看出，二级价格歧视只能获取三角区的一部分。

‖ 价格歧视的门槛模型 ‖

所有的卖家都希望施行完全价格歧视。难办的是，卖家缺少有关个别需求曲线的必要信息。然而，还有一种价格歧视的重要形式提供了相关技术，方便公司引诱弹性最大的买家自动现身。这就是价格歧视的门槛模型。它的基本概念是，卖家设定一种门槛，并为跳过门槛的买家提供折扣价。这里面蕴含的逻辑在于，对价格最敏感的买家跳过门槛的可能性最大。

产品包装里的折扣表就是门槛的一个例子。这里，跳过门槛意味着填写表格，找出信封和邮票，去邮局把它寄了。公司认为，不太在乎价格的人费心完成这个过程的可能性很小。这样的话，需求弹性低的人就支付"常规"价，而需求弹性大的人则支付较低的折扣价。

如今绝大多数产品都设有这样那样的价格歧视门槛。书商对初次出版的精装本卖高价。不怎么在乎价格的买家等书一上市就会购买这种版本。其他人则会多等一两年，买便宜得多的平装本。这里的门槛就是一个字——"等"。家用电器商定期举行"残次品"特卖会，以不到一半的价格销售外观存在微小瑕疵的电器。这里要跨的有两道门槛：找出何时何地举办特卖会，忍受外观上的小小瑕疵（大多数时候根本就看不见）。航空公司提供"超省钱"的半价飞机票，这里同样存在两道门槛：提前一个星期甚至更长时间订票；星期六晚上在机场过夜。不少零售商在报纸广告中附赠折扣券，这里的门槛是阅读广告，剪下折扣券，在折扣券过期之前去店里买东西。有些卖家在柜台后面贴出海报，上书"请询问我们的本日特价"，这里的门槛就是张口问问看。不过，即便这种微不足道的门槛也能发挥出明显的效果，因为许多衣着考究的买家似乎觉得询问特价不怎么体面。

上述所有安排都不可能将高弹性买家和低弹性买家彻底区分开来。例如，有人会专门等到一月的新年特卖会才买毛巾，要是商店不打折，他们照样会买。总体而言，门槛似乎能够达到预期目的。一道绝妙的门槛就是让愿意跨过门槛的买家承担一笔微不足道的成本，同时根据买家的需求弹性对其进行完美的区分。门槛的效果如图 10-6 所示，其中 PH 代表"常规"价格，PL 代表折扣价。凭借一道完美的门槛，支付折扣价的买家所付最低价格绝不会高于或等于常规价，也就是说，门槛将这部分买家从常规价市场排除了出去。

门槛模型并不仅限于图 10-6 所示的两种价格。事实上，很多卖家把它发展成了一套极为复杂的艺术形式，内中包含了数十种价格门槛的组合。比如，光是洛杉矶 - 夏威夷路线，联合航空公司就提供十多种不同费率，每一种价格都附带自己的限制条件。不管门槛安排是简单还是复杂，目标都一样——给不打折就不买的消费者提供折扣。

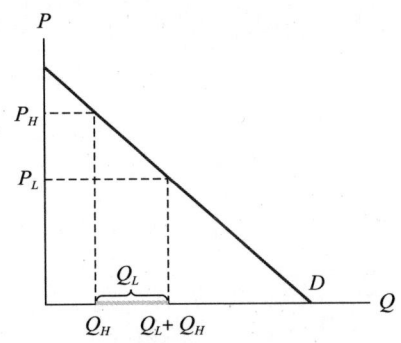

图 10-6 完美门槛

门槛模型和完全价格歧视存在相似之处,因为它们都试图按照个别买家的需求弹性调整价格。两者之间的最大区别在于,哪怕是最复杂的价格门槛,也不可能攫取所有的消费者剩余。

11
不完全竞争

有一天早晨,在费城30号大街车站,三名律师和三名经济学家碰到了一起。他们都打算乘地铁前往纽约,出席纽约法律和经济学协会的年会。每个律师都买了单程票,叫他们吃惊的是,经济学家们却只买了一张票。"他们打算怎么办?"六人依次上车入座时,一名律师好奇地问同事。

列车出发后不久,律师们注意到,查票的列车长来了。三名经济学家赶紧趁其不备挤进了车厢后面的厕所。列车长走过来依次检查了每个律师的票,前往下一节车厢时,他敲敲厕所的门,说:"查票。"门打开了一条缝,一只手递出票来。列车长在票上打了口,走了。

四天后,六人在返程时又在纽约佩恩车站相遇了。在经济学家榜样的鼓励下,律师们也只买了一张票,为自己的小聪明得意不已。但这一回,他们纳闷地发现经济学家根本连票都没买。

六人坐在火车上,一看到列车长来查票了,三名律师就匆匆忙忙地挤进了厕所。三名经济学家见此站起身来,走到了车厢后半部。其中两人进了隔壁的厕所,第三人则敲了敲律师的厕所门,说道:"查票。"律师把票递了出来,经济学家接过票,转身去隔壁跟同事们会合去了。

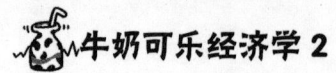

博弈论简介

当咖啡的价格处在市场均衡价格时,全世界的咖啡需求量是固定的。因此,倘若霜冻灾害破坏了某咖啡出口大国一半的农作物(该国出口量在世界总产量中占相当大的比例),咖啡价格就会上涨,使得当地农民获取比平时没有霜冻灾害情况下更高的利润。既然咖啡种植者可以用较少的咖啡获取更多的利润,为什么他们不干脆早早减产一半算了,非要等到霜冻灾害来做这一出?

答案是:尽管整体减产符合农民的利益,但没有哪个农民会单独这么做。毕竟,要是其他人都减产,自己却照原先的规模进行生产,日子是最好过的。这样一来,他可以按照新的高价卖出与先前同等的产量。咖啡种植这种竞争行业存在大量小型独立生产者,组织联手减产是很难的。

在仅有少数公司供货的行业,联手减产似乎比较容易。尽管成功的联手限产有时的确符合这些行业垄断公司的利益,事实上却很难维持下去。只要市场供小于求,每家公司就会提高产量,增加收益。一旦它们同时这样做,限产联盟就破产了。因此,对个别公司有利的,却有损于这些公司的整体利益。

垄断者合作的基本问题和第 5 章讲到的囚徒困境有着相似之处。表 11-1 归纳了囚徒困境的各种分析。

表 11-1　　　　　　　　　囚徒困境

		囚犯乙	
		招供	沉默
囚犯甲	招供	皆服刑 5 年	甲 0 年 乙 20 年
	沉默	甲 20 年 乙 0 年	皆服刑 1 年

我们可以利用约翰·冯·诺伊曼(John von Neumann)和奥斯卡·摩根斯坦(Oskar Morgenstern)于 20 世纪 40 年代提出的数学博弈论来分析类似囚徒

困境的情况。这一理论首先描述了所有博弈的三大共同要素：

- 局中人；
- 所有可行策略；
- 各组策略的相应得失。

在表 11-1 中，博弈的两名局中人是囚犯甲和囚犯乙。每人各有两种策略：招供与保持沉默。每一策略组合对应的结果是他们所得的刑期。

有些博弈，比如囚徒困境，存在**占优策略**（Dominant Strategy），即不管另一局中人怎样跟进，总能给自己一方带来更好结果的策略。囚徒困境中的占优策略是招供。不管乙怎么做，甲招供都能得到一个较轻的刑期：乙招供，甲招供得 5 年刑期，不用蹲 20 年牢；乙保持沉默，甲招供则立即获释，用不着蹲 1 年牢。得失是完全对称的，所以不管甲怎么做，乙也是招供的结果更好。麻烦的是，一旦两人做事只顾自己，所得结果就比双双保持沉默要糟糕。故此，若是两人都招供，各得 5 年刑期，相比之下，要是他们都保持沉默，只需蹲 1 年牢。

 为什么烟草公司广告打得"太多"？

公司为产品打广告，产品的需求量会增加，原因有二：

- 首先，以前从来没用过这种产品的人知道了它，于是有些人为它掏了腰包。
- 其次，已经使用过另一品牌同类产品的人，由于广告的宣传，换用了这一种。

第一种效应提高了整个行业的销量。后一种效应仅仅是在公司之间进行再分配罢了。

在美国烟草行业，广告最重要的作用就是让消费者更换品牌。在这种行业中，是否打广告的决策，对个别公司来说无异于囚徒困境。表 11-2 列出了两家烟草公司在四种决策组合下所得的利润。要是两家公司都做广告，每家公司仅能获得利润 250（右下格）；而要是都不做广告，则可得利润 500（左上格）。很明显，两家公司都不做广告比都做广告更好。

表 11-2　　　　　　　　　　广告的囚徒困境

		公司 1	
		不打广告	打广告
公司 2	不打广告	$\Pi_1=500$ $\Pi_2=500$	$\Pi_1=750$ $\Pi_2=0$
	打广告	$\Pi_1=0$ $\Pi_2=750$	$\Pi_1=250$ $\Pi_2=250$

注：倘若广告的主要效果是让用户换品牌，那么占优战略就是使劲打广告（右下格），尽管从整体上来看，不打广告对各家公司更有利（左上角）。

不过，请各位注意个别公司的动机。公司 1 看出，要是公司 2 不打广告，自己打广告可以挣得更高的利润（750）。公司 1 还看出，要是公司 2 打广告，自己打广告（利润 250）还是好过不打广告（利润为 0）。因此，对公司 1 来说，占优策略是打广告。由于得失是对称的，公司 2 的占优策略也是打广告。于是我们再次碰到了这样的情况：从单个公司角度看来是合理的做法，各家公司一起做的话，却让它们整体陷入更糟糕的境地。

1971 年 1 月 1 日，美国国会通过法律禁止烟草公司在电视上打广告，并声称这能保护人们不受广告信息的怂恿，消费有害人体健康的产品。表面上看，美国烟民比例自此以后大幅下降,足可证明该法律达到了部分目的。但它还带来了另外一项无意识后果——暂时性地解决了美国烟草商面临的囚徒困境局面。法律生效前一年,烟草商每年的广告费高达3亿美元,随后一年则不到7 000万美元,相差的部分基本上转变成了整个行业的更高利润。故此,广告禁令反倒为烟草商们成就了一桩美事——有效地限制了广告军备竞赛。可在接下来的日子里,竞争压力驱使烟草商们再度把钱投向仍然合法的广告途径,在无益的活动中销蚀其利润。

纳什均衡概念

要是博弈双方存在占优策略(如囚徒困境),那么,当它们同时使用该占优策略时,博弈达到均衡。但许多博弈并不是每一个局中人都存在占优策略。我们可以对前述广告博弈稍做调整,如表11-3中所示。不管公司2怎么做,公司1最好都打广告,所以打广告是公司1的占优策略。但假设公司2的情况并非如此。要是公司1打广告,公司2的最佳对应方式是也打广告。要是公司1不打广告,公司2的最佳对应方式是也不打广告。此时,公司2的最佳策略取决于公司1选择的特定策略。

表11-3　　　　　　　　公司2没有占优策略时的博弈

		公司1	
		不打广告	打广告
公司2	不打广告	$\Pi_1=500$ $\Pi_2=400$	$\Pi_1=750$ $\Pi_2=100$
	打广告	$\Pi_1=200$ $\Pi_2=0$	$\Pi_1=750$ $\Pi_2=200$

注:公司1的占优策略是打广告。公司2没有占优策略。要是公司1打广告,公司2最好是也打广告;要是公司1不打广告,公司2最好也不打。

尽管这一博弈中公司2没有占优策略，但我们仍可以大概预测出事态走向。公司2预测到公司1必然打广告，因为这是后者的占优策略。既然公司2知道这一点，那么它也知道自己的最佳策略只能是打广告。在这一博弈中，右下格所反映的就叫作纳什均衡，它指的是这样一种策略组合：在给定其他人策略的条件下，每个局中人选择自己的最优策略。因此，在纳什均衡状态下，任何一方均无动机改变自己当前的策略。请注意，在囚徒困境中，各方局中人选择自己的占优策略，最后得到纳什均衡。然而，诚如我们所见，纳什均衡并不要求各方局中人都存在占优策略。

要判断特定策略组合是否包含纳什均衡，最好的办法就是看各方局中人是否有理由选择不同策略。我们以表11-3左上格的策略组合为例，局中人是否有理由选择不同策略呢？

公司2想离开左上格，唯一的选项就是去左下格。可左下格的利润（0）比左上格（400）要低，它肯定不愿换位置。

同样道理，公司1从左上格出发，唯一的选项就是挪到右上格去。既然右上格的利润（750）比左上格（500）高，它肯定愿意换地方。也就是说，如果我们的出发点在左上格，至少有一方局中人（公司1）想要改变策略，那么，左上格并不是纳什均衡状态。

让我们再来看看表11-3中右下格的情况。公司2只能选择移动到右上格，而右上格的利润（100）比右下格（200）低，所以它不愿意动。公司1只能移到左下格，而左下格的利润（200）比右下格（300）低，它也不愿意换。既然表11-3中两家公司都不愿移出右下格，那么右下格策略组合满足纳什均衡的定义。

最大最小策略

从表 11-3 中我们看到，倘若公司 1 遵循打广告的占优策略，公司 2 最好也打广告。因此，假设公司 2 相信公司 1 会依据理性行事，则公司 2 的最优选项就是打广告。但公司 2 或许并不确定公司 1 会按理性做出选择。这样的话，公司 2 兴许想要至少考虑一下公司 1 选择不打广告的可能性。如果公司 1 真的不打广告，公司 2 又打了广告，后者所得利润为 0，远逊于公司 2 不打广告时可得的利润 400。

要是公司 2 自己不存在占优策略，又不确定公司 1 会做出怎样的选择，它应该怎么做呢？答案取决于它对公司 1 的选择的可能性评估，以及这些选择对它自己的得失会造成怎样的影响。在这样的情况下，我们很难预测公司 2 到底会怎么做。

然而，假设公司 2 在碰到这种不确定时，采取的是一种极端保守的方法。那么，它可能会选择以下这种最大最小策略，即选择能使自己最小收益最大化的做法。还是回头看表 11-3，倘若公司 2 选择不打广告，它的最低收益是 100（公司 1 打广告的时候）。而要是公司 2 选择打广告，则最低收益是 0（公司 1 不打广告的时候）。那么，要是我们知道公司 2 在这种情况下会遵循最大最小策略，则可预测它将选择不打广告。

多轮囚徒困境博弈

到目前为止，我们所讨论的博弈只包括两名局中人，但这种博弈可以轻易扩展到包含多名局中人的情况。比如，在多人囚徒困境中，可选的策略仍旧是合作与背叛，背叛依然是所有局中人的占优策略。博弈的预设条件也一样：当所有局中人合作时，所得收益比所有人背叛时更高。

说囚徒困境中不合作的成本高，也就是说人们有着强烈的经济动机要想办法一起保住合作协议。合作协议的潜在参与者需要一种能够惩罚背叛者的机制，使得失信不合乎其物质利益。要是囚徒困境中的各方只博弈一次，要做到这一点是很难的。倘若参与者希望在未来多次接触，新的可能性就出现了。

20世纪60年代进行的实验研究找出了一种能行之有效地控制背叛行为的策略。这种策略叫作"以牙还牙"，具体内容：你跟某人第一轮接触时，选择合作；而在随后的每一轮博弈中，对方前一轮怎么做，你就怎么做。这样一来，要是对方第一轮背叛了你，你下一轮也背叛他。如果他之后改为合作，那再下一次你也合作。

研究人员把"以牙还牙"叫作"好人"策略，因为局中人在第一轮接触时采取的是合作态度。如果两名采取"以牙还牙"策略的局中人长期接触，其结果是他们每一回合都互相合作。然而，"以牙还牙"也是一种"强硬"策略，因为采取者时刻准备在下一轮惩罚背叛者。最后，它还是一种"宽恕"策略，因为只要从前的背叛者表现出合作的意愿，则采取此种策略的局中人也愿意与之合作。

密歇根大学的政治学家罗伯特·埃克斯罗德（Robert Axelrod）进行了深入的研究，分析以牙还牙策略在多轮囚徒困境博弈中对其他策略的效果。一开始，埃克斯罗德用计算机做了模拟，发现以牙还牙是最为成功的策略，因为平均起来，遵循这一策略的人所得比采用其他各种策略的人都更多。埃克斯罗德发表了自己的研究结果，并邀请全世界的专家设计更好的策略。他的挑战招来了好些设计巧妙的回应。然而，埃克斯罗德发现，即便是这些存心要击败以牙还牙的策略，最终也没法跟它抗衡。

以牙还牙的成功需要稳定的参与者，每个人都记得其他人在从前接触中的所作所为。它还需要参与者对未来发生的事情心存忌惮，因为人们不选择背

叛的唯一原因，不过是害怕对方报复。 只要满足了这些条件，合作者就能识别出彼此，共同排挤背叛者。

人们在交往的很多时候都要与人反复打交道，大多数人都记得其他人曾经怎样对待自己。这就满足了以牙还牙策略所需的条件。埃克斯罗德收集了大量有力的证据，说明它们有助于解释人类的实际行为方式。其中最生动的例子，大概要数第一次世界大战堑壕战期间的"我活人亦活"规则。在很多战场，两军趴在战壕里对垒的时间长达数年，他们势均力敌，都不可能很快击溃对方。于是，他们眼前出现了两种选择：要么狠狠地打，双方都承受惨重伤亡；要么索性互相放水。

历史学家托尼·阿什沃（Tony Ashworth）在著作中描述的堑壕战的情况，与以牙还牙策略成功所需的条件十分类似。局中人的身份多多少少是稳定的，彼此之间要进行多轮接触，在较长时期内每天都要碰头好几次。每一方都能轻易判断对方什么时候打算背叛，每一方都希望将未来的损失维持在最低限度。

毫无疑问，第一次世界大战协约国军队与德军对垒时，双方都选择了以牙还牙策略。尽管官方三令五申，放水却屡禁不止。阿什沃在描述战壕外巡逻的夜班岗哨时这样写道：

> 巡逻的英国人和德国人达成了默契，要是出现碰面的机会，两边都不应发起进攻，而是掉头装作没看见对方。倘若上级要求发动进攻，则两方的哨兵应当装装样子，放过彼此；当然，他们会预先约定好手势，一方开火，另一方也开火。

当年的一位战争亲历者则这么说：

> 在一处土墩附近，我们突然碰到了一个德国哨兵……我们仅隔着20米，彼此完全看得见。我无奈地挥了挥手，好像是在说，打来

杀去到底有什么意义？德国兵似乎明白了我的意思，双方都掉过头，退回了自己的战壕。

很多时候，轰炸仅限于一天当中的特定时段，而且会避开对方最脆弱的位置。比如，进餐时间和医疗帐篷往往不在轰炸之列。

埃克斯罗德讨论的情形，不仅有助于解释人们什么时候会合作，还说明人们什么时候最可能终止合作。比如，他注意到，当战争结束指日可待时，堑壕战中互相放水的行为就越来越少了。

战场上如此，商场中同样如此。埃克斯罗德认为，公司按时支付账单，不仅因为这么做是应该的，更因为公司以后还需要跟同一家供货商合作。倘若将来再接触的机会比较渺茫，这一合作趋势很容易中断："企业快倒闭的时候，会把自己的应收账款以极低的折扣卖给收债公司，因为一旦公司撑不下去了，它最好的客户也会赖账，抱怨质量有问题、不符合规格、交货拖拉，诸如此类。持续的关系往来（你会跟这位客户或这家供货商继续做生意）是维持商业信誉的最有力的工具。一旦公司破产，就丧失了这种自动强化机制，哪怕是铁腕收债公司也很难解决问题。"

以牙还牙策略成功还有一个额外要求，就是将来接触的次数不能是已知的、固定的。 诚然，要是局中人知道彼此会打多少次交道，那么每一轮的相互合作就无法达到纳什均衡。原因如下：假设每家公司都知道自己还要跟对方做1 000回生意，也知道对方在最后一轮接触中必定会背叛自己，因为那时已没有机会再惩罚它。既然每家公司都知道这一点，在第999回接触时也就没理由不背叛。毕竟，不管前面一轮怎么做，第1 000回打交道时都会出现背叛行为。依照同样的道理，我们可以一直倒推回第1回接触，彻底破坏以牙还牙策略的立足基础。

要是交往次数不定，就不会出现上述问题。假设局中人总是存在将来再度打交道的可能性，那么各方均无法确认到底哪一次接触是最后一回。这就意味着，要是这一回背叛的话，迟早会遭到惩罚。从大多数公司的经营条件（前文所说公司破产的情况除外）来看，最好还是假定将来总有接触的可能性为妙。

那么，以牙还牙策略是否必然会使得各公司之间形成广泛合作呢？不可能。难点在于以牙还牙策略只在博弈中有双方局中人的时候生效。竞争或垄断性竞争行业一般存在多家公司，哪怕是寡占市场，也经常有好几家寡头。既然企业数量在两家以上，一家公司在这一时期有了背叛行为，合作者在下一时期应该如何有选择性地惩罚这家背叛企业呢？削价？这会惩罚所有人，不仅仅是背叛者受害。就算某个行业真的只有两家公司，问题依然存在：总有别的企业可能涉足这一行。所以，潜在的合作者不仅要担心彼此，还要考虑打算与之竞争的所有公司。所有的公司恐怕都会把这看成是一桩不可完成的任务，并选择即刻背叛，期望至少在短期内尝到一点利润。

在下一节，我们将更深入地探讨一下潜在进入者的威胁问题。就现阶段而言，我们只需注意到这样一点：历史中频繁出现卡特尔协议或其他形式的合作，但它们一般极不稳定。显然，在现实环境中执行以牙还牙策略时出现的实际问题，使企业很难长久维持合作约定。

序贯博弈

前文讨论的博弈，双方局中人必须同时选择所用策略。各方必须在只知道对手动机的前提下选择自己的策略，但并不知道对手实际会采用什么策略。可许多博弈都是一方先采取行动，也就是说，其他人在选择自身策略时，完全知悉前者的举动。美苏的冷战对峙大致吻合此一描述。

当时，两国的军事策略均以共同毁灭原则（Mutually Assured Destruction，以下简称MAD）为基础。MAD背后的理念很简单：双方的核弹储备量均足以在对方发动首轮攻击后进行报复。按照MAD理论，对方反击带来的毁灭性后果，彻底断绝了双方率先发动攻击的念头。

在某些人眼里，两国均不曾率先发动攻击的事实，就是MAD发挥了作用的证据。然而，这一策略存在一个明显的逻辑漏洞，暗示了两国互相克制另有原因。让我们来看一看到底是怎么回事。假设你是美国总统，刚刚得知苏联率先发动了攻击。这时，你知道MAD业已宣告失败。无论如何，核战争的威胁并未阻止苏联发动首轮攻击。你现在应该下令还击吗？你意识到，这么做只会增加世界毁灭的概率。诚然，美国的利益因为苏联的攻击遭受了可怕的损失。可在那时，反击只会带来进一步的损失。

故此，MAD的逻辑难点在于，美苏双方都非常清楚，一旦率先攻击已成事实，报复就不再符合对方的利益。既然双方都知道这一点，反击的威胁就完全丧失了牵制力量。

至少从理论上来看是这么回事。有可能双方都害怕对方在遭到攻击后做出不理性的还击，所以才没敢动手（对美苏两国第二次大战后的领导人做一番回顾，可为这一说法提供一定的可信性）。姑且不论MAD到底是不是有效的防御策略，它都确实存在明显的漏洞。利用揭示出这一漏洞的逻辑，我们还可以找出一个简单的补救办法：安装一台所谓的"毁灭机"——一种防篡改的机制，一旦遭到对方攻击，就自动报复。只要双方都知道对方拥有这种机制，MAD就完善了，首先发动攻击的事情也就真正没人敢想了。

经济学家怎样分析序贯博弈呢？假设苏联正在考虑要不要对美国发动核攻击。这一决策可以用图11-1的"博弈树"来表示。倘若第一轮是由苏联率先行动，那么博弈自 A 点始。博弈树的头两处分叉分别代表苏联发动攻击和不发动攻击。如果它攻击,则美国位于博弈树顶端分叉的 B 点。此时美国必须决定自己要不要还击。如果美国还击,则我们在 D 点结束,两国各得 -100 的收益。如果美国不还击,则我们在 E 点结束,苏联得收益 100,美国得 -50(收益的单位任选。这里我们使用的数值只是为了反映两国对不同结果的假想估价)。博弈树的下半部分代表苏联不发动攻击的情况。倘若苏联不发动攻击,则美国的位置在 C 点,它同样需要判断是否对苏联发起攻击。为便于讨论,假设两国各自的收益分别如博弈树末梢的 F 和 G 点所示。根据博弈树上四种可能结果的假想得失,苏联可以分析出美国在上述情况下会怎么做。要是苏联攻击(B 点),美国的最佳选项是不还击(E 点)。倘若苏联不攻击(C 点),美国的最佳选项同样是不攻击(G 点)。因此,苏联知道,倘若美国追求收益最大化,则苏联攻击,博弈在 E 点结束;不攻击则在 G 点结束。又因为苏联在 E 点的收益更高,那么它的最佳选择是发动攻击。美国或许会以还击做威胁,但只要对手相信它的所作所为无非是为了收益最大化,那么这种威胁就欠缺可信度。

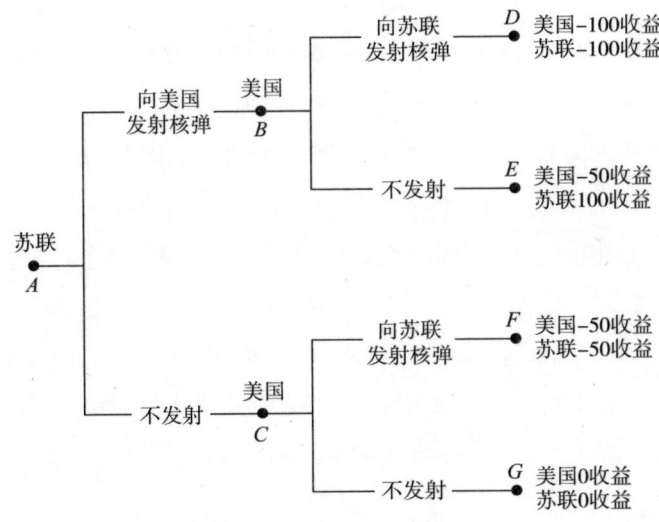

图 11-1 核攻击的序贯博弈

现在假设美国安装了"毁灭机"——一种在苏联发动攻击时能自动还击的机制,其作用是消除图 11-1 博弈树顶端分叉的下半部分。此时,苏联知道,只要自己发动攻击,则博弈必将会在 D 点结束,自己的收益是 -100。既然这一结果比不发动攻击时(G 点)要差,那么苏联的最佳选项是把导弹原封不动地架在发射台上。

 为什么公司有时会做一笔明知永远也用不着的投资?

芝加哥的希尔斯大厦是目前美国最高的建筑。这个头衔给大厦带来了特殊的声誉,使得业主可以收取比其他同类写字楼更高的租金。现在,X 公司正在考虑要不要修一栋更高的大厦。假设它知道,任何对最高建筑拥有永久所有权的企业,都能获得一大笔经济利润。自然,它担心的是希尔斯(或者其他哪家公司)会不会再修一座更高的建筑,大幅减少 X 公司的收益。

希尔斯和 X 公司都意识到,它们在参与一场序贯博弈,如图 11-2 所示。博弈始于 A 点,X 公司必须判断要不要修一座更高的建筑。如果它不修,希尔斯得 100 的收益,X 的收益为 0。倘若 X 公司要修,则博弈进入 B 点,此时希尔斯必须判断自己是再修一栋更高的大楼,还是袖手旁观。假设希尔斯决定再修,则它的收益是 30,X 公司的收益是 -50;如果希尔斯决定不修,它的收益是 40,X 公司是 60。希尔斯自然希望 X 公司一开始就别修。它甚至可以宣布,要是 X 敢插一脚,自己就再修一栋更高的大楼。只要 X 公司知道希尔斯面临的收益,它可以得出结论:一旦 X 公司进入这个市场,希尔斯的最佳选项是不修。此一序贯博弈的纳什均衡点是 E,即 X 进入市场,希尔斯坐视不理。

11 不完全竞争

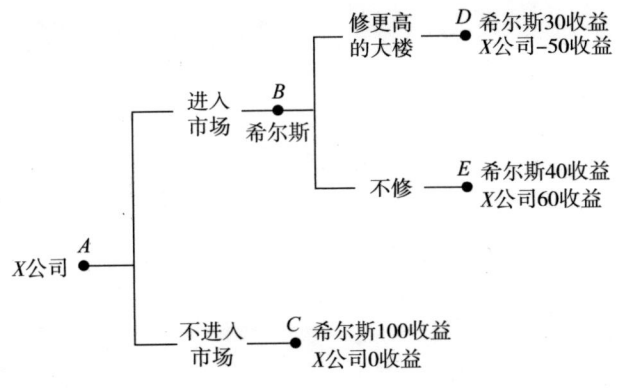

图 11-2 修建更高大楼的决策

现在假设希尔斯最初修建大厦的时候，可以在楼顶修一座平台，把大楼弄得更高。修建平台要耗费 10 单位的成本，但以后就不用再花 20 单位的成本新修更高的大厦。倘若希尔斯修了这一平台，它和 X 公司之间的序贯博弈就变成图 11-3 所示。现在，希尔斯在 D 点的收益是 40（费了 10 个单位成本修平台，但节约了修大厦的 20 个单位成本）。它在 C 点和 E 点的收益，比图 11-2 中各少 10 单位（修平台所用的成本）。尽管收益上的变化数量并不大，但平台的存在能戏剧性地改变博弈的结果。这一回，X 公司可以预测到，要是它动手修建最高的大楼，希尔斯肯定要加盖现有大楼，于是 X 公司的收益为 –50。这样一来，X 公司会发现，进入这一市场并不值得，于是博弈在 C 点结束。希尔斯在 C 点的收益是 90（也即最初的 100，减去修平台所用的 10 单位成本）。因此，对平台的 10 单位投资，为希尔斯增加了 50 单位的净收益（有了平台所得的 90 单位收益对比没有平台所得的 40 单位收益）。

本例中讨论的平台投资在经济学上叫作"**战略性进入遏制**"。这种投资能够发挥作用，是因为它们改变了潜在对手对以下情形的心理期待：一旦目标公司的市场位置受到威胁，它会做出怎样的回应。

213

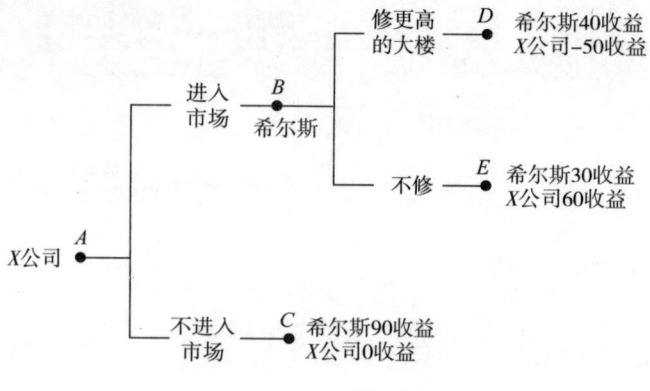

图 11-3　战略性进入遏制

为什么公司会修建成本极高的大工厂？

一般来说，大型生产设备比小型生产设备固定成本高而边际成本低。所以上述问题可以换个说法：为什么修一家边际成本极低，但总成本又高于小工厂的大工厂，符合企业的利益？

也许这是因为较大的工厂构成了一个战略进入遏制的例子。如果潜在的进入者知道已进入市场的企业拥有极低的边际成本，一定会做出这样的预料：已进入市场的企业会大幅降价，让新进入者赚不到利润，从而保住自己的市场地位。这样的话，竞争对手就没道理进入这个市场了。反过来说，由于缺乏竞争者，已进入市场的企业可以索取一个高得足以涵盖大型工厂固定成本的价格。

11 不完全竞争

为什么如今大多数城市的杂货店比 20 世纪 30 年代时少得多？为什么纽约市居民区的杂货店比洛杉矶市的多？

杂货零售业和其他零售形式一样，以规模经济为特征。因此，通常会在直接生产成本和运输成本之间进行权衡。在整个 20 世纪，私人汽车拥有率的变化，影响着美国杂货店的开业规模和位置。20 世纪 20 年代，大多数家庭都没有车，只能走路去购物。如果杂货店保持理想的数量，那么这意味着单位运输成本会很高。如今基本上家家户户都有车，人们得以尽量利用大规模杂货店的低价优势。但纽约曼哈顿是个例外。即便在今天，大多数曼哈顿居民也没有车。而且，曼哈顿的人口密度极高。两相结合，使得绝大多数曼哈顿居民只需走上两个街区就能找到杂货店。洛杉矶的总人口虽然也很多，但分散在较大的区域，大多数家庭至少有一辆车。因此，较之纽约，洛杉矶的杂货店规模大，位置远。

霍特林模型

哈罗德·霍特林（Harold Hotelling）在探讨垄断竞争空间模型的奠基之作中，举了两个热狗卖家沿着海滩设摊位的问题。假设海滩长 1 公里，两端均有界线。再假设两个卖家的价格一样，顾客们沿海滩平均分布，并且只从靠得最近的卖家处购买热狗。倘若卖家以卖出尽量多的热狗为目标，他们的摊位应该分别设在什么位置？

倘若如图 11-4 所示，甲卖家站在 A 点，乙卖家站在 B 点，A 和 B 均离海

215

滩的中点 C 有 1/4 公里。以这样的安排，所有在 C 点左边的顾客离甲卖家最近，会从甲那儿买热狗；所有在 C 点右边的顾客则离乙卖家最近，会从乙那儿买热狗。于是两个卖家各得一半的市场。顾客要走的最远单向距离是 1/4 公里，顾客与最近卖家之间的平均单向距离是这个数字的一半，即 1/8 公里。

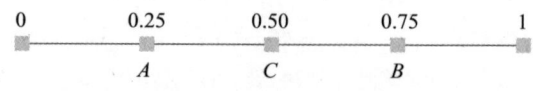

图 11-4　热狗卖家摊位问题

注：　热狗卖家把自己的摊位设在海滩中央，收益最好，尽管这个位置并不能使顾客必须走的平均距离达到最小值。

　　有数学头脑的读者可以算出，A 与 B 这两个位置实际上使得所有顾客走的平均距离达到了最小值。然而，从单个卖家的角度来看，这两个位置显然并非最优。要想知道为什么，我们可以假设甲卖家朝着 B 的方向挪 10 步。C 点左边的顾客继续找他买热狗，因为离他们最近的还是甲卖家。此时，C 右边 5 步以内的顾客——以前离乙卖家最近的人突然发现，甲卖家离自己更近，该找他买热狗。继续朝右挪，甲卖家的销售量还能进一步提高。因此，甲卖家在靠近海滩中央，且离乙卖家尽量近的时候，销售量能达到最大值。

　　当然，出于同样道理，乙卖家的策略是完全对称的：他会朝着海滩中央挪，直到靠甲卖家最近。一旦两个卖家都这样做，唯一稳定的结果是他们的摊点都设在 C，即海滩的中点。在 C 点，他们每人各得一半的市场，和先前一样。此时顾客必须走的平均距离变成了 1/4 公里，较先前甲乙卖家分别在 A 和 B 点的时候远了一倍。

　　故此，两个卖家都在海滩中央，从顾客的角度来讲并非最优值，可任一卖家的单向移动，都不会给他带来更好的结果。因此，热狗卖家的摊位问题，并不符合亚当·斯密的看不见的手指引资源分配、使之符合所有人的最大利益一说。

消费者偏好与广告

在完全竞争的市场，公司给产品打广告是得不偿失的。同样的产品有多家公司生产，公司再打广告，也只能吸引少量顾客，不足以带动需求量的上涨。可在垄断竞争市场和寡头市场，企业的动机就完全不同了。由于产品各有区别，公司往往可以通过广告，大幅提高需求量。

广告是怎样影响市场分配资源的效率呢？按照理性选择理论的描述，生产者在本质上是消费者的代理人。**消费者用购买力投票，生产者则迅速按照其吩咐办事。**这样的描述叫作"传统序列"。哈佛大学已故的经济学家约翰·加尔布雷思（John Galbraith）对其大加批判。他提出了一个相反的序列，认为坐在驾驶席上的是生产者，而非消费者。企业判断哪种产品最便宜，又最便于生产，然后使用广告和其他促销机制为此类产品创造需求。

加尔布雷思的修正序列从全新的角度重塑了亚当·斯密的看不见的手。斯密认为，生产者完全出于自利的目的，提供最能满足消费者欲望的产品。不这么做的人无法吸引消费者，最终会退出市场。然而，要是加尔布雷思是对的，故事就该掉个个儿：是麦迪逊大道（美国广告公司最集中的一条街）上那些超有形的手引导着消费者，使之迎合大企业的利益。

加尔布雷思的修正序列并非全无吸引力。比如，许多人听到经济学家说，广告的目的是让消费者获得更多的信息，都持怀疑的态度。毕竟，这确实并非广告的本意。牛奶胡子[①]显然无助于我们对牛奶营养价值有什么更深入的了解。

除去广告信息那些显而易见的噱头，加尔布雷思的看法忽视了一点基本的东西：卖好的产品怎么也比卖差的产品容易。所有的广告无非是希望诱使消

[①] 加州牛奶加工委员会在20世纪90年代初进行的一场大规模牛奶广告战役，邀请了美国各界明星代言牛奶。这些明星的嘴唇上都有一抹牛奶小胡子，成为这次活动的经典标志。——译者注

费者使用该产品。倘若消费者试用后喜欢它，就可能反复购买，甚至还会推荐给朋友。要是消费者不喜欢，整个过程就到此为止了。哪怕一家公司能成功地引诱所有人尝试使用自己的产品，也无法获得足够的利润长期维持生意。

假设有两种产品：一种能满足人们的真正需求，但造价昂贵；另一种并不能满足人们的真正需求，但成本较低。贪求利润的生产者会给哪一种产品使劲打广告呢？考虑到回头客和口碑宣传的重要性，第一种产品往往更富吸引力，利润也更丰厚。生产成本高不会阻止消费者购买它，除非它额外的好处值不了那个价。

新产品上架前要进行大量的市场测试，生产者要花数百万美元分析受试者对该产品的反应。大部分测试产品从来没真正投放市场。只有当公司掌握了切实的证据，证明产品有可能获得消费者的接受时，它才敢拿出几百万美元，开始大范围的全国广告宣传活动。

不承认这一事实的公司大多会付出惨重的代价。举例来说，莲花公司（Lotus）曾花了1 000万美元宣传自己为苹果麦金塔操作系统设计的Jazz电子表格程序。事前，公司其实早就知道，这套程序缺少许多用户必需的关键特性。莲花公司的广告打得精彩异常，而且也卖出了相当多的程序——从这个角度而言，广告活动无疑取得了成功。然而，Jazz软件的主要竞争对手，另一种好得多的产品——微软公司的Excel，却只用了很少的广告费，就迅速占据了市场。

我们最好把广告和其他劝诱消费者的努力看作是水泵启动注水过程的一部分。由于成本高昂，唯有宣传消费者最有可能反复购买、向朋友大力推荐的产品才划算。证据表明，大多数公司完全是依照这一策略行事的。冷冻食品商给美味的外国菜打广告，而不是普通鸡肉派；出版商给有望畅销的图书打广告，而不是吸引力欠佳的作品；电影公司大费功夫吹捧它们拍摄的"大制作"，而不是低成本的小众片。

既然生产者有理由只宣传消费者最有可能觉得满意的产品，那么，所谓的传统序列比加尔布雷思和其他批评家的观点更合理。当然，倘若参与竞争的产品之间的质量差异不大，广告宣传有可能对消费者选择哪个品牌造成巨大影响。大致而言，我们最好还是假设消费者对自己喜欢什么有着明确的看法，而生产者想方设法去迎合他们的需求。不过，这并不是说，市场动机能使广告投入量达到最适合社会需求的程度。诚如本章先前所说，商业对手之间的战略竞争，经常会使企业投入过多的广告费。

12
劳动力要素

1931年，纽约扬基队的强击手贝比·鲁斯（Babe Ruth）是当时棒球界收入最高的运动员，年薪85 000美元。有人问他，薪水拿得比在任总统赫伯特·胡佛还高，不知有何感想。鲁斯带着一贯的傲气回答说，自己值这个价。"我去年的表现可比胡佛好多了。"他解释说。

然而，生产力差异很多时候并不足以解释工人之间的收入差距。比如，员工在公立和私营部门之间流动是非常普遍的现象。通过观察，我们可以看出，生产力极高的人，在公立部门的收入总是少得多。美联储前主席格林斯潘尽管执掌着最重要的部门，收入却不到他当年在华尔街的十分之一。

为什么人们愿意在薪水方面做出巨大牺牲，接受政府的高层职位呢？据大家说，官员这种工作的吸引力在于权势大，又有极高的公众关注度。格林斯潘现在是一家咨询公司的老总，收入再度变成在美联储任职时的几十倍，可他的日常决策再也不能影响到数百万人的生计。热心倾听他的观点和主张的听众，一夜之间烟消云散。格林斯潘出任美联储主席，接受由此而来的薪资锐减，是因为这一职位蕴含着其他雇主无法提供的巨大好处。所有这一切，对他构成了足够的吸引力。

公众关注度高的职位不一定总牵扯到薪资打折。纽约扬基队的三垒手埃里克斯·罗德里格兹（Alex Rodriguez）一年至少有六个月天天都出现在新闻里。毫无疑问，他的看法总有热心听众，而且他的年收入高达 2 500 万美元，显然不存在什么经济上的牺牲。许许多多的人，包括我，宁愿少拿点钱去打罗德里格兹那份工。其实，就连罗德里格兹自己也肯定愿意只拿维持最低生活水平的工资，而不愿到某个默默无闻的私营企业去当一辈子无名氏。

罗德里格兹的天价薪水是两大重要因素共同作用的结果：（1）他能做一些我们其余人做不了的可贵之事；（2）能为罗德里格兹在聚光灯下谋个职位的雇主不止一个。请注意，适用于格林斯潘的因素只有第一个。要是你想做美联储的主席，那么就只能为美联储效力。可要是你想到棒球大联盟当个投手，至少有 30 支球队可以为你掏腰包。就罗德里格兹而言，要是扬基队不愿给他那么高的薪水，自然有其他好些球队愿意慷慨解囊。数以万计的球迷来到体育场，就为了一睹棒球界最佳选手的风采。扬基队的管理层当然知道，雇我比雇罗德里格兹的钱少得多。可他们也知道，就算我全免费，把宝押在我身上也半点儿不值。

完全竞争企业的短期劳动力需求

假设一家企业生产要使用两种投入，资本（K）和劳动力（L）。资本在短期内是固定的。倘若公司在一个完全竞争的市场以现行市场价格销售所有产出，并能以每小时 12 美元的工资雇用任意数量的劳动力，则它应该雇用多少个单位的劳动力？

要是这家企业的管理者像经济学家那样思考，他会做如下推理："雇用一

12 劳动力要素

个单位的额外劳动力的好处，是我可以卖出由此获得的额外产出。我付出的成本是工资率。因此，只要卖掉产出所得超过成本，我就应该雇用额外的劳动力。然而，要是成本超过了所得，我就应该减少雇用的劳动力。"

这一推理过程可以画成一幅简单的规则图。图12-1（a）表现的是资本固定时劳动力投入的边际产量曲线。边际产量曲线告诉我们，公司雇用一个单位的额外劳动力，能获得多少额外产出。比如，公司雇用了40个单位的劳动力，再雇用一个单位的额外劳动力，可得8单位的产出。边际产量曲线的下斜，反映了收益递减。

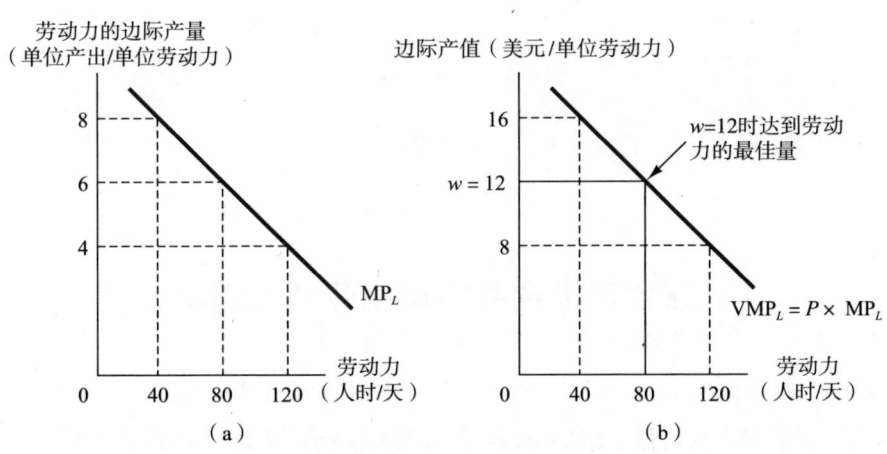

图 12-1 竞争企业对劳动力的短期需求

图12-1（b）是把边际产量曲线乘以产出价格，此时$P=2$美元。产出价格和边际产量之积，$P \times MPL$，叫作劳动力边际产值，以$VMPL$表示，指的是公司销售额外劳动力生产出的额外产量所得的额外收入。**企业的雇佣规则是所选劳动力数量恰好使得工资率与$VMPL$相等**。因此，在图12-1（b）中，规则告诉我们，工资率等于12美元时，企业应该雇用80个单位的劳动力。

为阐释这一规则的逻辑，假设企业只雇用了40个单位的劳动力。此时，额外一个工人的额外产出价值（16美元）大于雇用工人的成本（12美元），所以公司雇用更多工人，可以提高利润。反过来看，要是公司雇用了120个单位的劳动力。$L=120$ 的 VMP_L 仅为8美元，低于12美元的工资率，此时，公司裁减工人可以提高利润。唯有当 $L=80$ 时，公司无法采取其他额外举措来提高其利润。[①] 图 12-1（a）是为 $MPL=10-(1/20)L$ 所绘。当 $P=2$ 时，劳动力的边际产值如图 12-1（b）所示，为：

$$VMP_L = P(MP_L) = 2(10-1/20L) = 20-1/10L$$

若工资 $w=12$，那么这家公司需要的劳动力数量为：

$$w = VMP_L,$$

即 $12 = 20-1/10L$，得 $8 = 1/10L$，解出 $L=80$。

完全竞争企业的长期劳动力需求

在短期内，企业应对工资率下调的唯一方式就是聘用更多工人。从长期来看，所有投入均可变。诚如我们在前文所见，劳动力价格的下降会让企业用资本替代劳动力，进一步削减边际成本。等成本降低后，产量再度扩大。由此我们可以得出结论，工资率的变化给企业雇佣造成的长期影响大于短期影响。长短期劳动力需求曲线的关系如图 12-2 所示。

---

① 应用 $w=VMP_L$ 规则时有一项重要的限制条件。假设工资率高于劳动力的平均产值，即价格与劳动力平均产量之乘积，用 VAP_L 代表。若公司支付的工资高于 VAP_L，则工资总量会高于工人的总产值，也就意味着它雇用的每一名工人都是亏钱的。故此，若 w 值高于 VAP_L，完全竞争企业不需要劳动力。

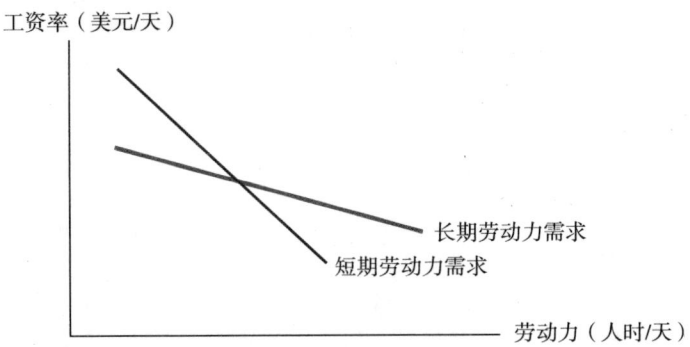

图 12-2　长短期劳动力需求曲线

产品需求的弹性越大，往往企业的劳动力需求弹性越大。倘若价格下降带动产品需求量的大增，同样也会带动对劳动力（生产产品所需）的需求。最后，企业越是有能力以其他投入替代劳动力的服务，对劳动力的需求弹性越大。

劳动力的市场需求曲线

要得出市场对一种产品的需求曲线，只需把个别消费者的需求曲线进行水平相加。劳动力的市场需求曲线，求解方法也差不多，只是有一点重要区别。图 12-3 中，标示为 $\sum \text{VMP}L$，$P=P1$ 的曲线是当产出价格等于 $P1$ 时，个别 VMPL 曲线的水平和。在该产出价值时，当工资率等于 $w1$，则所有企业每一时期需要 $L1$ 单位的劳动力。现在，假设工资率跌到了 $w2$。每家公司都聘用了更多的劳动力，此时它们顺着各自的劳动力需求曲线往下走。由于每一家公司都采取了这种应对方式，市场上出现了更多待售的产品。在竞争市场上，单独一家公司这么做，不会影响产品的价格。一旦所有公司都这么做，整个行业的产品需求曲线就会出现下斜。

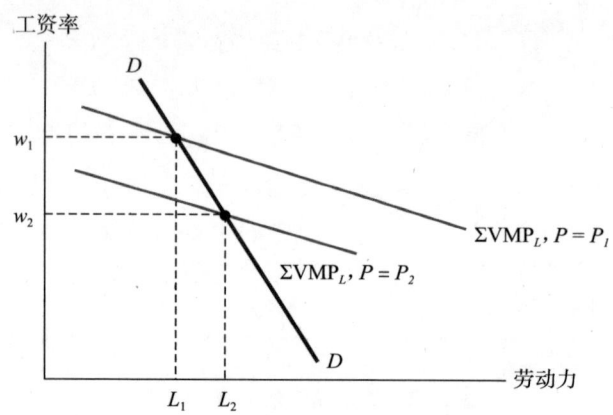

图 12-3 劳动力的市场需求曲线

产量增加必然会造成产品价格的降低。这反过来使得每家公司的 VMPL 曲线下降。倘若产品价格从 $P1$ 跌到 $P2$，则市场的劳动力总需求量为 $\sum$ VMPL，$P=P2$ 曲线上对应 $w2$ 的一点。按照这样的道理，我们可以看出，市场的劳动力需求曲线（图中标为 DD 的曲线）比 VMPL 曲线的水平和更为陡峭。

前述讨论隐含的假设是，劳动力只有一种，并全都为单一竞争行业所雇用。当然，现实世界的情况要复杂得多。劳动力的种类几乎数不清——木匠、电工、物理学家、律师、中学教师，等等。任何一种劳动力都能在许多不同的行业找到就业机会。随便举个例子，电工可以在住宅、汽车、商业办公大楼、钢铁、电脑和捕鱼业效力。因此，电工的市场需求曲线由多个行业多家公司的个别需求所构成。

假设电工在各行业企业中的工资，仅占这些行业各自总成本的极小一部分，比如 0.1%。那么，电工工资的微小变动，假设是 10%，只会给各行业总成本带来一点难以察觉的变化——用上面的数据来算，就是 0.01% 而已，所以对各行业产品的价格也没有什么影响。在这样的条件下，电工的需求相当接近不同企业需求曲线的水平和，图 12-3 中讨论的复杂情况可忽略不计。

非完全竞争企业的劳动力需求

我们在讨论劳动力需求时,假定企业的产品有着完全弹性的需求。额外工人生产的额外产出,可以按与现有产出相同的价格卖掉。对非完全竞争企业来说,情况就不是这样了。这些企业有着下斜的需求曲线,要是他们雇用额外的工人,必须削价才能卖出额外的产品。

我们在前面看到,对充分竞争企业来说,雇用额外一名工人所得的额外产出之价值,是价格与劳动力边际产量之积。反之,对非充分竞争企业来说,它是边际收益与边际产量之积,叫作劳动力的边际收益产品,用 MRPL 表示。根据边际收益和边际产品的定义,MRPL 为:

$$\mathrm{MRP}_L = \frac{\Delta Q}{\Delta L} = \frac{\Delta \mathrm{TR}}{\Delta Q}$$

化简得 $\mathrm{MRP}_L = \dfrac{\Delta \mathrm{TR}}{\Delta L}$

VMPL 和 MRPL 其实很相似,因为它们都代表额外一个单位劳动力带来的总收益增量。它们之间的区别在于,MRPL 考虑的是非完全竞争企业降价销售额外的产出,VMPL 是额外产出在现有产品价格下的价值,完全竞争企业的产出变化对其不造成影响。MRPL 是额外产出的边际收益值,低于其价格。

倘若企业的产出需求曲线为下斜,该雇用多少劳动力呢?答案是:它雇用的劳动力数量将使工资率与 MRPL 相等。这个说法,和前文完全竞争企业的 w=VMPL 条件,在本质上是一样的。

对完全竞争企业而言,劳动力的短期需求曲线下斜是收益递减律所致。企业雇用的劳动力越多,MPL 越低,VMPL 也越低。对垄断者来说,收益递减律同样会使得劳动力的短期需求曲线呈下斜状。但垄断者的劳动力短期需求曲线下斜还有另外一个成因:它的边际收益曲线也是下斜的。

和完全竞争企业的情况一样，垄断企业对劳动力长期需求的弹性也大过短期需求。只不过此时，我们在探讨行业的劳动力需求时，无须再对 MRPL 曲线做任何调整，长期短期皆然。垄断者对劳动力的需求，就是整个行业对劳动力的需求。它已经考虑了额外产出导致产品价格走低的因素。

劳动力的供给

为了方便讨论，我们再次假设市场上只有一种劳动力，每名工人要选择一天工作多少个小时。若不工作，则工人可把时间花在"闲暇活动"上，这里包括玩耍、睡觉、吃饭和其他非受薪工作的活动。倘若工人的工资固定为每小时 10 美元，他应该工作多少个小时？

细想一下，我们发现，其实这跟前面讲过的消费者选择问题一样。这里，我们可以选择的两种商品分别是"收入"和"闲暇"。和标准的消费者选择问题一样，我们假设一个人对两种商品的偏好，可以用无差别曲线图概括。图 12-4 中 I_1、I_2 和 I_3 就代表某工人的三条此类曲线。

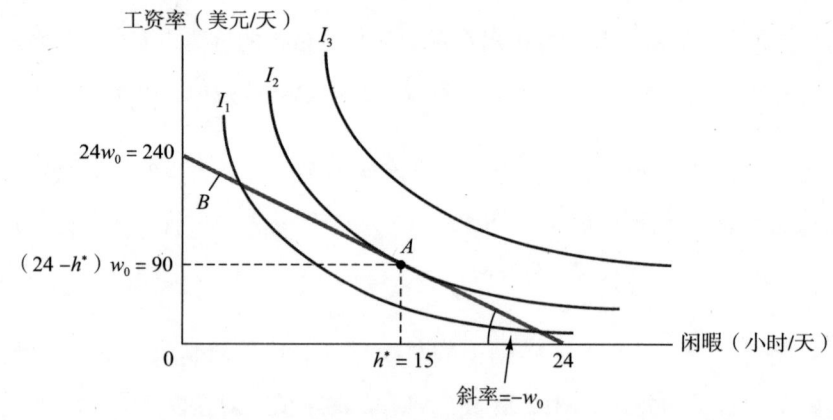

图 12-4　收入与闲暇的最优选择

同一幅图中的 B 线代表该人的预算约束。若他整天都从事闲暇活动，就没有收入，这就是说，点（24，0）必然是 B 的横截距。反过来说，要是他以 w_0=10 美元/小时的工资率工作 24 小时，则他的日收入为 $24w_0$=240 美元，因此，点（0，240）必然是 B 的纵截距。B 的其余部分为连接这两点之间的直线。它的方程为 $M=w(24-h)=10(24-h)=240-10h$，其中 M 是每天的收入（以美元计算）。B 的斜率是小时工资率的负数，$-w_0=-10$。

考虑到该工人的偏好和预算约束，他的最佳处境是图 12-4 中的 A 点，即 B 与无差别曲线 $I2$ 的切点。这里，最优组合对应着 h^*=15 小时/天的闲暇时光，剩下的 $24-h^*$=9 小时/天为受薪工作时间。该消费者的日收入为$(24-h^*)w_0=90$。在 A 点，闲暇和收入之间的边际替代率刚好是 w_0，即小时工资率。也就是说，达到最优组合时，额外 1 小时闲暇的边际价值恰好等于获得它的机会成本，即消费者在这个额外小时工作所获得的收入 10 美元。

为得出工人的劳动供给曲线，我们只需要问：最优受薪工作量会随着工资率发生怎样的变化？图 12-5 列举了 3 种不同时薪率下的最优闲暇选择——w=4，w=10 和 w=14。w=4 时的相应劳动力供给是 $24-h^*$=6 小时；w=10 时，$24-h^*$=9 小时；w=14 时，$24-h^*$=7 小时。

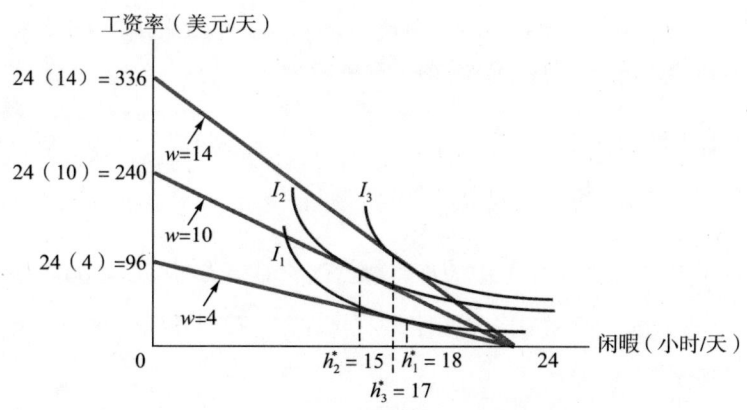

图 12-5　不同工资率下的最优闲暇选择

图 12-6 绘出了某工人工资率与劳动力供给时长之间的关系。该工人的无差别曲线如图 12-5 所示。我们把这名工人叫作 i，并用 S_i 表示他的供给曲线。和我们之前见过的其他供给曲线相比，S_i 最大的特点就在于它不是一直上斜的。尤其是当 w 值大于 10 美元 / 小时，S_i 往后弯。换言之，在该区域，由于工资较高，工人减少了工作时间的供给。

到落后国家雇用非熟练劳动力的殖民主义者曾经一度以为，提高工资反倒会让当地工人减少工作时间，这是倒退的象征。诚如下例所示，此种行为完完全全是理性的。

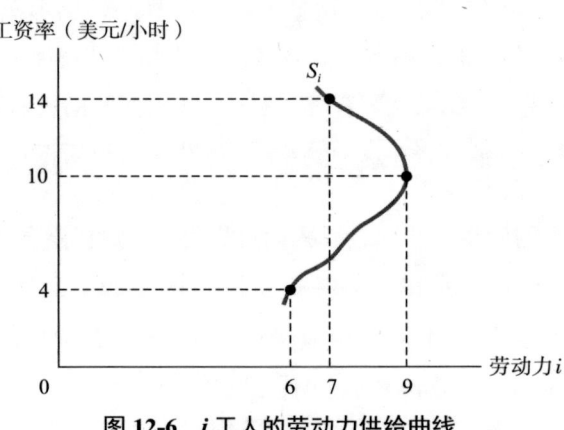

图 12-6　i 工人的劳动力供给曲线

注：对这名工人来说，工资低于 10 美元 / 小时，则增加工资能激发他增加劳动力的供给，而工资高于 10 美元 / 小时会令他减少劳动力的供给。

史密斯想挣 200 美元 / 天，因为这个数能让他过得舒舒服服，履行所有的经济义务。请绘出史密斯的劳动力供给曲线。

若 L_s 代表史密斯选择工作的小时数，则它必须满足 $wL_s=200$ 的条件。这里，w 是史密斯的工资率（按美元计）。因此，史密斯的供给曲线为 $L_s=200/w$，如图 12-7 所示。

12 劳动力要素

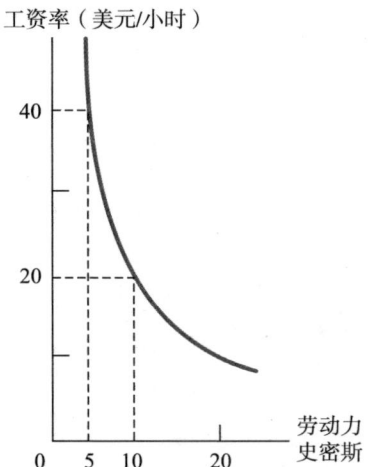

图 12-7　寻求达到预期收入目标的工人之劳动力供给曲线

注：时薪率越高，史密斯要达到每天 200 美元的目标，所需工作时间越少。

尝试达到目标收入水平，显然不是理性人所追求的唯一目标。显而易见，这里并不存在什么倒退不倒退的问题。对持有这一目标的人来说，只要工资率提高，他就会缩短工作时间。

 为什么雨天难打车？

在纽约和芝加哥等大城市，好天气时几秒钟就能打到一辆出租车，可下雨天要找出租车却难得吓人。为什么会这样呢？

最明显的原因大概在于许多好天气时宁愿走路的人，碰到下雨也只好打车。此外还有一个原因——出租车司机在坏天气时工作时间较短。根据最近的研究，不少司机每天只想挣够目标收入水平，一挣够了就歇工。晴天需求量低，所以司机必须花大量时间招揽乘客，要达到目标收入水平所需的时间

231

自然较长。可在需求量大的雨天，同样的目标收入水平很快就能达到，因为雨天的出租车几乎随时都满载。

不是所有人的供给曲线都向后弯。工资的增加，对闲暇的需求量同时造成了收入效应和替代效应①。由于闲暇变得更为昂贵，工资的增加会让人减少闲暇的消耗，从而工作更长时间，这就是替代效应。工资的增加也使人获得了更强大的购买力，倘若闲暇也是一种正常的商品，那人们对其的需求就会更大——收入效应。要是在一定的工资率范围内，收入效应胜过替代效应，则在该范围，我们可看到后弯型劳动力供给曲线。反过来，要是替代效应胜过收入效应，则劳动力供给曲线一直呈上斜状。

在某人看来，收入与闲暇在10:1的比率下是完全互补的（即每挣10美元收入，需要1小时闲暇）。当 $w=20$ 美元/小时，求其最优闲暇需求量。

此人的收入/闲暇预算约束为：

$$M=w(24-h)=20(24-h)=480-20h$$

由于此人每获得10美元的收入，就需要1小时闲暇，则其消费点必然位于 $M=10h$ 上。预算约束与这条消费线的交点（见图12-8），即为其闲暇需求量：

$$480-20h=10h$$

解得 $480=30h$，$h=16$ 小时/天。

---

① 商品 X 价格的下降，使得商品 X 相对于价格不变的商品 Y 来说，较以前便宜了。商品相对价格的这种变化，会使消费者增加对商品 X 的购买而减少对商品 Y 的购买。——译者注

对很多人而言，工资率随工作市场而变化，加班工资较高。有机会挣加班工资的人，预算约束是弯曲的。

我们在判断收入变化对某人是好是坏的时候，往往并不知道这个人的偏好的详细情况。了解前后的预算约束，以及他们最初的选择，能为我们提供一些方便。如果当事人最初的闲暇选择位于新的预算约束之下，但改点的工资发生了变化，那么这个人的日子就好过些。只要他仍然负担得起同等的闲暇和收入，日子肯定不难过。现在，工人可以调整闲暇（如果工资降低，就增加闲暇；如果工资提高，就减少闲暇），达到一条更高的无差异曲线。

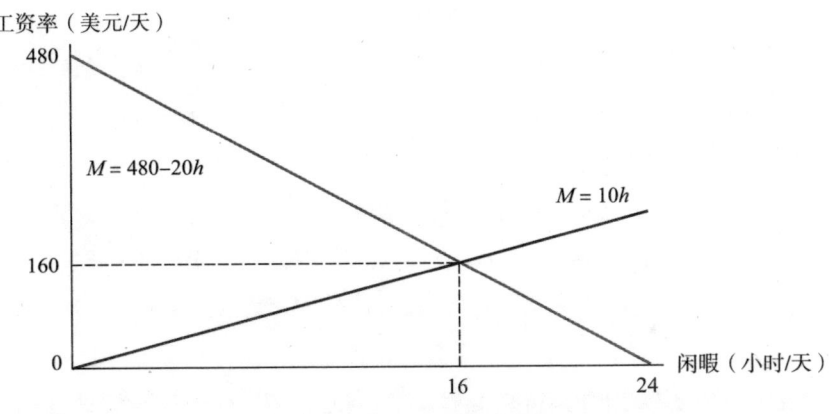

图 12-8 当闲暇与收入可完全互补

如果我们从整体上看待美国劳动力市场，可以发现一个稳定的趋势：随着实际工资的上涨，每周平均工作时间在下降。以制造业的工人为例，1980 年的工作时间比 1914 年减少了 14%，与此同时，1980 年的实际工资比 1914 年高了 4 倍。工资率和平均工作时间之间的负相关，并不能说明工资上涨是工作时间缩短的唯一原因。考虑到我们的个人劳动力供给理论，不妨假设它们在其中起了一定作用。1985 年以来，制造业工资稍有下降，每周平均工作时间也出现了小小回升，可以作为此种说法的反证。

劳动力供给理论是福利改革逻辑里的关键角色。福利的目标是为穷人提供额外收入。有人担心,福利补助有可能降低人们工作的动力。从这方面而言,福利补助的形式非常重要。比如,一次性转账补助比按月领取的工资式补助更容易减少劳动力供给量,因为前者对劳动力供给造成的收入效应大于替代效应。

 **为什么闲暇不是吉芬品?**

在我们前文讨论过的标准消费者选择问题中,个人对某种产品的需求曲线是向下倾斜的,但吉芬品①是个例外。这里,我们看到劳动力的供给曲线有时会向后弯,反过来,这意味着,闲暇的需求曲线可以向上倾斜。这是否意味着闲暇属于吉芬品呢?

不。请记住,吉芬品首先是一种次等品,市面上存在质量好但价格较高的替代品。对这样一种商品而言,一旦它的价格提高,而我们的金钱收入不变,则它的需求量不降反增,因此,此时收入效应大过替代效应。可对闲暇来说,工资率的提高不仅意味着闲暇价值(或机会成本)的提高,还带来了金钱收入的提高(工作时间不变)。和其他任何商品一样,相对价格较高的闲暇,替代效应减少了闲暇的需求量。倘若闲暇是一种普通的商品,那么收入增加将提高闲暇的需求。唯有当工资增加的收入效应大于替代效应时,劳动力供给曲线才向后弯。所以,要是闲暇是次等品,劳动力供给曲线绝不会向后弯。既然劳动力供给曲线确实要向后弯,则闲暇不可能是次等品。又因为唯有次等品才是吉芬品,则闲暇不可能是吉芬品。

---

① 以英国经济学家罗伯特·吉芬(Robert Giffen)的名字命名的一种特殊商品,随着价格的上升,市场对其需求量增加。——译者注

非经济学家对劳动力供给模型的反应

第一次看到劳动力供给的经济学模型，不少非经济学家觉得，这简直是对人们分配劳动和闲暇时间最不切实际的描述。毕竟，大多数工作都不能选择每天工作多少个小时。人当然可以选择兼职和全职工作，但兼职活计大多欠缺吸引力，好多人根本不予考虑。

非经济学家对劳动力供给模型提出此类批评，原因之一在于对模型的理解太过狭隘。模型并不是说人们会据此选择每天的工作小时数。说大多数工人无法选择工作时间长短，这固然有道理，可从长期（若干个月或者若干年）来看，人们对花在工作上的时间量是有相当控制权的。以法学院研究生为例，他们既可以选择到工作节奏超快、合伙人每周7天无休、每天工作14个小时的律师事务所工作；也可以到人人下午5点准时消失的公司干。人们可以选择教师一类有暑假的工作；可以晚上接单干私活；还可以频繁跳槽，没工作的时候就当休假。

即便考虑到所有这些弹性方式，说大多数人选择有限也并不为过。要是企业能提供充分的工时弹性又不损失生产效率，它们一定乐意这么做。可大多数公司都要求工人互相协作，倘若工作日的同一时段人员不齐，工作就无法展开。当然，不同的公司工作日长度不一是有可能的。就算这样，还是有限制。要是甲公司的工人需要跟其他公司的人员接触，比如在电话里交换信息这样简单的事情，也必然需要人们在某个时间段都坐在办公桌前。

所以，对不少人来说，花在工作上的时间量，与其说是自己深思熟虑的结果，倒不如说是雇主强加的规定。同事合作的必要性解释了正常工作周的存在，但并不能解释为什么工作周是40个小时而不是30个小时。这才是劳动力供给经济模型真正想帮我们回答的问题。模型说，工作周有40小时，是因为平均而言工人们愿意干这么久。倘若大多数人觉得额外1小时的闲暇比额外1

小时的工资更有价值，利润至上的雇主会立刻缩短工作周时长。这里，我们再度见识到了简单理论解释人们行为的力量，哪怕人们自己已经正确地感知到行动超出控制的直接原因。

赢家通吃的市场

在这一部分，我们将看到，有时候，因能力上的极小差异而导致的排名差异，能变成边际产品价值上的巨大差异。以下这个简单的例子概括了此一说法的本质。假设你所在的通用汽车公司被福特公司起诉专利侵权，索赔10亿美元。从好的方面来说，这场官司势均力敌，谁雇用的律师更好，法官的裁断就有利于哪一方。假设德肖维茨和詹迈尔是美国最棒的两名律师，他们各方面的才华都差不多，詹迈尔稍微好一点。

自然而然，福特和通用都想聘詹迈尔，于是两家公司竞相拉拢他。官司的赢家该付多少钱给他呢？仔细想一想，我们应当看得出来，答案必然是10亿美元。倘若福特只开价9.99亿，那么通用肯定会报一个更高的价格，要不然自己就得输官司。可福特也会随之提高报价，要不然它也会输官司。除非福特和通用成功地串通起来，否则，对詹迈尔来说，唯一稳定的结果就是获得10亿美元的报酬。尽管德肖维茨在天赋上只差那么一点点，但必然一无所得，因为依照我们的推测，雇用他的那方会输掉官司。

这个例子举得有几分拙劣，可它概括了大量劳动力市场环境确实存在的情况。想想看职业网球的薪资结构。由于大多数人观看电视转播网球比赛的时间是很有限的，一年只看得了几名球员的比赛。要是能够选的话，大多数球迷肯定愿意多花些时间看顶级选手打球。这使得排名前10位的网球选手的需求量比排名100位左右的选手高出几百倍——尽管两类选手之间的球技差异往往很小。假设排名第101位的选手遭遇排名第102位的选手，比赛的精彩程度恐怕并不亚于世界第一与第二的交手。从排名较低的那对选手的角度来看，问题的症结在于，大多数球迷只有看一场比赛的时间，自然宁愿看排名最顶尖的选手比赛。于是，最顶尖的选手每年能挣数百万美元，而第二梯队选手的收入只勉强够负担巡回赛的各项费用。

所有职业体育运动、娱乐行业，甚至寻常的商业工作，都能观察到类似的超级明星效应。歌剧迷购买的CD，版税大多被三大男高音抽去了。顶尖的男女演员选走了所有最好的角色。

超级明星效应的发生，意味着生产流程的某个地方出现了赢家通吃效应。在网球界，顶尖球员几乎吸引了所有观众。在打官司一例中，较出色的律师赢面大。事情牵涉的利益越大，超级明星效应就越重要。

决定薪酬的边际生产率理论遭到了一部分人的批评，他们说，很多时候，工人的能力几乎完全一样，可薪资存在巨大差异。乍看起来，这种现象确实和理论相抵触，但仔细想想，我们便能看出这种批评太过草率。诚如我们所见，只要能力存在极小的差异，就有可能导致边际产品价值出现巨大差异。

13 资本要素

具有全球影响力的《财富》杂志进行过一次问卷调查,请企业管理者选出"美国管理最佳的企业"。受访者并没有提名自己的公司,各自递交的名单中亦有不少重合的企业。有些公司,比如宝洁,几乎出现在每一份名单中。

这些受访者恐怕是学识最渊博的观察者,之前恐怕也被人问过同类的问题,因此,我们很有理由相信,他们提名的公司确实属管理最佳之列。可一份跟进调查发现,那期杂志发表后,买了这些公司股票的人,所得收入反倒比自己在股市的平均投资收益率低。

从投资内刊上登出的投资建议,我们也可看出类似模式。这些内刊是全国顶尖金融分析师编撰的,光是每年的订阅费就是好几百美元。订户包括投资界的一些资深人士。可这些内刊上推荐的大部分股票绩效也不怎么样,平均业绩比你在报纸金融版上信手挑出来的股票好不了多少。

虽说这些模式乍看起来颇为反常,但对资本市场进行深入分析以后,我们可以看出事情本来就该是这样。实际上,对于投资内刊来说,真正反常的不在于它们推荐的股票并不比其他的更好，而在于人们居然继续花这么高的价钱购买这类没用的建议。

金融资本与实物资本

人们在说"资本"这个词的时候通常指的是两种截然不同的东西。他们心里想的可能是**金融资本**，本质上来说指金钱，或其他功能与金钱类似的纸资产。他们也可能指的是**实物资本**，即一种生产设备，如车床、印刷机等能长时间提供生产性服务流的东西。当我们说资本是一种生产要素时，我们指的是实物资本。① 当人们谈论"资本市场"的时候，一般指的是金融资本的市场，如银行贷款、企业股票和债券等。

‖ 实物资本需求 ‖

我们在前文介绍的公司的劳动力需求理论无须任何修正，就可适用于其他投入。就短期而言，倘若公司能以恒定的租金率 r/年获得任意资本，则它采用的资本量能恰好使其边际收益产品（MRP_K）等于租金率：

$$MRP_K = MR \times MP_K = r$$

此处的 MR 是公司的边际收益，MP_K 是资本的边际产品。

倘若该公司在市场中是完全竞争者，则其边际收益等于其产品价格，于是上述方程可简化为：

$$VMP_K = P \times MP_K = r$$

---

① 唯一的例外是所谓的"运营资本"，指的是当现金收入不够时，企业留在手头便于及时偿还货款的现金。从帮助企业更有效运作的角度来说，这种运营资本和劳动力、机器等一样，都是生产要素。

其中，VMPK 代表资本的边际产品价值，P 指的是公司产出的价格。

就完全竞争行业而言，个别企业对资本的需求曲线集合成行业需求曲线的情况非常复杂。我们必须考虑到，整个行业产出的提高会降低产品价格，反过来又带动资本需求量的提高。而对垄断行业来说，垄断企业本身的资本需求曲线就是对这一效应的说明。

资本和劳动力市场的一大差异在于，工人大多擅长从事特定的某种活动，新的资本源（金融资本）却几乎有着完全的通用性———一笔钱可以用来生产冰激凌机，可以用来生产印刷机，也可以用来制作动画片。然而，一旦金融资本用来购买了实物资本，公司的弹性就受限了。倘若环境出现变化，花上一定的费用，可以让工人改为从事新的任务，而要想把钻床变成缝纫机就困难了。

‖ 股票与债券市场 ‖

公司为新投资筹钱的常见方式是发行企业债券。从本质上来说，**债券就是企业签发的期票**。投资者给公司一笔钱，比如 10 000 美元，公司给投资者一份具有法律效应的保证书，许诺一定期限后按固定利率，比如 10% 偿还。债券的票面价值是投资者向企业实际借出的钱。企业债券的时效有长有短。短期债券大多承诺在 90 天以内偿还票面价值。不少长期债券要 30 年才到期，有些甚至更长。

购买之后，债券可以公开上市交易。若是短期债券，则价格大抵接近票面价值。然而，长期债券在公开市场上的价格有可能和票面价值相去甚远。

要想知道原因，假设投资者从企业购买了 10 000 美元的债券，市场利率为 10%；债券承诺在未来 30 年每年偿还投资者 1 000 美元的利息，到期后再完整地归还 10 000 美元。只要市场利率保持为 10%，则债券一直"值" 10 000 美元，因为它每年支付 1 000 美元的利息，补偿了投资者用这笔钱去做其他事的机会成本。假设市场利率突然跌到了 5%，那么没了这 10 000 美元的机会成本，就从每年1 000美元跌到了500美元。这样一来，持有债券的投资者必然不愿意仅按10 000美元的票面价值将之卖掉，因为在5%的市场利率下，要想获得每年1 000美元的利息收入，必须拿出20 000美元才行，因此也就不如继续持有该债券划算。

然而，本例中的债券价格不会涨到20 000美元，因为新的买家知道，债券到期后只值10 000美元。要是很快就会到期，则不管利息多高，债券的价格也就在10 000美元上下。要是它到期尚早，票面价值对它当前市价的影响就较小。事实上，的确有一种叫"永久债券"（或"无期债券"）的东西，票面价值跟实际价格全无关系。永久债券承诺每年支付固定金额，且无期限。大致估算起来，永久债券的当前市价应当是在当前利率下，得到该债券所支付利息所需的金钱数额。因此，倘若某永久债券承诺每年支付1 000美元，则在10%的利率条件下，它值10 000美元；在利率为5%时，则价值20 000美元。若 I 代表永久债券的年支付额，i 代表市场利率，那么永久债券的价格 P_C 则为：

$$P_C = I/i$$

企业并非发行债券的唯一机构。国家和地方各级政府也都发行债券。在先前的例子里，我们暗中假设任何时候都存在统一的市场利率。事实上，市场利率很多，而且各不相同。一般而言，**借款人无法偿还贷款的风险越大，支付的利率越高**。在债券市场上，美国政府发行的债券风险最低，因此政府所支付的利率也比其他机构发行的债券要低。举个例子，通用汽车公司发行的价值10 000美元、为期30年的债券，年息8%；而联邦政府发行的同类债券，年息仅为5%。两者之间3%的利率差叫作"风险溢价"。通用汽车无法还贷的可能性比联邦政府高，"风险差额"就是为了补偿投资者的。

拥有企业的债券并不意味着拥有企业的股份。债券持有人的财务地位，与向企业发放贷款的银行类似。企业股东才是真正拥有企业的人。要是公司想筹钱投资于资本设备，可以雇用经纪人，安排新股票发行事宜。经纪人准备好公司的融资提案，而后在其他经纪人的协助下，向公众发行新股。

倘若公司卖出 1 000 000 份股，每股代表公司 1/1 000 000 的目前和未来收益权。利润可以按红利的形式直接分给股东，也可以对公司进行再投资，提高公司将来利润的价值。

公司的每一股份是怎样定价的呢？假设这家发行了 1 000 000 份股的公司当前和将来利润的现有价值确定为 5 亿美元。那么，它的股票应当按每股 500 美元的价格进行交易。倘若价格低于这个数，投资者买进便可立增财富。若价格高于 500 美元，没人有经济动机持有它。

然而，公司将来的利润流很少，甚至从不确定。人们愿意为股票支付的价格，取决于人们对该公司前景的最佳预期。对新公司，或者涉足未知领域的公司，赚不到钱的风险相当大。倘若一家基因工程企业找出了一种能克隆某无害蛋白质的方法，消灭艾滋病毒，利润前景会大好。至于其他许多参与了这场竞赛的公司，则将以失败告终。

在其他经济领域，企业的经济前景比较容易预测。赫兹公司（Hertz）多年来一直开展汽车租赁业务，前途似乎无惊也无喜。撞中大彩没什么希望。反过来说，赫兹继续存活的概率也相对较高。

假设有两家公司，当前和未来利润预期价值一样。甲公司利润流的当前价值是确定的 1 亿美元；乙公司利润流的当前价值，既有可能是 2 亿美元，也可能一钱不值，两者概率对半。若两家公司的股价相同，你更愿意买哪一家公司的股票？要是你跟大多数投资者一样，希望回避风险，那么，你会选择更安全的甲公司。

由于大多数人都存在这种偏好，将来收入风险大的公司股票一般售价较低，跟风险大的债券利率更高的道理一样。进入股市之后，投资者会碰到图

13-1 中 BB 曲线所示的预算约束。在 BB 上，投资越安全，预期收益越低。要是投资者的收益与安全性边际替代率相对较低，则会选择类似 A 一类的风险投资，因为它能带来相对较高的预期收益。收益与安全性边际替代率较高的投资者则会选择类似 C 的安全投资。当然，几乎所有人都希望拥有预期收益高、安全性也高的股票。但市场的具体条件迫使人们只能二选一。

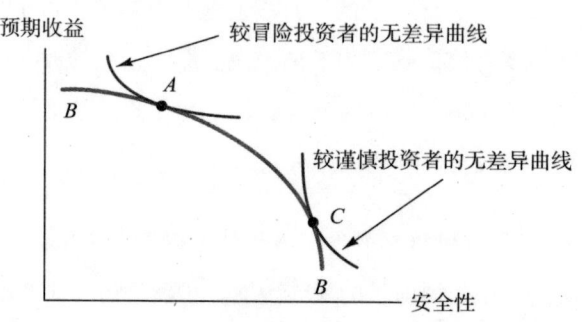

图 13-1　安全性和预期收益的权衡

高效市场假设

大多数经济学家相信，股市是极具效率的。所谓高效，我们指的是：**股票的价格包含了与该公司当前及未来收益前景相关的一切信息**。具体而言，假设有一家叫作"基因科技"的非常成功的基因工程公司。从收益前景来看，基因科技的当前股价是 100 美元。这时，公司的一名研究员突然碰巧发明了治愈癌症的神药。该发明简单且易于申请专利，而且肯定能得到政府批准，公司的收入将出现急剧飙升。可由于烦琐的官僚制度，审批流程至少要花三年。你在《新闻周刊》上看到了基因科技公司的新发明，决定购买该公司的股票。这是否算是精明之举呢？

答案是：算不上。并不是因为公司没有光明前景，而是根据高效市场假设，新发明的价值立刻会体现在公司股票的市场价上。在你听说这个消息的时候，公司的股价早就涨起来了。

13 资本要素

高效市场假设的批评者们常说，它代表的是一种理想情况。在现实世界，新信息的传播要花相当长的时间，所以它对股价的影响是逐步的、延时的。因此，他们得出结论，倘若基因科技的发现刚公布几个星期，那么股价还有充分的上涨空间。

这一观点显然有误。新信息的出现可不会像本例中一样言之凿凿，而是带有很大的不确定性，这自然会造成混乱。实际上，市场最初恐怕不过是听说基因科技有个研究员有希望开发出治愈癌症的新药。这一信息透露的内容有限，所以只会稍稍提高该公司的股价。要是研发工作继续顺利进行，股价会进一步小幅上涨。一旦研发失败，公司股价就会立刻大幅跳水。不管怎么说，手边信息的所有价值都将即刻反映在股价上。因为有关赚钱新机会的信息往往是逐步显现的，不少观察家错误地以为，市场对新信息的反应也是渐进的。

和我们假设的例子不同，在现实世界中，要精确量化什么时候会出现什么样的信息一般是很难的。此外，阐释信息也总是存在这样那样的差异。出于这些原因，我们几乎无法从实证上检验高效市场假设的正确性。既然无法直接验证，经济学家为什么对它信以为真呢？

答案在于：对立假设，即股价并不包含所有可用信息——所得出的结论，我们没办法接受。还是拿前面那个癌症新药的例子来做说明。假设面对新发明带来的丰厚的未来利润，市场并不立刻抬高股价。那么，你或我大可以拿起电话，吩咐经纪人使劲多买基因科技的股票。接着，我们可以作壁上观，等着市场把我们手头的股票一路抬高，获得大把收益。

经济学家比谁都坚信：获取此种收益的唯一方式就是靠天赋、苦干与幸运。要是我们否认高效市场假设，天上可就掉馅饼了。我们不需要天赋，不需要苦干；又因为信息是确凿的，我们也不必靠幸运。我们只需要给经纪人打个电话，钱就滚滚而来。乐于轻松赚钱的人多着呢。既然这么做根本不可能，那么也就从反面肯定了高效市场假设的正确性。

Q 为什么垄断企业的股票，并不比完全竞争企业的股票好？

不少人以为，买股票选高利润公司好过利润水平一般的公司。然而，根据高效市场假设，我们可以推论出这种看法是错误的。让我们假设有两家企业，各方面都一样，只不过其中一家是垄断企业，所得利润是另一家的两倍。若两家公司股价相同，人人都会选择垄断的那家。正因为这个原因，两家公司的股价不可能相同。垄断企业的额外利润，会使得它的股价比另一家公司高两倍。因此，从购买者的角度来看，两家公司的收益率是完全一样的。垄断企业诚然利润丰厚两倍，可要买它的股票，就得多掏一倍的钱。

上面这个例子有助于我们解释本章开头提到的怪现象——管理最佳的公司，股票表现并不比股市的整体水平高多少，甚至还要稍微差一些。我们现在应该明白，这并不意味着管理最佳的公司不如其他企业赚钱（尽管也有这个可能）。若这些公司因为管理最佳，利润更高，而投资者又都知道这一点，那么，它们的股价一开始就会很高。因此，我们没有理由指望它们比其他公司的股价涨得快。

‖ 怪异的投资信息 ‖

每当有人要我就股票市场给些专家意见时，我就感到好笑，可这事儿又常常发生。比如，聚会的时候，人们一听说我是个经济学家，就忙不迭地问我该买哪只股票。我告诉他们，要是我知道答案，我哪儿还用得着这样辛苦谋生呀？！

不知道我是经济学家的投资顾问，往往通过各种邮件组得知我的名字，并要助理给我打电话，问我是否愿意听取他们的投资建议。对此我一概拒绝，可这绝不是因为我早就知道哪只股票会上涨。

13 资本要素

出于高效市场假设，大多数经济学家认为，按投资建议行事大抵毫无意义，除非有其他投资者不知道的内幕消息。举例来说，就好比你哥哥就是基因科技公司研究出癌症神药的研究员。你跟他同住一个屋檐下，你早就知道他正在着手攻克癌症，从他轻快的步伐里，你判断出他好事已成。由于你早在其他人之前就掌握了这个消息，你购买基因科技公司的股票保准能赚大钱。请注意，即便是这个例子，也并不违背"丰厚的收益需要天赋、苦干和运气"之规律。这里，你能早早得知消息，抢在别人之前下手，完全是因为你运气好。

一般而言，赚钱的消息传到我们的耳朵里，已经晚了几天、几个星期，甚至好几个月。这么过时的消息实在没什么残存的经济价值。然而，看似老练的投资者却频频依此行事。

这类行为中最不靠谱的例子当属投资内刊。大多数投资顾问公司都聘用经济师跟踪产业发展形势。这些分析师的发现，会被定期整理成投资内刊，邮寄给订户。一般而言，这类内刊的出刊日期不定，很多时候一个月也轮不上发一回，订阅费每年还要好几百美元。让经济学家搞不懂的是：居然有人觉得这些内刊的消息有价值。

为解释这个问题，假设有个分析师于6月1日在研究中发现，由于会计程序失误，低估了某家公司的利润；由于投资者先前的信息有误（以为公司赚钱不够多），所以股票价格偏低。分析师跟同事及上级讨论了这一发现，后者又做了更深入的调查，确认了这一结论。6月15日，分析师在公司内刊上写了一篇文章，说出了自己的发现。内刊6月22日排版，7月6日又退回作者校对。勘误后，印刷厂于7月20日送回了成品。之后员工着手准备投递工作，等内刊终于寄到订户手里时已经是8月初了。

从最初揭露信息到订户收到信息，隔了将近两个月。在这期间，无数的人都有了照做的机会。比如，投资顾问公司的所有员工有将近60天的时间可购买该只被低估的股票。凭借大型经纪行掌握的充分资源，只需60分钟就足够靠这一发现获利了。当然，不少内刊每个月要出几份。即便内刊每天发放，问题还是一样。就算是在即时通报消息的因特网上，我们也不大可能头一个看到更新。毕竟，总有人是负责撰写网页的吧。

为什么有人觉得自己能依据内刊的信息赚钱呢？又为什么有人舍得每年拿出几百美元订阅这样的信息呢？或许不少投资者购买内刊，不是为了看投资建议，而是为了跟上行业发展的脚步。在资本市场买卖资产，牵涉到人之间的交往。在投资行业的社交与事务聚会上，人们很自然地发现，表现出消息灵光的样子大有好处，内刊有助于他们实现这一目标。至于人们怎么可能遵照此类投资建议赚钱，倒是很难看出来。

‖ 对投资者的合理建议 ‖

上述讨论或许让人觉得，投资顾问没有存在的必要。然而并非如此，专业的投资建议很有必要，只是跟不少投资者想象中的有差异。高效市场假设指出，投资顾问没办法告诉你怎样挑选一只优于市场总体表现的股票，但他们能告诉你怎样挑选最适合自己投资目标的股票。具体而言，他们可以帮助你明智地判断出，怎样对风险与预期收益进行组合，才最符合你的投资目标。如果你是个想为退休生活做储蓄的年轻人，不妨选择一些高于平均收益率的风险性股票组合。它们的短期绩效可能不怎么样，要是你希望在长期内获得最高收益，这种组合最适合你。

反过来说，要是你已经快到退休的年龄，称职的投资顾问大概会建议你选一些预期收益较低的稳妥股票，因为你看重的并不是获得长远增值，而是确保自己的积蓄不会大幅贬值。

走上社会以后，你或许会接到投资顾问的电话，说他们能帮助你战胜市场。务必礼貌地拒绝这类服务，另找一个头脑现实、知道什么叫"力所能及"的投资顾问。

未来，属于终身学习者

我这辈子遇到的聪明人（来自各行各业的聪明人）没有不每天阅读的——没有，一个都没有。巴菲特读书之多，我读书之多，可能会让你感到吃惊。孩子们都笑话我。他们觉得我是一本长了两条腿的书。

——查理·芒格

互联网改变了信息连接的方式；指数型技术在迅速颠覆着现有的商业世界；人工智能已经开始抢占人类的工作岗位……

未来，到底需要什么样的人才？

改变命运唯一的策略是你要变成终身学习者。未来世界将不再需要单一的技能型人才，而是需要具备完善的知识结构、极强逻辑思考力和高感知力的复合型人才。优秀的人往往通过阅读建立足够强大的抽象思维能力，获得异于众人的思考和整合能力。未来，将属于终身学习者！而阅读必定和终身学习形影不离。

很多人读书，追求的是干货，寻求的是立刻行之有效的解决方案。其实这是一种留在舒适区的阅读方法。在这个充满不确定性的年代，答案不会简单地出现在书里，因为生活根本就没有标准确切的答案，你也不能期望过去的经验能解决未来的问题。

而真正的阅读，应该在书中与智者同行思考，借他们的视角看到世界的多元性，提出比答案更重要的好问题，在不确定的时代中领先起跑。

湛庐阅读App：与最聪明的人共同进化

有人常常把成本支出的焦点放在书价上，把读完一本书当作阅读的终结。其实不然。

时间是读者付出的最大阅读成本
怎么读是读者面临的最大阅读障碍
"读书破万卷"不仅仅在"万"，更重要的是在"破"！

现在，我们构建了全新的"湛庐阅读"App。它将成为你"破万卷"的新居所。在这里：

- 不用考虑读什么，你可以便捷找到纸书、电子书、有声书和各种声音产品；
- 你可以学会怎么读，你将发现集泛读、通读、精读于一体的阅读解决方案；
- 你会与作者、译者、专家、推荐人和阅读教练相遇，他们是优质思想的发源地；
- 你会与优秀的读者和终身学习者为伍，他们对阅读和学习有着持久的热情和源源不绝的内驱力。

从单一到复合，从知道到精通，从理解到创造，湛庐希望建立一个"与最聪明的人共同进化"的社区，成为人类先进思想交汇的聚集地，与你共同迎接未来。

与此同时，我们希望能够重新定义你的学习场景，让你随时随地收获有内容、有价值的思想，通过阅读实现终身学习。这是我们的使命和价值。

本书阅读资料包
给你便捷、高效、全面的阅读体验

本书参考资料 — 湛庐独家策划

- ☑ **参考文献**
  为了环保、节约纸张，部分图书的参考文献以电子版方式提供

- ☑ **主题书单**
  编辑精心推荐的延伸阅读书单，助你开启主题式阅读

- ☑ **图片资料**
  提供部分图片的高清彩色原版大图，方便保存和分享

相关阅读服务 — 终身学习者必备

- ☑ **电子书**
  便捷、高效，方便检索，易于携带，随时更新

- ☑ **有声书**
  保护视力，随时随地，有温度、有情感地听本书

- ☑ **精读班**
  2~4周，最懂这本书的人带你读完、读懂、读透这本好书

- ☑ **课　程**
  课程权威专家给你开书单，带你快速浏览一个领域的知识概貌

- ☑ **讲　书**
  30分钟，大咖给你讲本书，让你挑书不费劲

湛庐编辑为你独家呈现
助你更好获得书里和书外的思想和智慧，请扫码查收！

（阅读资料包的内容因书而异，最终以湛庐阅读App页面为准）

湛庐阅读 App

思想者的声音图书馆

倡导亲自阅读

不逐高效,提倡大家亲自阅读,通过独立思考领悟一本书的妙趣,把思想变为己有。

阅读体验一站满足

不只是提供纸质书、电子书、有声书,更为读者打造了满足泛读、通读、精读需求的全方位阅读服务产品——讲书、课程、精读班等。

以阅读之名汇聪明人之力

第一类是作者,他们是思想的发源地;第二类是译者、专家、推荐人和教练,他们是思想的代言人和诠释者;第三类是读者和学习者,他们对阅读和学习有着持久的热情和源源不绝的内驱力。

CHEERS

以一本书为核心
遇见书里书外,更大的世界

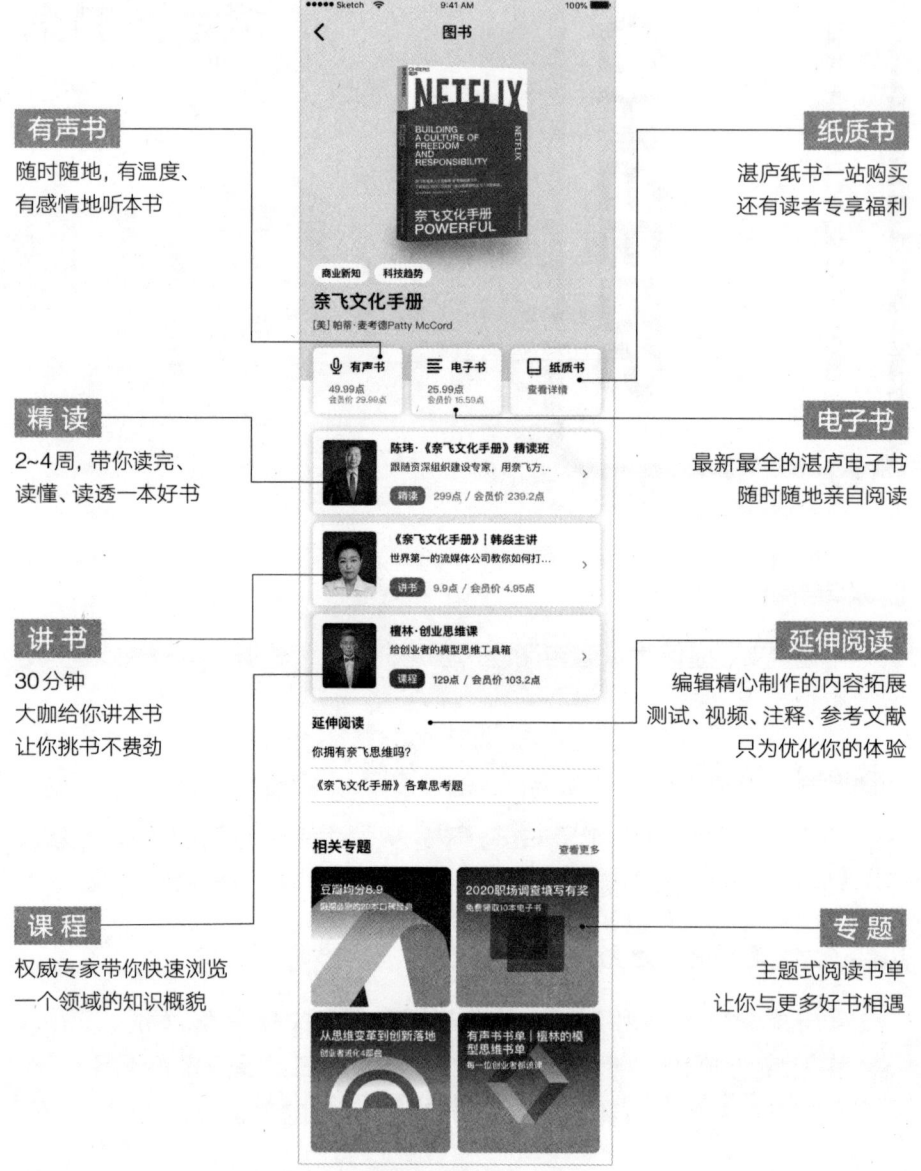

有声书
随时随地,有温度、有感情地听本书

精读
2~4周,带你读完、读懂、读透一本好书

讲书
30分钟
大咖给你讲本书
让你挑书不费劲

课程
权威专家带你快速浏览一个领域的知识概貌

纸质书
湛庐纸书一站购买
还有读者专享福利

电子书
最新最全的湛庐电子书
随时随地亲自阅读

延伸阅读
编辑精心制作的内容拓展
测试、视频、注释、参考文献
只为优化你的体验

专题
主题式阅读书单
让你与更多好书相遇

Robert H. Frank
Microeconomics and Behavior
Copyright © 2008 by Robert H. Frank
ISBN 007337573X

All Rights reserved. No part of this publication may be reproduced or transmitted in any form or by any means, electronic or mechanical, including without limitation photocopying, recording, taping, or any database, information or retrieval system, without the prior written permission of the publisher.

This authorized Chinese adaptation is jointly published by McGraw-Hill Education and Beijing United Publishing Co., Ltd. This edition is authorized for sale in the People's Republic of China only, excluding Hongkong, Macao SAR and Taiwan.

Copyright © 2017 by McGraw-Hill Education and Beijing United Publishing Co., Ltd.

版权所有。未经出版人事先书面许可，对本出版物的任何部分不得以任何方式或途径复制或传播，包括但不限于复印、录制、录音，或通过任何数据库、信息或可检索的系统。

本授权中文简体字翻译版由麦格劳-希尔教育出版公司和北京联合出版公司合作出版。此版本经授权仅限在中华人民共和国境内（不包括香港特别行政区、澳门特别行政区和台湾）销售。

版权 ©2017 由麦格劳-希尔教育出版公司与北京联合出版公司所有。

本书封底贴有 McGraw-Hill Education 防伪标签，无标签者不得销售。
北京市版权局著作权合同登记号：01-2016-9845

图书在版编目（CIP）数据

牛奶可乐经济学2 /（美）罗伯特·弗兰克著；闾佳译. —北京：北京联合出版公司，2017.1（2021.4重印）
ISBN 978-7-5502-9251-2

Ⅰ.牛… Ⅱ.①罗…②闾… Ⅲ.①经济学–通俗读物 Ⅳ.①F0-49

中国版本图书馆CIP数据核字（2016）第291963号
著作权合同登记号
图字：01-2016-9845

上架指导：通俗经济学 / 管理 / 生活

版权所有，侵权必究
本书法律顾问　北京市盈科律师事务所　崔爽律师
　　　　　　　　　　　　　　　　　　张雅琴律师

牛奶可乐经济学2

作　　者：[美]罗伯特·弗兰克
译　　者：闾　佳
选题策划：湛庐文化
责任编辑：丰雪飞
版式设计：湛庐文化　杨静玉
封面设计：湛庐文化　沈丽君

北京联合出版公司出版
（北京市西城区德外大街83号楼9层　100088）
石家庄继文印刷有限公司印刷　新华书店经销
字数231千字　720毫米×965毫米　1/16　17.25印张　3插页
2017年1月第1版　2021年4月第10次印刷
ISBN 978-7-5502-9251-2
定价：49.90元

未经许可，不得以任何方式复制或抄袭本书部分或全部内容
版权所有，侵权必究
本书若有质量问题，请与本公司图书销售中心联系调换。电话：010-56676356